本书研究成果获2021年度中国国际经济交流中心基金重大项目支持

CIEE 中国国际经济交流中心 China Center for International Economic Exchanges | 智库丛书

国家出版基金项目 NATIONAL PUBLICATION FOUNDATION “中国经济新发展阶段”丛书

中国方案 中国智慧 CHINA

CHINESE SOLUTIONS CHINESE WISDOM
THINK TANK SERIES

服务构建新发展格局，高质量推进现代流通体系建设研究

中国国际经济交流中心课题组
陈文玲 颜少君 等 著

中国经济出版社
CHINA ECONOMIC PUBLISHING HOUSE
·北京·

图书在版编目（CIP）数据

服务构建新发展格局，高质量推进现代流通体系建设研究／中国国际经济交流中心课题组著. -- 北京：中国经济出版社，2023.4

ISBN 978－7－5136－7285－6

Ⅰ.①服… Ⅱ.①中… Ⅲ.①流通体系－研究－中国 Ⅳ.①F723

中国国家版本馆 CIP 数据核字（2023）第 064657 号

责任编辑　贺　静　闫明明
责任印制　马小宾
封面设计　赵　飞

出版发行　中国经济出版社
印 刷 者　北京艾普海德印刷有限公司
经 销 者　各地新华书店
开　　本　710mm×1000mm　1/16
印　　张　21.25
字　　数　275 千字
版　　次　2023 年 4 月第 1 版
印　　次　2023 年 4 月第 1 次
定　　价　88.00 元
广告经营许可证　京西工商广字第 8179 号

中国经济出版社　**网址** www.economyph.com　**社址** 北京市东城区安定门外大街 58 号　**邮编** 100011
本版图书如存在印装质量问题，请与本社销售中心联系调换（联系电话：010－57512564）

课题组成员

课题负责人：

姜增伟　国经中心副理事长

组　　长：

陈文玲　国经中心总经济师、执行局副主任、学术委员会副主任

副 组 长：

颜少君　国经中心世界经济研究部处长、研究员

成　　员：

元利兴　国经中心经济研究部处长、研究员

綦鲁明　国经中心科研信息部处长、研究员

张秀青　国经中心产业规划部处长、正高级经济师

梅冠群　国经中心创新发展研究部处长、研究员

谢兰兰　国经中心世界经济研究部副研究员

李浩东　国经中心世界经济研究部助理研究员

冯伟波　国经中心产业规划部博士、助理研究员

程　丽　国经中心科研办主任科员

编写说明

党的十九届五中全会提出，在全面建成小康社会、实现第一个百年奋斗目标之后，我们要乘势而上开启全面建设社会主义现代化国家新征程、向第二个百年奋斗目标进军，这标志着我国进入了一个新发展阶段。

2021 年，习近平总书记在省部级主要领导干部学习贯彻党的十九届五中全会精神专题研讨班开班式上，深刻分析了进入新发展阶段的理论依据、历史依据以及现实依据，强调进入新发展阶段并且明确了我国发展的历史方位。在新发展阶段，我国发展仍然处于重要战略机遇期，但机遇和挑战都有新的发展变化。进入新发展阶段，我国发展的内部条件和外部环境发生深刻复杂变化。当今世界正经历百年未有之大变局，外部环境出现更多不稳定性和不确定性。我国已进入高质量发展阶段，继续发展具有多方面优势和条件，同时发展不平衡不充分问题仍然突出。因此，深入研究阐释“十四五”时期我国发展的战略目标和任务部署，阐释进入新发展阶段、贯彻新发展理念、构建新发展格局、推动高质量发展的丰富内涵和实践要求，围绕高质量发展主题，加强对宏观经济政策的研究阐释，对深化供给侧结构性改革、创新驱动发展战略、建设现代化经济体系、构建双循环发展格局，以及实施乡村振兴战略、实行高水平对外开放等重大举措进行解读，具有重要的意义。

中国国际经济交流中心课题组所著的“中国经济新发展阶段”丛书是国内第一套以“中国经济新发展阶段”为主题的丛书，本套丛书深入贯彻党的十九届五中全会精神，准确把握新发展阶段，从新发展阶段中国经济的创新、发展、开放三个方面，围绕高质量发展主题，聚焦科技创新、经济发展新动力、更高水平开放进行研究，深入研究阐释了进入新发展阶段我国构建关键核心技术攻关的新型举国体制、“十四五”时期中国经济高质量发展中新动力成长问题，以及以加强“一带一路”高质量发展顶层设计的更高水平开放促进更高质量发展，对我国科技自强自立的国家发展战略、创新驱动发展战略、宏观经济政策、实行高水平对外开放政策等重大举措进行了解读。

本书是2022年度国家出版基金资助项目“中国经济新发展阶段”系列丛书中的最新规划选题，已获2023年度国家出版基金资助，同时也是中国国际经济交流中心2021年度重大基金课题研究成果。课题研究历时1年，深入分析了建设现代流通体系对于我国加快构建以国内大循环为主体、国内国际双循环相互促进的新发展格局的重大战略意义，系统论述了现代流通体系的理论内涵和架构，全面梳理了当前我国现代流通体系建设面临的深层次矛盾和问题，并聚焦加快构建现代市场体系、再造现代物流体系和科技赋能现代流通建设三大重点，提出建设现代流通体系的路径与政策建议。最终形成了1个总报告、9个专章和3个附件的研究成果。在课题研究过程中，课题组以座谈、实地调研等多种方式进行深入调查研究，形成了系列内部研究报告，为服务国家决策发挥了积极作用。同时，课题组还承担了国家发展改革委委托课题“新发展格局下现代流通体系建设研究”，为起草《“十四五”现代流通体系建设规划》提供依据，课题组组长中国国际经济交流中心陈文玲总经济师参与研究讨论《“十四五”现代流通体系建设规划》，并作为评审专家组组长组织《“十四五”现代流通体系建设规划》评审。

本书内容翔实、结构合理、成果丰富，具有较强的战略性、系统性、针对性和实用性，可以为政府和企业提供重要的决策参考，具有较高的应用价值和研究参考价值。

目 录

总报告

2020年9月9日，习近平总书记在中央财经委员会第八次会议上指出，“流通体系在国民经济中发挥着基础性作用，构建新发展格局，必须把建设现代流通体系作为一项重要战略任务来抓”。党的十九届五中全会通过的《中共中央关于国民经济和社会发展第十四个五年规划和二〇三五年远景目标建议》中明确提出要“健全现代流通体系”。以习近平同志为核心的党中央对现代流通体系建设的论述为新时期加快现代流通建设体系指明了发展方向。

现代流通能力是国家核心竞争力和软实力的集中体现，是决定一个国家经济发展速度、经济运行质量和效益的核心和关键所在。500多年全球流通发展的经验表明，现代流通发展是一个循序渐进的过程，随着经济全球化的几次演化，现代流通成为世界经济联系的血脉与神经。只有构建自主可控、畅通高效的国内国际流通渠道体系，才能获取国际激烈竞争中的贸易主导权、市场话语权和商品定价权的战略主动。实际上，近代史上全球1/3以上的战争和冲突，或者缘于流通渠道的竞争和冲突，或者缘于对市场控制权和流通规则主导权的争夺。当今世界正经历百年未有之大变局，美国以流通领域遏制、规锁、禁锢为发力点，对我国贸易、科技、制造业、人文等领域进行全方位的打压围堵，联合盟友体系试图构建排华遏华的贸易流通规则、标准和产业链供应链体系，这在一定程度上是因为美国具有现代流通的核心竞争力，并且这一核心竞争力已经占据了在国际化大流通、大循环中的主导权并从中获取了重大利益。当前，新一轮科技革命和产业变革深入发展，新冠疫情影响广泛深远，多重因素叠加影响全球政治经济格局，数字经济时代全球产业链供应链深刻调整变化，迫切需要增强我国全球流通话语权和规则制定权，重塑国际合作和竞争新优势。从国内看，我国已经开启全面建设社会主义现代化国家新征程，现代化经济体系加快建设，经济增长内需潜力不断释放，消费升级推动生产模式和产业组织方式重构，形成更高水平供需适配，需要推动产销有效衔接、加快商品要素自由流动。

面对国际国内环境深刻变化，要加快构建以国内大循环为主体、国内国际双循环相互促进的新发展格局，就必须把加快构建现代流通体系作为一项重要战略任务来抓，充分发挥全球流通渠道控制的“总龙头”和“总开关”功能，进一步拓展和稳固超大市场的规模优势，增强和提升我国应对各类国际市场竞争的能力、韧性和耐性，同时，将我国拥有的超大市场容量、超强制造能力、超宽产业纵深、超多市场主体的规模优势，转化为包括商品定价权在内的全球流通渠道、全球贸易谈判、全球经贸流通规则制定能力，从根本上改变流通权获取的“被动应对、服从或接受”局面，逐步构建起于我国有利的全球流通体系新格局。

一、现代流通的理论内涵和体系构成

现代流通体系建设涉及从宏观到微观、从经济学到管理学的多学科领域，包括从生产到消费的多个行业。到底什么是现代流通和现代流通体系？如何更精准地界定现代流通在整个国民经济循环中的影响和作用？新发展格局下现代流通体系建设的分析框架和决策依据是什么？对这些问题和现象的研究讨论常常由于概念模糊、逻辑起点和框架不一致而难以定论，迫切需要对现代流通体系的理论内涵与基本框架进行界定。

（一）流通发展的三个历史阶段

流通是不断运动着的具有交换价值的物质与非物质要素禀赋在移动和流动中寻找顺畅的通道并得以实现的过程，是人类社会物质与非物质要素禀赋运动和流动变化的总和，是人类社会经济发展历史进程中客观的、渐进的演化形态变化，经历了从简单到复杂、从偶然到普遍、从低级到高级、从一般到现代的发展阶段。从人类历史来看，流通发展分为三个阶段。

第一个阶段是流通的初始阶段，或叫偶发化流通阶段。这个阶段的流通处于偶然的、片段的、原始的、局部的联系与交易状态，此时的流通是从偶然的交换活动中产生的，主要形式是物物交换，流通在整个社会经济发展中不占主要地位，流通速度缓慢，流通规模微小，流通范围狭窄，流通效能低下。

第二个阶段是流通一般阶段，或叫流通广发化发展阶段。这个阶段的流通处于商品经济形成、发展直至繁荣时期，在商品经济形态下，由于以货币作为媒介的商品交换已常态化，流通作为社会再生产中独立的经济过程，形成了以货币为媒介的从总体上看的商品交换，商品已泛化为流通的基本元素，在流通中不断实现物质替换和价值补偿，从而在流通中实现价值和交换价值的统一。

第三个阶段是流通的现代化阶段，即进入全球化、国际化、社会化、现代化大流通阶段。此时商品经济高度发达，生产力加快发展，使建立在流通一般基础上的以实物经济运动为主线的流通状态发生着一系列变化和互动效应，蕴含在商品中的知识、智能、数据、信息和技术的含量，使更多的“无形商品”“无形资产”“虚拟经济”“虚拟空间”等非物质载体与物质载体共同构成了流通的新空间。现代流通是流通一般的特殊形式，是流通发展的最高阶段，从现代流通能力和国际竞争力走在世界前列的国家实践来看，现代流通已经成为经济社会发展的先导性、基础性、决定性甚至战略性力量。构建符合现代市场经济要求的商品流通体制，运用先进的科学技术和现代科学的管理方法高效率地组织现代流通，成为一个国家综合竞争力、软竞争力、核心竞争力的重要组成部分和重要体现。

随着人类社会的发展，现代流通将整个世界黏合在一起，21 世纪已经和正在迈向以现代流通为先导的世界经济，21 世纪的世界将由于现代流通引发的内在冲击力、爆发力和引动力，进入百年未有之大变局加速度发展和演化的重要历史时期。21 世纪经济全球化将出现崭新的趋势性特征，现代流通的内涵、表现形式和内在规律也必将发生革命性变化，现代化、数字化、智能化、社会化、国际化和混沌化的现代流通，以互联互通为核心的现代流通，成为重构世界版图的一条主线，经济联通性将成为创造世界经济增量和引擎的全球性生产力。

（二）现代流通的理论内涵

真正意义上的现代流通是流通发展的最高阶段，是从社会化大流通发展演变而来的，也是当今世界流通发展的主流，可以从以下几个方面理解现代流通的理论内涵：

第一，现代流通是囊括有形要素禀赋与无形要素禀赋的全要素流通。进入流通的要素禀赋发生了根本性变化。过去流通中的要素禀赋以有形的、刚性的、有物质载体的形态为主，如有形商品、有形货币、有形资本、有形资产等。近现代科技革命使更多无形的、柔性的、没有物质形态的、更高级的要素禀赋进入流通，如无形商品、无形货币、无形资本、无形资产、数据、信息，共同构成了包括有形要素和无形要素在内的全要素流通。

第二，现代流通是国内国际双循环相互支撑的全开放流通。现代流通的本质是开放，是运动，是不断地在流通中交换物质、能量和信息，全开放成为现代流通的本质特征，推动经济全球化不断深化并形成不可逆的时代潮流。信息的波动性与不确定性使流通成了一个开放的非线性、非单一性、非均衡性的，多维化、混沌化、网络化和信息化的崭新经济联系体系：从绝对意义上讲，现代流通跨越了有形边界，流通所能到达的边界或者范围，由一国流通能力和竞争力来决定，强大的数据流通、数据使用、数据交易、数据存储等信息呈几何状膨胀，使各种流通业态发生颠覆性、革命性乃至根本性变革，更多的远距离交易活动瞬间完成。现代流通早已跨越了有形国界，通过全球规则与标准，使几乎一切国家的生产与消费都成为世界性的经济活动。以国内大循环为主体、国内国际双循环相互促进的新发展格局，本质上是这种全开放大流通循环往复的过程与呈现，全球超大经济体或者比较大的经济体基本上都采取了以双循环为基本特征的全开放流通。

第三，现代流通是涵盖生产过程与流通过程的全过程流通。由于进入流通的要素禀赋，特别是以无形为特征的流通物的迅速扩张，使流通规模空前膨胀，使生产过程与流通过程日益融合，成为涵盖生产、分配、交换、消费的全过程流通，这是社会再生产的流通过程，社会的分工和交易都为流通的“囊袋”所吞食。生产是流通中的生产，更多的产品无法在一个国度、一个工厂、一条生产线或一道工序中完成；分工是流通中的分工，社会化的流通把各个“部件”配置在其能发挥效用的地方；交易是流通中的交易，所有有形的和无形的要素禀赋，其交换价值的实现必然伴随着自身的流动；消费是流通中的消费，消费的施动者就是流通中劳动力所有者、资本所有者或企业家等；服务是流通中的服务，现代流通将服务过程变为可分割、可贸易的产品，可以加入国内国际双循环，成为原来意义上生产过程与流通过程的连接剂和黏合剂。

第四，现代流通是贯通生产、分配、流通、消费的全循环流通。现代流通已经成为引导或决定生产、分配、原来意义上的流通和消费的先导性力量，即首先创造消费需求，消费需求决定生产，形成生产与分配共同构成的供给侧，而消费和市场需求则作为需求侧，成为现代流通周而复始的起点和终点，从而进入无限循环的过程。人们日益增长的物质文化和消费需求，尤其是日益增长的对美好生活的需要，具有广阔的空间和无垠的边界，是现代流通不断变革的基本动力，是现代流通周而复始循环往复的起点，也是经济运行的先导性力量。其不仅使商品生产者完成了对价值的追求，也使商品消费者追求越来越高和不断升位的需求，商品和服务的使用价值或效用得以实现。市场经济条件下的现代流通，把传统经济运行的起点颠倒过来，消费需求是经济运行的起点，消费决定生产，决定整个经济运行的过程和效率。市场有多少消费需求就会创造出多少商品生产，在这个意义上，消费需求成为社会再生产周而复始的起点。贯通社会再生产的四个阶段，其起点或着眼点如何满足即期的消费需求，开发潜在的消费需求，创造崭新的消费需求，这是市场经济运行经久不衰的活力与动力。围绕市场消费需求所进行的商品生产与商品交换的过程，就是现代流通成为社会化大流通的过程，现代流通之所以成为引导生产、引导消费、引导经济运行的先导性力量，道理也在于此。

第五，现代流通是体现绿色低碳循环理念的全生命周期流通。绿色发展、低碳发展、循环发展与可持续发展，推动现代流通成为全生命周期的流通过程，使排污权、用能权、用水权、碳排放权等成为可在流通中进行交易的要素禀赋，并逐步形成市场规模与交易机制。现代流通倡导绿色流通，以生态文明为方向、以环境保护为导向，将绿色发展理念贯穿产品设计、生产、消费、消费后再回收利用的全生命周期，直接或间接促成降低污染、降低消耗和以生态环境保护为取向的商品流通全过程。绿色、低碳、可循环、可持续的现代流通体系构建，既是应对全球气候变暖的迫切要求，也是通过现代流通塑造物质全生命周期价值利用和再利用的一场革命，基于“全流程、全生命周期”引导经济运行方式革命、消费方式革命的未来地球生存发展，是构建高质量现代化经济体系的必然要求，也是当今时代科技革命和产业变革的基本方向。

第六，现代流通是产业链供应链相互融合与嵌套的全链路流通。数字经济催发产业和生产要素在全球流通中的配置方式发生了颠覆性变化，逐渐形成了相互嵌入的产业链、供应链、服务链与价值链，而且这种产业链、供应链和服务链的层级越来越多，相互咬合的程度越来越深，形成了产业链、供应链链接者的命运共同体，一荣俱荣，一损俱损。产业链、供应链、服务链、价值链四链有所不同，但是在流通中互相交集交汇交融，由此构成了全球产业布局与产业联系。产业链、供应链、服务链、价值链并不属于一个国家、一个地区、一个企业或者个人，是产业在全球资源配置中，在分工交易中，供给侧和需求侧相互寻找、相互适配、相互支撑、相互成就的过程。所以产业链、供应链、服务链、价值链本质是链接，是互联互通，是共享发展，虽然有的时候、有的环节是虚拟的、看不见的，但是往往比实体链接具有更强的黏性、更强的经济依存度和更强的支撑能力。

（三）现代流通的主要形式和趋势性特征

认识在世界百年未有之大变局和新经济全球化大背景下的现代流通，把握现代流通发展的主要形式与趋势性特征，对于我们在日益激烈的国际竞争博弈和新经济全球化中占据竞争主动权、在获取流通中创造更多财富和配置更优资源的能力，具有重大战略意义。

一是区域经济一体化——更加自由便利的现代流通经济圈。二战后，总体和平发展的环境形成了经济全球化的大趋势，促使现代流通加速发展，一些迫切需要各种要素禀赋在特定区域更加便利、更加迅捷、更加自由流通的国家和地区，主动放宽或破除束缚和影响流通的规则，甚至淡化国家主权与边界，使某一区域成为快速流通的更大经济圈，即逐渐形成区域经济一体化的若干小多边地缘关系与格局，以提高这一区域的整体竞争力。据 WTO（世界贸易组织）统计，截至 2022 年 4 月 7 日，全球 164 个 WTO 成员已送达 WTO 组织的区域贸易协定通知累计 577 个，正在实施的区域贸易协定 354 个，区域经济一体化成为经济全球化的重要表现形式。互联网、物联网、车联网、导航系统、超算能力、数字贸易、信息技术和现代物流技术等，推动了全球范围流通加速，其重要表现是以区域经济一体化为载体的现代流通经济圈的形成与发展，使大幅度降低流通成本、大幅度提升产品的国际竞争力成为可能。资源配置从一个工厂、一个地区、一个国家首先扩展到现代流通能力能够到达的地方，构成现代流通经济圈，国际分工追求全球范围资源配置的优化或者区域内资源配置更优，凭借现代流通能力的赋能，构建了更加细密的流通渠道和网络，国家之间的经济协作也越来越深入。从当前全球各类自贸区来看，如果既定目标可以实现，到 2030 年将出现全球最大的自贸区——APEC（亚太经济合作组织），届时其将覆盖全球近 40% 的人口、60% 的经济总量和 48% 的贸易总量。

二是跨国公司——组织、配置全球资源的现代流通头部企业。所谓跨国公司，联合国经济合作与发展组织（OECD）对其的定义是，至少在两个国家拥有生产设施的企业。跨国公司至少要通过两个国家的跨国界流通把生产的产品销售出去；或者通过跨国股权资本流通获取他国企业的控制权，参与跨国生产或流通。跨国现代流通能力是跨国公司存在和发展的基础条件，其通过强大的跨国流通能力，已经成为主导经济全球化的主体，成为利用全球资源、全球市场获取最大利益的受益者。每一家跨国公司都是一个成熟的跨国界现代流通组织的载体，跨国公司面向全球采购体系、全球营销体系、全球研发体系、全球比较具有成本优势的生产制造基地等组织运营，其产业内交易体系构成了现代流通的一种重要形式。跨国公司开展的国际化大流通，是加大全球范围内配置资源，推动商品、资本、劳动力、信息、技术、服务等要素禀赋加快流通的过程，可以形成加快经济全球化进程的强大动力。这就使货物和资源跨国界流通日益增强，使服务等无形商品和资产的跨国界流通日益增强，也使不同国家的市场日益相互依存、相互融合。

三是平台经济——制造商、供应商、经销商、消费者在现代流通中以平台为载体形成的市场集成。平台经济作为现代流通的一种组织形式，成为经济发展的驱动力和链接力，成为渗透经济社会生活方方面面的“毛细血管”，改变或重塑着人们和市场主体的行为方式、经营模式、行业形态与商业业态，传统产品、传统交易、传统服务和传统的经济资源配置方式随之发生了极大改变。信息作为无形要素禀赋进入流通，不仅加快了流通的速度，而且逐渐创造出若干崭新的生活场景，同时分离出独立的、越来越大流通规模和超速度传输的数据流，成为形成现代流通颠覆性变革的最大推动力量。这种基于互联网并由数据驱动、平台支撑、网络链接的流通组织形式，实质上是在数字平台上组织现代流通并由此产生经济关系和市场关系总和的一种呈现，是一个双边或多边的虚拟市场。一般意义上，这种虚拟或真实交易平台本身不生产产品，却可以促进双方或多方在平台上交易，使若干供应商、经销商、消费者在特定载体提供的互联网虚拟平台上交互，产生巨大的商流、物流、资本流、信息流和数据流，形成比有形市场更具有虹吸效应和拓展空间的市场集成，以此共同创造更大价值。因此，基于移动互联、移动支付、消费升级、数字驱动、网络赋能和流量激增，消费互联网平台实现了跨越式发展。

四是物联网与产业互联网——进入万物互联、万物遥感、万物可视、万物智能时代的现代流通。人类社会是一个超级复杂的系统，宇宙起源理论认为，复杂系统是智能的，其最基本的智能是能量加信息减熵，随着数字经济发展和数字化基础设施建设，现代流通将成为能量加信息减熵的最大变量与动力。物联网与产业互联网是互联网技术的泛化和升级，数字世界与物理世界越来越重叠、交融，乃至成为一体化的平行表达方式。把物理世界变成信息、数字或者数据流量，最后分离出来形成若干巨量数据流动，呈现出物理世界连通的网络状态，或者形成产业与产业之间链状的链接状态，或者构成物理世界和数字世界融为一体的核心界面或核心信息架构。数字化的驱动力永无止境，人类经济社会活动基于现实的物理世界、化学世界、生物世界持续运转，从农业时代到工业时代再到信息时代和知识经济时代，数据生成量与日俱增，信息源越来越膨胀，数字世界与物理世界对接的物联网和产业互联网，将成为提高社会生产力的核心资源，成为现代流通中最重要的要素禀赋。物联网与产业互联网不断打破时间线、空间线和有形市场空间约束的边界，将消费互联网与产业互联网连接起来，形成万物互联的世界，迈向现代流通社会化、数字化、智能化、集成化、国际化发展的新时代。

五是全球供应链体系——以现代物流为支撑的全球经济布局与“端到端”跨境服务中的现代流通。全球供应链体系的形成，是战后投资全球化、贸易全球化、产业全球化、要素流通配置全球化的必然结果。当物联网与产业互联网进一步解决了物的链接，设备与设备、企业与企业之间的互联，以升级的大数据、云服务、移动互联网、物联网、人工智能、区块链和赛博系统等为推力，引发了全球交易与分工根本性变革。特别是对于国际化程度高、技术含量高、分工程度高的产业来说，这些很难在一个国家、一个企业、一条生产线上一次性完成最终产品的生产过程，就构成了全球供应链体系。全球供应链体系是一个开放的系统，现代流通的内在规律要求这个体系的流通必须顺畅、高效、无堵点，在全球供应链体系这个链条中，参与者之间联系越顺畅，分工越细密、越专业、越分散，现代流通的先导性、基础性和决定性作用就越大。全球供应链体系建设与各国供应链构建日益成为国际共识与各国共同的战略选择。从目前来看，世界 500 强企业中有 80% 的企业制定了全球供应链战略，这成为其核心竞争力的重要标志。

六是“一带一路”——构建以互联互通为主线提升经济联通性的跨国流通的大格局。中国提出“一带一路”倡议，使互联互通成为推动以“五通”为核心的现代流通，以基础设施“硬联通”为重要方向，以规则标准“软联通”为重要支撑，以共建国家人民“心联通”为重要保障，以互联互通为主线，优化跨境产业链、供应链、服务链和价值链布局，走出一条跨国共建现代流通体系、提升经济联通性的崭新道路。共建“一带一路”的“五通”，是国际化、社会化、信息化、共享化的更有总和效率和集成效应的“大流通”，将极大地提升中国与沿线国家之间的硬联通和软联通水平，帮助共建国家和大量企业尤其是中小企业深入参与全球产业链供应链与价值链，促使商流、物流、资金流、信息流和人流跨区域和地区地便利、自由、高效、顺畅流通，以推动更多共建国家和人民经济社会发展。在人类命运共同体的旗帜下，随着互联互通的建设与完善，现代流通再次将全球经济链接为一个整体，以构建稳定的产业链、供应链、服务链和价值链的布局，取代被割裂的经济全球化形成的断裂带，符合共建国家的共同利益诉求，互联互通也将使地缘关系为之改变。与此同时，“一带一路”打破了中国过去以东南沿海为主的单向度开放、以国内为主的区域布局，重塑地缘乃至世界政治、经济、外交、文化大棋局，形成内外联动、海陆统筹和陆海天网“四位一体”的新空间布局。

七是协调全球流通的组织者——流通规则标准的制定与仲裁。流通是一种解放，是一种开放，是一种冲击力，是一种推动力，又是一种内生力量，它把整个世界纳入自己的范围，并不断对阻碍其流动的各种规则和制度进行扬弃，对人们的生产方式、生活方式、社会存在方式以“水滴石穿”的精神不断进行改造。现代流通的“游戏规则”受到了空前的重视，以联合国为核心的联合国宪章，制定和维护国际流通规则的世界贸易组织、世界银行、国际货币基金组织等机构，经年形成的国际共识、国际公约和国际规则等，共同构成维护多边主义和规则秩序的世界体系，在国际化大流通中发挥着越来越大的作用。

（四）现代流通体系及构成

流通体系的形成和演变是一个漫长的历史过程，与当时的社会经济、历史文化、城市发展、人口规模、科技进步等因素密切相关，是包括要素、结构、功能、动能、硬件、软件、平台、环境等问题在内的整体系统。

相对于传统流通体系而言，现代流通体系是指基于互联网、物联网、大数据、人工智能、5G 等新技术，以市场需求为导向，以商品流动和服务提供为主线，以各种新业态新模式为核心，以市场交易、综合交通运输、数据信息、现代物流、支付金融、社会信用等配套服务为支撑，以法律法规、标准、政策营商环境等为保障，融合商流、物流、信息流、数据流、资金流，实现社会商品和服务在生产、分配、交换和消费全过程转移的运行系统和制度系统。现代流通体系是畅通国民经济循环的基础支撑点，基本框架由以市场为主体的内外贸一体化流通运行体系、现代流通的支撑保障体系和政府政策法规与行政管理规则管理体系三大子体系组成（见图0.1）。

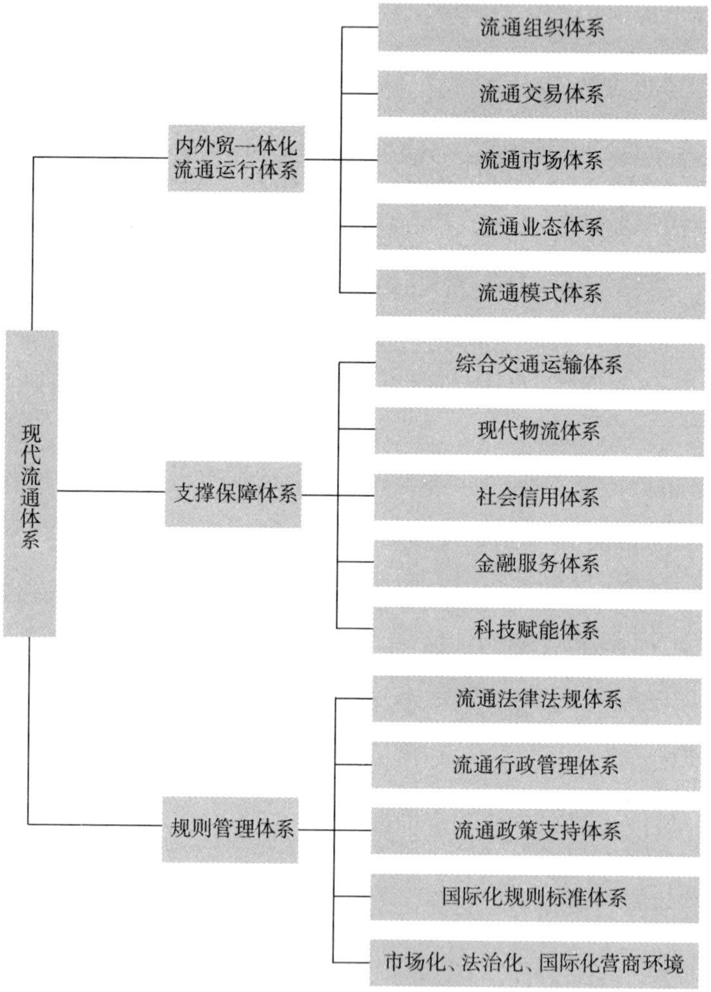

图0.1　现代流通体系构成

1. 内外贸一体化流通运行体系

内外贸一体化流通运行体系是指包括现代流通组织体系、现代流通交易体系、现代流通市场体系、现代流通业态体系、现代流通模式体系等在内的实现现代流通运行的微观系统，也是现代流通的基础和核心。

(1) 现代流通组织体系。现代流通组织体系是指所有参与商品（包括有形商品与无形服务商品）或要素流通活动的组织机构或个人。这既包括专门从事商品或要素流通活动的组织机构（也叫专业化流通机构，主要有批发商、零售商、物流服务商及消费合作社、电子商务平台等)，还包括商品或要素的生产者与消费者。

(2) 现代流通交易体系。现代流通交易体系是指流通中用于交易的商品，即流通中用来交换的劳动产品，一般具有价值和使用价值双重属性。作为流通的对象和客体，这里的商品流通既包括有形商品、无形商品（服务)，又包括生产要素的流通。

(3) 现代流通市场体系。现代流通市场体系由流通载体构成，是指流通主体对流通客体进行交易的一切设施、场所和通道等，既包括完善统一的国内市场、链接国内国际市场的通道和平台、开放的国际大市场，也包括价格、供求、竞争等关系的流通运行机制的总和。

(4) 现代流通业态体系。现代流通业态体系是指在一定的社会经济环境下，流通企业从自身的优势出发，针对目标顾客的需求，通过特定经营形态，采取不同的交易方式，向顾客提供产品和服务。流通业态主要包括批发、零售和连锁经营 3 种。现代流通方式是适应现代生产和消费的要求及流通发展要求，动态发展的商品由生产领域进入消费领域所采用的方法和形式的总和，包括当前新技术推动下的电子商务、现代物流、直播电商等流通新业态。

(5) 现代流通模式体系。流通模式是一定社会形态下商品流通中经济成分的构成和调节商品流通运行机制的相对稳定的式样，流通模式的创新是现代流通创新的最高层次，属于流通竞争规则创新的范畴。随着“消费者主权”时代的到来和生产厂商之间零售商（包括线上零售商）地位的提升及其所占有的相对利益比例的增大，生产制造商应顺应消费者收入分层化、需求个性化以及零售业态复杂化的趋势，建立基于社群网络的立体化、复合型流通模式。当前，越来越多的厂家试图绕开零售传统业态和寡头，建立垂直型零售体系，加之产业资本和流通资本的不断融合，流通模式不断创新演化并推动竞争格局变化。

2. 支撑保障体系

支撑保障体系是指包括综合交通运输体系、现代物流体系、科技赋能体系、社会信用体系、金融服务体系等在内的支撑服务体系，是现代流通安全、健康、畅通、高效运行的支撑与保障。

（1）综合交通运输体系。综合交通运输体系是现代流通的重要支撑和基础条件，既包括以“十纵十横”综合运输大通道、城乡交通基础设施网络一体化等为重点的全国综合交通运输体系，也包括加强国内国际交通网络衔接的国际化综合运输体系。现代综合交通运输体系包括铁路、公路、航空、海运、油气管道 5 种运输方式。

（2）现代物流体系。随着社会与商业的发展，商流不断缩短甚至消失，物流从商流中分离出来成为一个非常重要的产业，现代流通成为以物流为主体的流通，现代物流的发展水平被作为衡量一个国家现代化水平、产业水平和综合国力的重要标志之一。特别是应急物流体系建设对于应对突发公共风险事件意义重大。近年来，我国制定了《物流业调整和振兴规划》等鼓励物流业发展的政策，为现代流通发展提供了重要支撑。

（3）社会信用体系。一直以来，商业信用在国内外经济贸易活动中都发挥着重要作用。如今，企业之间、企业与消费者之间的信用交易，以及企业品牌建设等都离不开信用体系建设。社会信用体系是现代流通体系的重要组成部分，要不断完善社会信用体系，加快建设重要产品追溯体系，建立健全以信用为基础的新型监管机制。

（4）金融服务体系。在现代流通商流、物流、信息流、资金流“四流”中，资金融通起核心和重要支撑作用。应强化支付结算等金融基础设施建设，深化金融供给侧结构性改革，提供更多直达各流通环节经营主体的金融产品，完善流通金融支付体系，支持供应链金融服务的发展，优化流通领域金融软环境，强化现代流通金融支撑作用。

（5）科技赋能体系。推进现代科技赋能现代流通体系是顺应全球数字经济、平台经济发展趋势，加快我国流通领域质量变革、效率变革、动力变革，催生我国流通新模式新业态加速涌现的重要举措。应加强加快设施装备数字化改造，推进绿色设施装备应用，加强流通大数据的开发和应用，通过现代科技与现代流通体系的结合，持续赋能流通数字化、网络化、智能化、融合化发展。

3. 规则管理体系

规则管理体系是指包括流通法律法规体系，流通行政管理体系，流通政策支持体系，国际化规则标准体系以及市场化、法治化、国际化营商环境等在内的政府行政法规及行政管理规则体系，是高效管理服务现代流通的体制机制保障。

（1）流通法律法规体系。完善的法律法规体系是流通市场健康运行的核心，也是流通现代化建设顺利进行的制度性保证。总体来看，经过改革开放40多年发展，我国基本建立起流通法律法规体系，包括流通业态法律法规、流通行为法律法规、物流法律法规、流通监管法律法规和信用法律法规等诸多方面，为我国现代流通发展提供了制度性保障。

（2）流通行政管理体系。我国流通行政管理体系包括国家发展和改革委员会、商务部、农业农村部、中华全国供销总社、国家烟草专卖局、工业和信息化部、市场监督管理总局、国家卫生健康委、国家药监局、海关总署等政府职能管理部门。国家及相关部委行政机构行使法律手段、经济手段、行政手段对流通进行宏观调控与管理。

（3）流通政策支持体系。该体系主要是指由国务院及相关部委制定并发布的禁止、振兴、调整流通的相关政策体系，包括国内流通政策与国际流通政策，如商务、税收、财政等领域支持政策和适应国际化大流通的开放型经济政策。

（4）国际化规则标准体系。该体系主要是指适应流通国际化进程的规则和标准体系，这是我国经济快速发展的重要动力，也是以高水平开放融入全球产业链、价值链、供应链的路径，有利于我国在未来更激烈的国际流通规则竞争中占据主动。具体包括创新对外开放体制、探索自由贸易试验区等新模式，参与并引领的国际流通规则制定等。

（5）市场化、法治化、国际化营商环境。该体系主要是指流通市场体系建设，这是现代流通体系建设的前提和制度保障。应加快形成和完善国内统一大市场，发挥市场在资源配置中的决定性作用，同时更好地发挥有为政府作用，完善市场化流通渠道，推动流通领域国际化进程，畅通国际大市场，加快构建新发展格局。

二、现代流通面临的突出问题

改革开放特别是党的十八大以来，我国现代流通体系建设取得明显进展，包括建设全国统一大市场、形成现代商贸流通发展优势、构建现代流通运行体系迈出坚实步伐，综合交通、物流体系、信用和金融支撑能力不断增强，现代流通规则保障体系不断健全优化。同时，在构建双循环新发展格局下，我国流通体系建设存在的弊端已经越来越凸显，主要体现在以下几个方面：

（一）对现代流通的总体认识不足

以习近平同志为核心的党中央关于现代流通论述的精神主要在于，我们之所以要研究和推进现代流通，绝不仅是因为一个流通问题，而是关系到我国综合竞争力的全局性问题。综观改革开放以来中国流通经济研究的理论成果，尤其是概念和逻辑框架，暂时还不足以支撑有关现代流通促进经济循环高质高效和有序畅通的政策解释与实践指导，我们对构建现代流通体系的总体认识不足，还处于一个朦胧阶段。到底什么是现代流通？现代流通的基本框架是什么？运行方式是什么？如何培育形成现代流通竞争力？这些基本问题无论是在政府政策层面、学界理论层面，还是在市场实践层面，均未形成统一认识，这就导致各级在推进现代流通过程中尚未形成政策和推动上的合力。过去 40 多年，流通体系为我国能够建立起涵盖 41 个大类、207 个中类、666 个小类的完整工业体系，并成为全世界工业门类最齐全、产业链最完整、生产规模最大的国家提供了重要保障。然而，如何使这种强大的生产制造能力转化为强大的市场权力和定价能力，或者说，如何用强大的流通能力来保障生产制造能力的发挥、循环运行的畅通以及经济的高质量发展，如何有效地将我国拥有的超大规模市场优势、生产能力优势凝聚为包括商品定价权在内的流通渠道权力优势，甚至在全球贸易谈判、市场规则制定中的优势，这是当前和今后一段时期我国现代流通体系建设必须解决的战略使命及任务，需要我们高度重视，真正形成对现代流通的统一认识，把现代流通体系建设真正作为一项战略任务来抓。

（二）流通成本尤其是物流成本总体偏高

流通成本尤其是物流成本偏高是我国流通中一直存在的突出问题，长期以来，我国物流总成本占 GDP 的比例一直维持在 18% 左右，从 2015 年后，该比例开始大幅下降，近几年一直维持在 14% 左右，但仍远高于美国、日本等发达国家 8% ~8.5% 的水平（见图 0.2），也远高于全球10% ~11% 的平均水平，目前基本与印度处于同一水平。我国物流成本偏高的原因：一是我国物流结构中，成本较高的为公路物流，成本较低的为铁路物流，水运物流占比较低。二是我国多式联运仍存在较大的优化空间，各种交通方式没有有机衔接和协调，增加了转运成本。三是物流基础设施存在短板。物流配送网络不健全，“最先一公里”和“最后一公里”问题突出。冷链物流设施建设更是短板中的短板，与发达国家冷链物流覆盖率 85% 相比，我国仅为 20% 左右。应急物资储备设施存在关键节点设施落后和跨物流通道衔接度低的问题。四是农村流通现代化能力严重滞后，农村贸易流通基础设施薄弱，农产品冷链物流设施严重不足。五是信息化、智能化的物流技术应用还有较大空间，先进的物流业态有待培育。

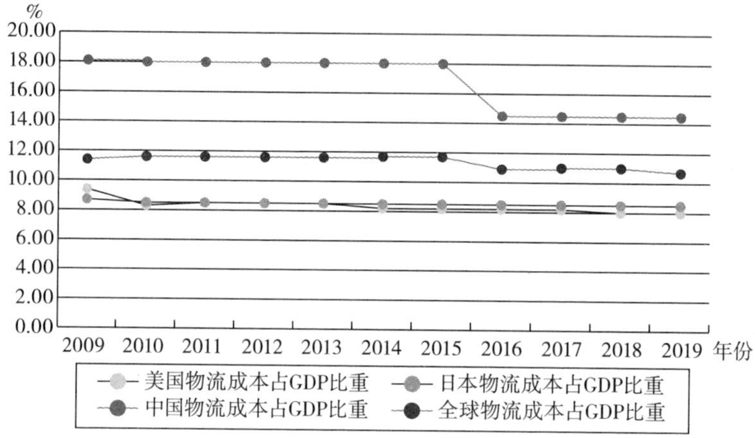

图 0.2　我国物流总成本占 GDP 比例与其他国家及全球比较情况

资料来源：Wind 数据库。

（三）现代流通发展不平衡

当前，我国流通发展不平衡不充分问题十分明显。突出表现在：一是国内商贸流通业呈现出明显的区域差距，东部地区商贸流通最发达，中部地区发展次之，西部地区发展最差。二是城乡差距明显，我国长期的城乡二元结构致使农村生产、消费基础较弱，流通基础设施和渠道建设不完善，城乡流通不畅等问题严重制约了全国统一大市场的形成和国民经济的协调发展。三是内外发展不平衡。国内统一大市场已基本形成，但内外市场一体化还存在诸多难点和堵点，联通内外的通道和节点衔接不畅，国际物流网络覆盖不均衡，物流应急运输服务保障能力仍待提升。近几年的新冠疫情暴露出了我国海运、航空国际货运能力的不足。

布局方面，一些地方的批发市场数量不足，而另一些地方的批发市场密集但又“有场无市”。农村的便利店、农资店、生活服务网点、物流配送等末端服务网点的质量和数量亟须提升。在以百货商店、超级市场为零售终端的城区，我国与发达国家相比差距较大。“最后一公里”的便民生活圈，城市菜市场、社区便利店、专业店、专卖店、量贩店、折扣店、会员制商店等布局未能形成“15 分钟便民圈”。

（四）流通现代化水平不高

当前，全球新一轮科技革命和产业变革方兴未艾，以互联网、大数据、区块链、人工智能等为代表的新兴前沿数字技术向流通领域深入渗透，数据等创新要素资源高度汇聚，数字化、网络化、智能化成为现代流通体系的核心竞争力。新一代信息技术应用给我国流通带来深刻变革，但流通现代化水平总体偏低，突出表现在：一是流通产业集约化程度不高，数字化建设投入不足。很多企业还处在新技术应用的初级阶段，企业与供应商、制造商等上下游企业实现 EOS、EDI 信息交换，不同行业、不同地区信息化程度差异较大，物流信息技术尤其是冷链物流信息技术水平较低，难以满足国民经济发展的需要。二是流通的数智化管理水平不高，创新能力不足。产地、批发市场和社区超市需求的数据链难以形成，很多商贸企业依然沿用传统的数据处理模式，导致管理者决策滞后、失误等现象出现；大量购物中心、超市、农村便利店、农贸市场并没有能力或者没有习惯真正运用现代供应链和科技手段，实现数字化、智能化改造，达成跨界融合和创新模式，未能形成供应链所需的大流通形态、模式和体系。三是国际物流供应链数字化水平有待提高，跨境物流链路长、节点多，揽收、干线、关务、集散和配送等环节上的贯通服务能力因数字化程度不高而难以提升，尚未形成现代流通体系的强有力支撑。

（五）市场环境有待进一步改善

改革开放以来，我国流通体系制度环境建设取得重要进展，但与市场经济体制的要求完善匹配还存在一定差距，与更好地满足人民群众美好生活需要的要求也存在较大差距。这突出体现在：

一是规范的市场化环境有待进一步完善。一些制度性短板，如行政分割导致的地方保护主义、妨碍统一市场和公平竞争的规则和做法，在一些地区领域和行业仍然存在，不正当竞争时有发生，影响国内统一大市场的形成。二是国内外市场尚未形成有效连接。推动国内外市场一体化发展涉及法律法规、监管体制、质量标准、检验检疫等方面的衔接，目前还存在不少障碍和堵点。三是社会信用体系建设仍未到位。我国各地信用体系建设的牵头单位不一，全国大部分省、地市政府还未建立区域信用信息平台。在已建系统中，受当地部门信息化水平限制和部门设置条块分割、信息采集和交换标准不同影响，各地区信用信息归集质量及应用情况有所差别。四是行政监管难以适应新经济发展要求。随着互联网平台经济的不断发展，出现了一些平台对客户随意加价，对商家提高抽成比例，要求商户对平台进行“二选一”、“大数据杀熟”、捆绑销售、赢者通吃和流量限制等行业垄断、不正当竞争倾向性问题，以及隐私泄露、网上商品质量掺假、知识产权保护、消费者权益保护等问题，监管难度加大。

（六）现代流通竞争力不强

改革开放以来，我国流通体系建设取得重大进展，流通规模不断扩大，但总体而言，我国现代流通竞争力不强。特别是，当前我国流通企业尚未形成对渠道资源的控制力，尚未能将我国消费流通拥有的巨大市场需求和对需求的快速反应能力转化为竞争优势和供应链话语权。为什么中国大宗原材料的进口价格一直受制于人，中国制造和贸易在全球拥有巨大规模却未能获得相匹配的收益回报？为什么“中国制造”“中国超大规模市场”与“中国流通”在国内国际两个市场上严重不匹配？这主要是因为：

一是流通主体国际竞争力不强。我国缺少与市场规模优势、制造优势相匹配的现代流通组织体系，缺少参与全球流通体系治理和运作的主体，缺少有国际影响力的综合性全球流通组织。例如，沃尔玛已连续6年斩获世界500强第一名，业务覆盖全球27个国家，线下零售店数量超过11300家。亚马逊全球开店，有18个国际站点，提供27种语言支持，拥有175个运营中心，全球员工超61万，有10万个机器人，40架航空货运飞机，消费者遍布185个国家和地区。中国电商巨头阿里巴巴与之相比还有较大差距，且除阿里巴巴、京东等少数互联网流通企业外，大多数流通企业是中小企业，在国际流通领域中的权力和能力弱小。2021年亚马逊关店潮给我国跨境电商带来巨大影响。

二是国际物流网络建设滞后。特别是国际海运、航空货运“短板”不断凸显。长期以来，全球贸易90%左右靠海运支撑，而自改革开放以来中国逐渐成为全球最大货物贸易国，但改革开放初期，中国缺乏国际海运、空运等资源，不得不按照FOB条款出口，让外方指定承运商；进口按照CIF条款，也由外方指定承运商。如此一来，形成了中国畸形的国际物流服务贸易体系，中国国际海运、航空货运等市场长期被外资主导。1992—2020年，中国国际运输服务连续29年为贸易逆差，基本来自海运中的货运服务。截至2020年年底，中国国际集装箱海运市场中近90%的市场份额被马士基、地中海航运等国际巨头主导，中远海运集团等中企份额仅为10%左右。

三是快递物流国际化水平亟待提升。总体来看，近年来国内快递物流发展迅速，在新冠疫情期间更是发挥了积极作用，但国际化水平总体严重偏低。作为国内头部快递物流企业，顺丰快递在全国有5000个营业网点，服务城市300余个，下沉涉及1500个县级市和城镇，但在全球布点仅8个国家和地区，而联邦快递业务则覆盖全球超过220个国家和地区。因此，我国邮件跨国业务通常依靠联邦快递，引发了一些国家安全事件。

四是国际流通方面法律法规、标准和认证等建设薄弱，衔接不足，内外一体化程度低，与双循环新发展格局所要求的流通战略不匹配，不利于与其他国家的流通贸易发展及执法对等和平衡。

上述问题涵盖现代流通体系建设的方方面面，产生的根源在于传统计划经济体制形成的“重生产轻流通”思想，在于我国传统流通向现代流通转轨过程中“计划让位于市场不到位”与政府“缺位”并存，在于对构建现代流通体系的认识不到位和政策措施不到位。

三、推进现代流通体系建设的总体思路

坚持以习近平新时代中国特色社会主义思想为指导，立足新发展阶段，深入贯彻新发展理念，服务构建新发展格局，坚持稳中求进工作总基调，以推动高质量发展为主题，以深化供给侧结构性改革为主线，以改革创新为根本动力，认真贯彻落实习近平总书记在中央财经委员会第八次会议上的重要讲话精神，依据《中华人民共和国国民经济和社会发展第十四个五年规划和2035年远景目标纲要》，构建现代流通体系，强化流通体系支撑作用，畅通国内大循环的总体部署，提升国民经济运行方式，全面提升国家综合国力和国际核心竞争力。进一步强化现代流通的基础性、先导性、战略性和决定性作用，加快构建高效率、高水平、低成本和顺畅的现代流通体系；强化科技赋能现代流通，统筹推进现代流通体系硬件和软件建设，全面提升流通现代化水平；加快构建包括现代商贸市场和现代要素市场的现代市场体系，推动有形要素禀赋与无形要素禀赋自由便利流通；构建内畅外联现代流通网络，推动形成覆盖全球、安全可靠、高效顺畅的全球流通网络体系；支持现代流通组织主体发展壮大，培育具有国际竞争力的现代流通头部企业，全面提升我国在全球流通渠道中的控制权、商品定价权和规则制定权。加快建设现代化流通强国，为构建以国内大循环为主体、国内国际双循环相互促进的新发展格局和建设现代经济体系提供有力支撑。

四、推进现代流通体系高质量发展的三个着力点

现代流通体系建设是一项综合性的系统工程，包括从微观的运行体系、支撑到宏观的政府规则保障体系等维度，不仅缺乏顶层设计，流通体制、机制各方面也存在若干难点、堵点和痛点，甚至有些还环环相扣，全方位提升绝非一日之功，需要寻找重点突破口，逐步推动现代流通体系的健全完善，为新发展格局提供有力支撑。

（一）加快构建现代流通市场体系

有序高效的现代市场体系是我国现代流通体系高效顺畅运行的重要基础，多年来我国统一大市场和内外市场一体化建设取得重大进展，但也存在制度壁垒和政策堵点，需要统一谋划、一体化推动。

第一，加快构建形成国内超大规模市场。充分发挥我国超大规模市场优势，加快培育完整的内需体系，着力贯通生产、分配、流通、消费各环节，畅通国内大循环，不断培育和拓展国内大市场，更多地为国内消费者生产高品质产品，形成需求牵引供给、供给创造需求的更高水平动态平衡，依托畅通的国内大循环实现高质量发展。提高就业水平，优化完善收入分配结构，提升人民群众对高品质生活的消费能力，推动消费升级和扩容。提升全社会投资动能和水平，发挥财政投资引导作用，提升全社会投资规模和质量。以畅通的国内大循环吸引全球资源要素，充分利用国内国际两个市场、两种资源，积极促进内需和外需、进口和出口、引进外资和对外投资协调发展，推动形成供需衔接、城乡和区域一体化、内外贸互联的全球大市场。通过继续深化对外开放，对标国际先进规则，加大国内市场特别是服务市场的开放力度，促进国内外要素资源的自由流动和高效配置，建立适应全球范围配置和利用资源的高水平规则体系，提高国内国际市场的接轨程度，努力成为具有全球影响力的世界市场。

第二，完善国内国际互联互通的现代商贸体系。强化多边及双边合作机制，充分发挥中国—东盟自由贸易区（CAFTA）、区域全面经济伙伴关系协定（RCEP）、中韩自由贸易区及中国与其他国家签订的自由贸易协定和建立的自由贸易区等多边和双边经贸合作机制，积极推进中日韩自由贸易区、全面与进步跨太平洋伙伴关系协定（CPTPP）、中欧自由贸易协定、亚太贸易协定等国际经贸合作机制，推动跨境流通市场发展。通过双边或多边经贸投资保护协定，建立政府间商贸流通协调机制，完善服务支持政策体系，为流通企业境外投资和运营提供全方位服务，加快推动国内统一市场与双边、多边贸易协定等的耦合，在全球范围复制并形成中国市场网络体系，逐步形成贯通国内外的产业链体系、供应链体系、价值链体系和大市场。统筹推进现代市场体系建设和对外开放，推动国内各区域市场的融合，加快推进国内市场与国际市场融合发展，形成以国内市场为主体、国内国际市场相互促进的市场格局。

第三，加快重构多层次现代市场主体。一是加快批发市场主体创新发展。加快支持推进义乌小商品市场等国内重要发展模式创新，通过培育多元批发市场主体、发展跨境电商、整合国际国内市场、上下产业链整合等途径，构建集设计、体验、新批发零售、服务于一体的批发市场新生态，实现国际化、数字化、现代化发展。加强批发市场新老基础设施建设，建设数字批发市场，加快构建智慧化、多元化批发市场。二是推动互联网、物联网平台企业规范持续健康发展。优化布局建设电商基地，发展电商总部经济，推进流通新业态、新模式发展，重点打造文旅电商平台、跨境电商平台、生鲜电商平台、社交电商平台，提升电商企业国际竞争力。布局和打造具有全国影响力的直播电商平台、建设若干特色直播电商基地、培育优质 MCN（多频道网络）机构、扶持专业直播服务机构、促进直播电商与各行业融合发展、营造多元化商业应用场景，支持直播电商主体做大做强。三是培育一批具有全球竞争力的跨国现代商贸流通企业。鼓励优势流通企业通过多种方式组建流通企业集团和商贸联合体，培育壮大惠民连锁企业，争取更多企业进入全国零售百强和连锁百强。积极引进一批国外知名商贸流通企业。鼓励流通企业“走出去”设立海外仓，加快跨境电商零售进口试点。培育壮大具有国际影响力的现代商贸流通企业，提升我国商贸物流企业在全球产业链、供应链、价值链上的竞争优势，推进国际贸易中心、物流枢纽与供应链创新中心建设。

第四，加快培育和发展智慧型社区商业网络体系。一是构建全业态社会商业网络体系。强化社会商业、养老、医疗、教育、交通、文体等基本公共服务设施建设，形成集社区商贸零售、文化、休闲娱乐、医疗健康、餐饮等多场景于一体的社区商贸服务综合体，打造“15 分钟社区生活圈”。二是加快推动智慧型社区商业网络建设。推进“互联网 + 社区商业”，搭建社区商业综合服务线上平台、城市便民生活圈智慧服务平台，整合本地商户资源，接入购物、餐饮、休闲、文化、养老、托育、家政等线上功能，打造集约式社区商业生态圈。三是强化社区商业基础设施建设改造。加强对新建社区的商业设施提前规划和建设，加快对老旧社区商业设施进行提升改造，强化科技型园区及大学等的社区化商业功能，培育形成一批业态多元化、集聚化、智慧化的社区商业中心和网点。四是培育壮大社区商业市场主体。进一步推动社区商业优化供给、转型升级，逐步构建功能完备、服务完善、层次多样的社区商业体系。

第五，加快推动现代会展业高质量发展。一是提升四大国家级展会平台的功能和影响力。进一步提升中国国际进口博览会（上海）、中国国际服务贸易交易会（北京）、中国进出口商品交易会（广州）、中国国际消费品博览会（海南）四大国家级重要展会作为全球采购平台、投资促进平台、人文交流平台和开放合作平台的功能和全球影响力。二是强化产业集聚发展，打造国际会展之都。加快提升中国国际投资贸易洽谈会（厦门）、中国国际高新技术成果交易会（深圳）、中国国际消费品博览会（海南）、中国—东盟博览会、中国国际大数据产业博览会、中国义乌国际小商品（标准）博览会等展会，以及“一带一路”国际合作高峰论坛、“一带一路”贸易投资论坛、中国—东盟“10 + 1”、亚洲博鳌论坛等重要国际论坛的全球影响力，拓展提升其对商贸零售、生产制造、休闲娱乐、现代服务等生活生产多元市场的辐射拉动功能，打造北京、上海、深圳、广州等国际会展之都。三是推动“会展 + ”融合发展，实现会展业创新提升。基于“会展 + ”经济的发展理念，推动多业态融合，实现会议、展览、演艺、赛事、节事、庆典多业态全面发展，赋能会展业高质量发展。创新办展模式，积极打造线上展会新平台，举办“云展览”，开展“云展示”“云对接”“云洽谈”“云签约”，支持企业利用线上展会、电商平台等渠道开展线上推介、在线洽谈和线上签约等，实现线上线下同步互动、有机融合的办展新模式。四是打造全新会展模式，带动消费市场发展。探索推进打造“会展 + 产业”“产业 + 会展”全新模式，以会展经济拉动产业、发展产业。着力培育一批具有先进办展理念、运营规范、模式创新成效显著的龙头展览企业，支持打造市场竞争力强、带动作用大的区域性或国际性品牌展会。以国际化、品牌化、高端化、市场化、专业化、智能化为发展方向，大力实施会展业创新提升行动，着力构建环境优越、配套齐全、品牌响亮、人才集聚的会展经济体系，推动我国从展览业大国向展览业强国发展。

（二）加快再造现代物流体系

物流是我国国民经济运行的重要基础和先导性产业，是我国现代流通体系的基本支撑。面对信息化、数字化技术引领现代流通变革的新要求，我国现代物流发展也需要与时俱进，调整发展理念和建设思路，更加聚焦质量效益、结构优化、创新引领、全面协调、绿色生态，稳步推进我国由物流大国向物流强国转变。

第一，推进基础设施建设，着力降低物流总成本。着眼未来，我国在一些先进、数字、智慧物流基础设施方面还有较大短板。一是要加强物流分拨中心和中转中心建设，特别是距离终端市场较近的分拨中心、中转中心、配送站、物流服务基地等还需加大建设和布局力度。二是要加强数字化、智能化物流基础设施建设，推动5G、北斗等先进数字和信息传输技术在物流领域的应用。三是在智能化、智慧化仓库建设方面，要着力推动我国物流仓储体系从传统仓储向现代智能化仓储转型。同时，积极推进多式联运发展，要通过“公转铁”、“公转水”、数字智能技术应用等多种手段，综合施策，统筹推进各类物流基础设施相衔接、相协调，全面降低我国物流总成本，提升物流服务质量和效率。

第二，培育数字化、智能化物流新业态。以互联网、物联网、大数据、云计算、人工智能等为引领的新一代科技革命和产业革命正在蓬勃发展，并与物流产业相融合，形成了多种多样的物流新业态，物流产业和信息产业、数据产业呈深度融合发展趋势，这对现代物流发展也提出了新的要求。必须把握好科技革命作用于物流业发展的客观规律，瞄准世界科技前沿，聚焦可能引发物流业态变革的引领性技术和颠覆性技术，提早谋划具有全球竞争力的新一代物流基础设施，着力培育数字化、智能化物流新业态。

第三，加快补齐部分地区现代物流短板，深入推进与周边国家互联互通物流大通道建设。一是要补齐中西部和东北地区物流发展短板，重点提升物流基础设施在这些地区的覆盖率，提高中西部、东北与东部之间，中西部、东北内部各地区之间的物流联通水平。二是要补齐农村地区和贫困地区物流发展与建设薄弱的短板，对接乡村振兴战略，大力提升农村物流基础设施建设发展水平，着力加强农村公路建设，推动农村公路网改善，保障农村地区基本出行条件，解决农村生活性和生产性物流发展滞后问题。三是要积极顺应我国“走出去”发展大趋势和“一带一路”倡议，推动我国与沿线国家互联互通，构建与周边国家物流联通大通道，推动我国与沿线国家共同形成货畅其通、物畅其流的一体化大市场。

第四，积极推进绿色物流建设。要坚持国家生态文明建设的重要部署，坚持“绿水青山就是金山银山”的重要理念，积极推动现代物流体系向绿色环保、低碳节能、资源集约方向发展。按照“双碳”战略目标要求，大力推进现代物流领域节能减排，推进使用清洁电能、氢能等绿色能源的新能源汽车广泛应用，加速淘汰落后技术和高耗低效物流装备。打好大气与水污染防治攻坚战，严控汽车、船舶等物流工具的大气污染、水污染物排放。推进物流领域循环经济建设，鼓励使用绿色可回收包装。严守生态保护红线，严格落实生态保护和修复制度，减少物流基础设施建设对耕地、林地、湿地等具有重要生态功能的国土空间的破坏。优化物流体系，提高物流效率，减少物流环节能源资源消耗。

第五，大力推进冷链物流建设。冷链物流是我国现代物流体系中的重要短板，要将冷链物流建设摆在我国现代物流体系建设的突出位置。一是要着力搭建衔接产地销地、覆盖城市乡村、联通国内国际的国家骨干冷链物流网络，聚焦“最先一公里”和“最后一公里”，补齐冷链物流基础设施短板，基本建成符合我国基本国情和产业结构特点、适应经济社会发展需要的冷链物流体系。二是要健全冷链物流服务体系。聚焦主要生鲜食品及疫苗等医药产品，分类优化冷链服务流程与规范，提升专业化冷链物流服务能力。三是提高冷链运输服务能力。依托国家骨干冷链物流基地等基础设施，开展规模化干线冷链运输，提高冷链物流双向均衡发展水平。大力发展公路冷链专线、铁路冷链班列等干线运输模式，大力发展冷链多式联运，积极培育冷链多式联运经营人。四是创新冷链物流服务模式。积极推广分时段配送、无接触配送、无人配送、夜间配送，发展与城市新消费方式相融合的冷链配送新业态、新模式。支持生鲜零售、餐饮、体验式消费融合模式创新发展，规范发展社区团购等冷链新业态，满足城市居民的个性化、品质化消费需求。

第六，深化物流管理体制机制改革。推动我国现代物流向更高质量发展还面临一些体制机制制约，必须进一步深化行政管理、市场开放、竞争引入等领域制度改革，向管理要效益、要发展、要出路。一是继续深化行政体制改革，进一步完善“大物流”管理体制，从中央层面加强对商贸、信息及铁路、公路、水路、民航等各种交通方式的统筹规划，从地方层面加强对各领域的统筹建设、协同监管，形成适合现代物流发展的体制机制。二是进一步破除行业垄断，加大铁路、民航等领域面向社会资本开放力度，扩大该领域国有企业混改范围。三是进一步推进行政审批制度改革，继续转变政府职能，深入推进简政放权，精简审批环节、优化审批流程、提高审批效率。

（三）加快推动科技赋能现代流通体系建设

科技赋能现代流通体系建设是构建双循环新发展格局的重大举措，也是推动我国经济高质量发展的重要路径，把科技赋能作为现代流通体系建设的重要突破口，应着力做好以下几个方面工作：

第一，促进流通业的数字化、智能化转型。一是要加快流通业的数字化、平台化转型，完善信息化改造，引导流通企业触网、上云，推动流通要素在线化、数字化。二是要实现流通业的智慧化、自动化运营，通过大数据和人工智能等技术进行数据的实时采集、分析、应用等，做到精准营销、精细管理，促进流通降本增效。三是要构建流通业的网络化布局，通过优化空间布局，下沉国内流通渠道，拓展国际营销网络，引进国际优质资源，带动国内商品和服务“走出去”。

第二，借助新技术培育流通新模式、新业态。充分借助电商平台的力量，引导零售、批发业态不断推陈出新。支持信息服务和云平台从纯粹的信息服务商到支撑数以百万计品牌和零售商的基础设施服务商的转变。注重打造以产业路由器为代表的数字化产业共同体平台。加强区块链、物联网技术在冷链物流中的应用，打造可溯源、智慧高效的冷链物流。另外，要促进流通业跨界融合发展，鼓励流通企业跨越业态、行业边界。要充分利用流通行业的渠道优势，转型做服务型电商。

第三，打造科技赋能的现代流通基础设施。实施商业零售网点的现代化、数字化改造，使其成为社区生活的支撑点。加快批发市场信息网络、Wi－Fi信息点、大数据平台、移动智能设施等方面的建设，充分利用现代信息技术做好产销对接。加强流通的金融基础设施如基础交易、支付结算体系建设，通过人工智能、云计算、用户画像等技术提供更多直达各类市场经营主体特别是广大中小微企业的金融产品。重点建设县、乡、村三级物流基础设施，通过推动菜市场、乡镇集贸中心和传统集市的现代化升级改造，建设信息化的农村物流配送和仓储中心。

第四，加快流通领域适应新技术新场景的规则标准制定和政策支持。加强对新技术新应用的保障支持和规范。探索无人运输工具的路权、航权试点并逐步推广放开。加强对科技企业的反垄断审查，防止互联网平台滥用数据、技术优势，确保竞争公平、有序。加强流通领域标准体系建设，探索流通领域人工智能伦理规范及标准制定，重点加强电子商务、现代物流、大数据开发应用等标准和服务规范的建设，推进政府引导、行业组织主导、智库及领先企业参与的现代流通标准的制修订和推广应用。重视针对创新型科技流通企业的资金和政策支持，设立流通企业“走出去”基金，支持企业“出海”，加强对企业的风险防范与合规指导，为其提供必要的保护。

第五，提升流通领域产业链供应链的现代化水平。推进流通与制造业的深度融合与信息共享，运用大数据、物联网等手段，向生产端及时传导零售、物流、仓储等关键流通信息，发展柔性制造，提升供应链自动补货和快速响应能力，优化库存结构，支持物流枢纽与供应链枢纽建立互联互通的信息平台。探索区块链在流通信息溯源和信用体系建设中的作用。在若干具有足够综合交通能力的试点城市重点建设科技赋能的供应链枢纽，充分利用5G、物联网、大数据等技术，打造数字化、智慧化的多式联运体系，大力发展自动分拣、自动装卸转运技术，建设智慧港口、智慧机场。重点打通产业园区与物流枢纽间的数据、信息流通渠道，建设一体化信息平台。

第六，完善流通领域的数字治理。加大数字监管技术的研究及其在流通领域中的应用，积极提升事中监管能力。确立流通数据的归属原则，建立数据的评估定价机制，同时保护个人隐私，利用区块链等技术建立数据追溯机制。提升政府的数字治理能力，试点推进政府数据开放共享，由政府牵头成立流通领域的公共信息平台。加强对电商、出行服务、物流等流通领域的数据监管，防止平台型企业数据垄断。可以将关键敏感信息如地理信息、个人隐私数据等从企业剥离，纳入政府统一管辖，以提供接口的方式运营。探索数据跨境流动的规则实践，积极参与全球数据跨境流动的规则制定，增强国际话语权。加强政府在流通企业特别是中小微型企业数字化转型过程中的引导作用。

五、政策建议

加快推进和发展现代流通体系建设，是我国从经济大国迈向经济强国的必然选择，也是突破发展“瓶颈”加快推进现代化经济体系建设和构建新发展格局的迫切要求。为贯彻落实习近平总书记关于畅通国民经济循环和现代流通体系建设重要指示精神，为构建新发展格局提供有力支撑，提出如下建议：

（一）高度重视现代流通体系建设，全面提升现代流通业综合竞争力

在经济全球化条件下，一个国家、区域和城市的综合竞争力，越来越取决于现代流通能力。现代流通能力是国家核心竞争力和软实力的集中体现，是决定一个国家经济发展速度、质量和效益的核心和关键所在。美国国际竞争力强大，不仅仅靠科技创新能力，也不仅仅靠制造业能力，而是靠现代流通能力以及由此确立的流通先导型经济运行模式。流通先导性力量能够带动一个国家产业的产业结构、产品结构以及企业

组织形式随全球价值链体系中产业结构、产品结构和企业组织形式的变化而不断调整，并由此构成一个国家持续增长的竞争力。美国正是依托其现代流通能力在全球范围内配置资源，实现了生产要素的无障碍流通，并在此基础上形成了美元霸权，推动形成了以美国等西方国家为首的贸易、金融、数据等领域的全球流通规则，占据全球流通制高点。习近平总书记提出，"流通体系在国民经济中发挥着基础性作用，构建新发展格局，必须把建设现代流通体系作为一项重要战略任务来抓"，这是新时期面对国内国际环境做出的重大战略选择。我们看到，美国对中国的打压遏制，如对华为的打压遏制也是从禁锢流通开始的；美国正在试图联合盟友体系加快构建以它们为主导的全球数字经济与贸易规则标准体系，加快对我国的"规锁"和产业链供应链"脱钩"，推动全球产业链供应链的调整和变化等。因此，必须充分利用超大市场容量、超强制造能力、超长产业纵深、超多市场主体的规模优势，依托共建"一带一路"和中欧班列等，提前布局甚至主动出击建立以我为主的全球流通渠道体系，深化与共建国家的产业链供应链合作，全面提升包括商品定价权在内的全球流通渠道权力、全球贸易谈判和全球经贸流通规则制定能力，从根本上改变中国在国际化大流通中"被动应对、服从或接受"的局面，逐步构建起于我国有利的全球流通体系新格局。

（二）补齐交通物流基础设施短板，着力降低流通成本

高效、顺畅的交通物流基础设施体系是现代流通体系高质量发展的必然要求。

一是继续推进交通物流基础设施尤其是新型物流基础设施建设。要加快弥补物流基础设施短板，对传统物流基础设施智能化改造应提高交通基础设施多层级网络覆盖水平，优化运输组织模式，提升运输服务品质，增强交通运输对现代流通的支撑作用。二是科学规划和布局物流基地、分拨中心、末端配送网点，加大对物流基地、冷链系统等流通基础设施建设的投入；进一步完善应急物流体系建设，补齐冷链物流等短

板，加快建设应急物流调度平台和储备体系，完善应急物资的资源控制和保障供给机制，逐步建立经济高效、绿色智能、安全稳定的现代物流体系。三是着力构建现代物流基础设施网络，对内要破解“最后一公里”短板和农村物流基础设施短板，对外要以共建“一带一路”和中欧班列为契机，大力建设布局海外仓、海外码头等，逐步形成内外联通、安全高效的物流网络。四是研究建立综合运输物流信息网络平台，支持集约建设、共同配送的运营模式，打破行业壁垒，形成信息、资源互联互通、利益共享和降本增效的管理格局，全面降低物流总成本，提高流通总体效率。

（三）提高政府统筹谋划，加大规划政策支持力度

秉持“坚持市场在资源配置中的决定性作用，更好发挥政府作用”的基本原则，立足产业链供应链赋予现代流通的公共品属性，发挥好“有为政府”的积极作用。

一是发挥政府的科学规划和统筹能力。服务商品和要素跨区域、大规模、国际化大流通，需要坚持全国一盘棋，科学规划优化商贸、物流、交通等设施全国空间布局。立足国家区域重大战略、区域协调发展战略、主体功能区战略等，依托全国优势资源地、产业和消费集聚地，布局建设一批流通要素集中、流通设施完善、新技术新业态新模式应用场景丰富的现代流通战略支点城市，打造设施高效联通、产销深度衔接、分工密切协作的全国骨干流通网络。同时，注重布局以社区为基本单位的商业网点及业态结构，打造集商业、医疗、家政等功能于一体的现代生活社区，打造“十五分钟便民生活圈”，全面提升流通网络布局。

二是加大政策支持力度，补齐农村流通基础设施短板，加快城乡商贸、交通、物流一体化建设。科学规划好城乡商贸、交通、物流一体化建设，确保城乡交通运输网络有效衔接，促进城乡人口、技术、资本、资源等要素相互融合。进一步完善乡村及落后地区的基础交通物流设

施，加强乡村物流配送中心建设，提高物流配送效率，降低配送成本，为农村快递、农村电商快速发展奠定基础。完善农产品流通模式，依托邮政物流网络，鼓励物流企业进行农村物流网络建设，加大政策支持力度，确保农产品生产链、供应链、销售链畅通，从而支撑农村快递、农村电子商务的发展，激发农村市场活力，推进城乡融合发展。

三是推动流通领域国际化进程，强化国际流通体系的载体和枢纽建设。发挥中欧班列和共建“一带一路”的积极作用，给予以中欧班列为载体的综合集成商更大的政策支持力度，逐步建立以我为主的产业链供应链体系和全球流通渠道组织体系，为新发展格局提供有效支撑。支持中国物流集团等大型物流企业做大做强，提升物流竞争力。支持航空、大型物流企业建立国内国际一体化物流空运网络，提升空运能力。支持中远海通过兼并收购等方式不断做大做强，提升我国的国际海运能力。发挥地方政府和民营企业的独特优势，自主开展国际合作，在海外收购码头、建立海外仓等，推动形成覆盖全球、安全可靠、高效畅通的流通网络。

（四）强化科技赋能现代流通体系建设，全面发挥流通先导作用

大数据、云计算、人工智能等现代数字技术飞速发展，大幅提升了生产和流通效率，不断推动流通领域出现新模式、新业态、新经济，推动现代流通与其他产业的融合，更好地发挥现代流通的基础性和先导性作用。

一是大力提升流通业科技应用水平，推进现代流通体系数字化、智能化改造。加快实施流通科技创新战略，加快流通科技进步，加快流通领域科技创新，全面提升流通领域的科技含量，引导流通企业实施数字化转型、智能化升级、网络化发展，积极推进现代科技与商贸、交通运输和物流的结合，全面提升流通的整体效率。

二是大力推进现代流通与制造业跨界融合。运用大数据、物联网等手段，发挥流通的先导作用，及时向生产端传导零售、物流、仓储等关

键流通信息，协同制造商柔性生产和智能制造。支持流通企业嵌入制造业生产环节，实现供应链逆向整合，推动 C2M 模式形成，提供差异化定制增值服务。支持大型流通企业与上下游协同创新，整合信息、物流、营销、销售和售后等资源，开发自主品牌商品，提高全链路供应链掌控能力，向流通制造商、供应链服务商转型。

三是推动流通商业模式创新、业态创新转型升级。支持实体商业开拓线上经营，并发挥线下客户体验、实景展示等优势，重构流通渠道和供应链，推动场景改造，提升智能化、便捷化服务水平，做好特色经营。支持电商企业向线下延伸，拓展线下体验、线上零售模式，探索线上线下融合新路径。积极引导流通企业利用现代科技手段下沉市场，畅通农副产品上行、工业消费品下行双向流动，提升城乡社区商贸一体化水平。

（五）培育一批具有国际影响力的现代流通企业

流通组织渠道体系是现代流通运行的关键。在积极构建新发展格局的背景下，提高现代流通运行的质量和效率，关键是要加强流通组织渠道体系建设，培育一批具有国际竞争力的现代流通企业。应培育一批战略流通头部企业，逐步形成以头部企业为引领、中小企业共同发展的局面。建议借鉴日本综合商社经验，整合政府相关部门、行业协会、研究机构、媒体、相关企业等资源和力量，构建具有战略价值的全球流通渠道，提升现代流通能力，从而获得更大的流通权。应支持阿里巴巴等以平台为核心的综合性流通企业继续做大做强，支持中国物流集团依托共建“一带一路”和中欧班列不断壮大延伸自身的供应链体系，培育顺丰等头部物流企业“走出去”，切实提升头部企业的供应链渠道控制能力和及时反应能力，不断整合深入上下游产业链重要环节，参与国际流通标准和规则制定，进而为流通权的获取创造有利条件。同时，注意形成大中小企业的战略联盟，避免各自为战，全面提升我国现代流通主体国际竞争力。

（六）创造现代流通市场化国际化营商环境

现代流通体系离不开制度环境、信用体系、涉外经贸法律法规、政府服务和监管的不断完善。一是建设竞争有序的国内统一大市场。进一步完善统一市场、惩治假冒伪劣、反垄断及不正当竞争、数字经济和平台经济规制及知识产权侵权等法律法规建设，支持公平竞争，创造良好的制度环境。二是完善涉外经贸法律法规、标准等建设，提高内外市场一体化水平。应对标国际标准，由政府主管部门顶层设计，由行业领军企业和专家参与，共同推进解决产品运输、包装、检验等方面标准不统一不衔接等行业发展难题。支持企业参与全球技术、商用和行业标准的制定，深入研究新型国际贸易规则，提高参与修订规则、标准、体系的话语权和决定权。三是加强社会信用体系建设。依托全国信用信息共享平台，依法依规归集整合市场主体各类信用信息，开展公共信用综合评价，形成以商务信用监管为基础的多部门信用联动机制。加强流通产品标准化建设，构建重要产品追溯体系，以信用建设推进流通安全。保障商品和要素流通制度环境绿色健康发展。四是转变政府服务和监管职能。加快适应新经济发展业态的监管模式、体制机制，加强对反垄断和反不正当竞争的监管，向负面清单制监管、智慧监管转型，全面提升政府治理水平。

（七）高度重视现代流通理论和实证研究，为构建现代流通体系提供智力支撑

目前我国对现代流通仍缺乏足够的认识，大多数研究以解读为主，对于到底什么是现代流通，需要进一步统一认识。现代流通的框架体系是什么、如何衡量和评价现代流通体系发展进程，仍需要进一步探索，以便强化对现代流通体系的整体研究，更好把握、更高效地推进现代流通体系建设。因此，建议加强现代流通理论研究与实践研究，形成对现代流通体系的统一认识，明确现代流通体系基本框架和指标体系。应提

高各级政府各部门统筹规划谋划现代流通的能力，并把其作为执政能力的重要组成部分。应逐步建立与现代流通体系相关的学科体系，逐步形成现代流通学科体系清晰发展路径、学术体系和话语体系，加强流通人才培养，以便更好地满足现代产业发展需求，更好地服务流通企业发展，为现代流通发展实践提供理论支撑，为现代流通政府治理咨政建言，只有这样才能真正将加快推进现代流通体系建设落到实处。

执笔人：陈文玲　颜少君

第一章

现代流通理论的内涵与构架

2020年9月9日，习近平总书记在中央财经委员会第八次会议上指出，“流通体系在国民经济中发挥着基础性作用，构建新发展格局，必须把建设现代流通体系作为一项重要战略任务来抓”。党的十九届五中全会通过的《中共中央关于制定国民经济和社会发展第十四个五年规划和二〇三五年远景目标的建议》明确提出要“健全现代流通体系”。以习近平同志为核心的党中央对现代流通体系建设的论述为新时期加快现代流通体系建设指明了发展方向。何谓流通？何谓现代流通？何谓现代流通体系？这既是实践中亟待解决的问题，也是理论上亟须梳理、厘清和创新的重大命题。

一、流通发展的三个历史阶段

流通是不断运动着的具有交换价值的物质与非物质要素在运动和流动中寻找顺畅的通道并得以实现的过程，是人类社会物质与非物质要素运动和流动变化的总和，是人类社会经济发展历史进程中客观的、渐进的演化形态变化，经历了从简单到复杂、从偶然到普遍、从低级到高级、从一般到现代的发展阶段。从人类历史来看，流通发展分为三个阶段：

第一个阶段是流通的初始阶段，或称流通偶发化阶段。在这个阶段，流通处于偶然的、片段的、局部联系与交易的状态，此时的流通是在偶然的交换活动中产生的，主要形式是物物交换，流通在整个经济社会发展中不占主要地位，流通速度缓慢，流通规模微小，流通范围狭窄，流通效能低下。

第二个阶段是流通的一般阶段，或称流通广发化发展阶段。这个阶段的流通处于商品经济形成、发展直至繁荣时期，在商品经济形态下，由于以货币作为媒介的商品交换已常态化，流通作为社会再生产中独立的经济过程，商品已泛化为流通的基本元素，在流通中不断实现物质替换和价值补偿，从而在流通中实现价值和交换价值的统一。马克思在《资本论》（第 1 卷）中对商品流通的定义是："每个商品的形态变化系列所形成的循环，同其他商品的循环不可分割地交错在一起。这全部过程就表现为商品流通（circulation）。"马克思流通理论论述了资本流通，但并没有提出一般性判断标准，计划经济是否存在流通，不属于马克思流通理论当时的研究范畴。我国著名经济学家孙冶方（1981）提出了"流通一般"的概念，指出"由不断进行着的亿万次交换所构成的流通，是社会化大生产的一个客观经济过程。有社会分工，就有交换；有社会化大生产，就会有流通过程。这就是流通一般"。在商品经济形态下，流通过程与生产过程相对独立，流通范围延展到一切采取商品经济形态的国家和区域，相对于偶发化流通阶段，在这个阶段，流通速度大大加快，流通范围不断拓展，流通效能不断增强，流通作用不断提升，其产生的效应不断累积，使经济社会运行逐渐从以流通为末端转向以流通为主导的新阶段。在这个阶段，在流通不断扩大并趋向产业化的过程中，流通拓展到所有建立商品经济形态的地区和国家。

第三个阶段是流通的现代化阶段，是全球化、国际化、社会化、现代化大流通阶段，即现代流通阶段。商品经济高度发达，生产力加速发展，建立在流通一般基础上的以实物经济运动为主线的流通状态发生着一系列变化和互动效应，蕴含在商品中的知识、智能、数据、信息和技术等无形要素禀赋激增，使更多的"无形商品""无形资产""虚拟经济""虚拟空间"等非物质载体与物质载体共同构成流通的新空间。现代流通是流通一般的特殊形式，是流通一般发展的最高阶段，从现代流通能力和国际竞争力走在世界前列的国家实践来看，现代流通已经成为其经济社会发展的先导性、基础性、决定性和战略性力量。构建符合现代市场经济要求的商品流通体系和要素市场体系，运用先进的科学技术和现代化管理方法，高效率地组织现代流通，成为一个国家综合竞争力、软竞争力、核心竞争力的重要体现。

随着人类社会的发展，现代流通将整个世界黏合在一起，21 世纪已经和正在迈向以现代流通为先导的世界经济，21 世纪的世界将由于现代流通引发的内在冲击力、爆发力和引动力，进入百年未有之大变局加速发展和演化的重要历史时期。21 世纪经济全球化将出现崭新的趋势性特征，现代流通的内涵、表现形式和内在规律将发生革命性变化。现代化、数字化、智能化、社会化、国际化和混沌化的现代流通，以互联互通为核心的现代流通，成为重构世界版图的一条主线。经济联通性将推动创造世界经济增量和形成经济新引擎的全球性生产力，并由此构成更大范围的生产关系。

二、现代流通的理论内涵

现代流通理论研究，属于跨领域、跨学科、跨国界的原创性研究，马克思对所处时代的商品流通、资本流通和社会化大生产进行了深刻研究，对于今天我们研究现代流通仍然具有指导意义。然而，经历了三次科技革命、产业革命和经济全球化的深入发展，现代流通在内涵、表现形式、趋势性特征及内在规律上都发生了颠覆性变化。现代流通理论的原创性研究，不仅在社会主义政治经济学中一直是弱项，在西方经济学中也尚未形成完整的理论体系，现代流通理论研究既是难点，也是必须攻克的重大基础性研究与重大战略研究。

（一）现代流通是囊括有形要素禀赋与无形要素禀赋的全要素流通

在现代流通过程中，进入流通的要素禀赋发生了根本性变化。过去进入流通中的要素以有形的、刚性的、有物质载体的形态为主体，如有形商品、有形货币、有形资本、有形资产等，是可以看得见、摸得着、必须发生物理意义上存在或移动的要素。近现代的科技革命，使更多无形的、柔性的、没有物质形态的、更高级的无形要素进入流通，如无形商品、无形货币、无形资本、无形资产等。

在商品流通中，原来以实物商品流转为主体的商流，分流为商流、物流、信息流、资本流、数据流等，分流为现货交易、远期大宗商品现货交易与期货交易等。在产权交易中，原来交易中固态的土地、厂房、机器设备等有形资产，分流为虽然以实物形态存在，却可分割、可交易、可流动的，以产权、商标、证券、股票或金融衍生品等无形形态存在的无形资产。原来以产业资本为基本形态的资本循环与资本周转，分流为产业资本的流通、商业资本的流通、货币资本的流通、金融资本的流通，或分流为有形资本的流通、无形资本的流通、虚拟资本的流通。原来充当一般等价物的媒介——货币，分流为与金银保持一定比价的有形货币，代表信用关系的无形货币，与实物、金银、信用没有关系的完全脱离产业资本的交易物，直至出现无中生有的比特币、天秤币、以太坊等空气币。以社会平均劳动时间度量的劳动力价值和使用价值，分流为可以以此度量的和难以以此度量的人力资本与价值，劳动力体力支付在被使用的过程中所占比重越来越小，而脑力和智能的支付在被使用的过程中发挥的效力越来越大。

特别是在知识经济条件下，知识在社会再生产中，以科学技术引发的无形要素形式融入生产工具、管理方法之中，成为主要的生产要素和推动现代流通形态变革的动因，主要表现为专利权、非专利技术、商标权、著作权、土地使用权、特许权、品牌价值等无形资产在总资产中的比重越来越高，其重要程度超过有形资产，无形资产以证券化形式进入流通过程。以跨国公司和大企业的有形资产与无形资产价值构成为例，世界 500 强企业无形资产占资产总值的比重平均值超过了 80%。在知识经济、数字经济或信息经济时代，进入流通的企业产品和流通物，除了有形商品之外，价值膨胀最快的是无形商品、无形资产、无形资本等，以承载知识、技术、专利、智力为核心的无形资产成为企业增长最快的资产。财政部2001年印发了《企业会计准则——无形资产》等8项准则，明确规定“无形资产，是指企业拥有或者控制的没有实物形态的可辨认非货币性资产”，可辨认无形资产包括专利权、非专利技术、商标权、著作权、土地使用权、特许权等（见图1.1）。这一文件还规定了无形资产的计量和处理的方式，如购入的无形资产，应以实际支付的价款作为入账价值；通过非货币性交易获得的无形资产，其入账价值应按《企业会计准则——非货币性交易》的规定确定；投资者投入的无形资产，应以投资各方确定的价值作为入账价值；通过债务重组取得的无形资产，其入账价值应按《企业会计准则——债务重组》的规定确定；等等。世界知识产权组织采用大数据方法追踪世界上最大的科技集群，研究全球范围内的创新如何相互交织。研究数据表明，21世纪前，仅3个国家（美国、日本和德国）就贡献了全球所有专利活动的2/3；将其余西欧经济体包括在内，这一比例能达到90%左右。在21世纪的第2个十年，借助全球研发网络，世界其他地方贡献了所有专利活动的1/3，以及科学出版物的1/2。无形资产中的品牌价值越来越成为企业的重要资产，在2020年全球最具价值品牌100强中，美国有51个品牌上榜，中国有17个品牌上榜，排在第一位的亚马逊品牌价值的估值达到4159亿美元，在新冠疫情中其品牌价值增长达1000亿美元，相当于全球最具价值百强品牌价值增长总量的1/3。

（二）现代流通是国内国际双循环相互支撑的全开放流通

现代流通的本质是开放，是运动，是不断地在流通中交换物质、能量和信息，全开放成为现代流通的本质特征，推动经济全球化不断深化并形成不可逆的时代潮流。信息的波动性与不确定性使流通成为一个开放的、非线性、非单一性、非均衡性、多维化、混沌化、网络化和信息化的崭新经济联系体系：从绝对意义上讲，现代流通跨越了有形边界，使流通所能到达的边界或范围成为影响一国流通能力或竞争力的决定性

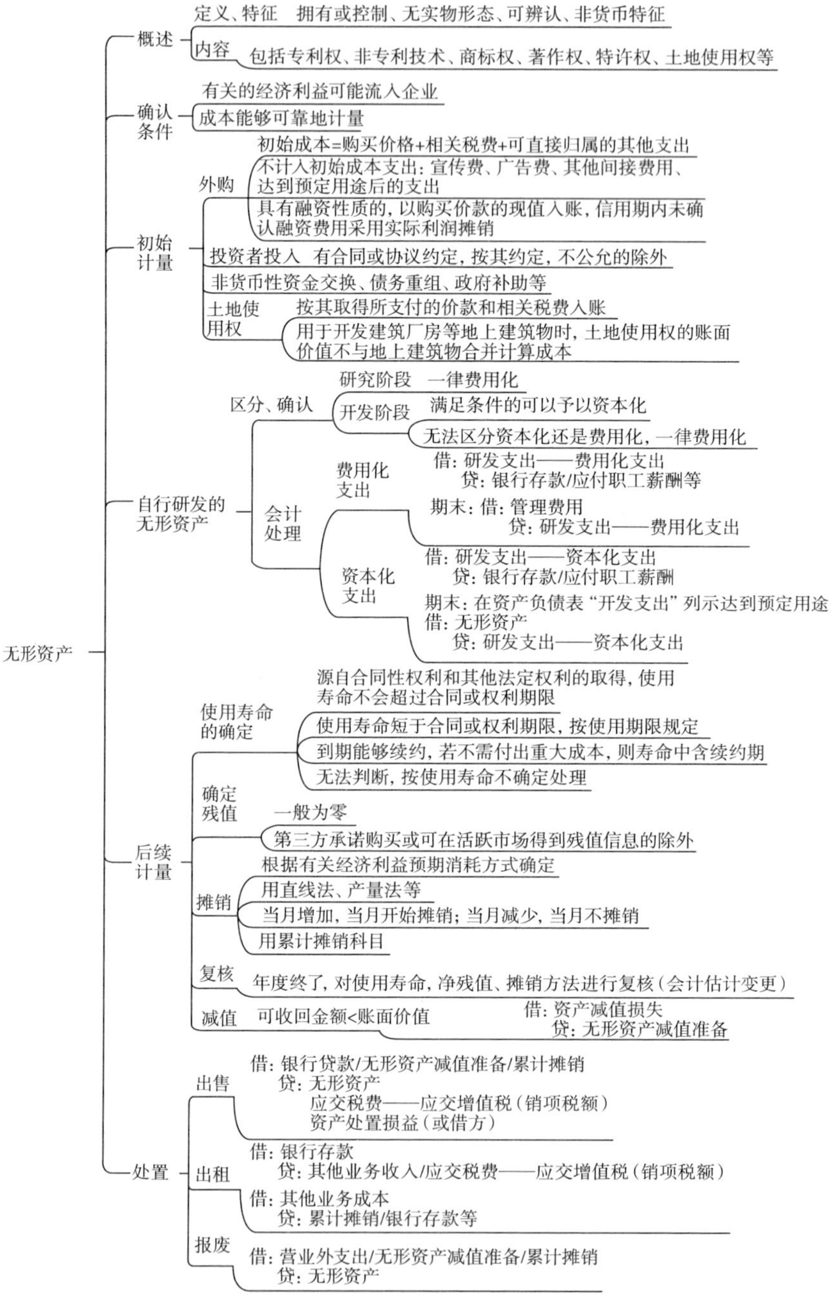

图 1.1　无形资产进入现代流通成为可流通、可交易的资产价值

力量，强大的数据流通、数据使用、数据交易、数据存储等使各种流通业态发生着颠覆性、革命性乃至根本性变革，使更多的远距离交易活动能够瞬间完成。现代流通早已跨越了有形国界，通过全球规则与标准，使几乎一切国家的生产与消费都成为世界性的经济活动。以国内大循环为主体、国内国际双循环相互促进的新发展格局，本质上是这种全开放大流通循环往复的过程与呈现，全球超大经济体或比较大的经济体基本上都采取了以双循环为基本特征的全开放流通（见图 1. 2）。

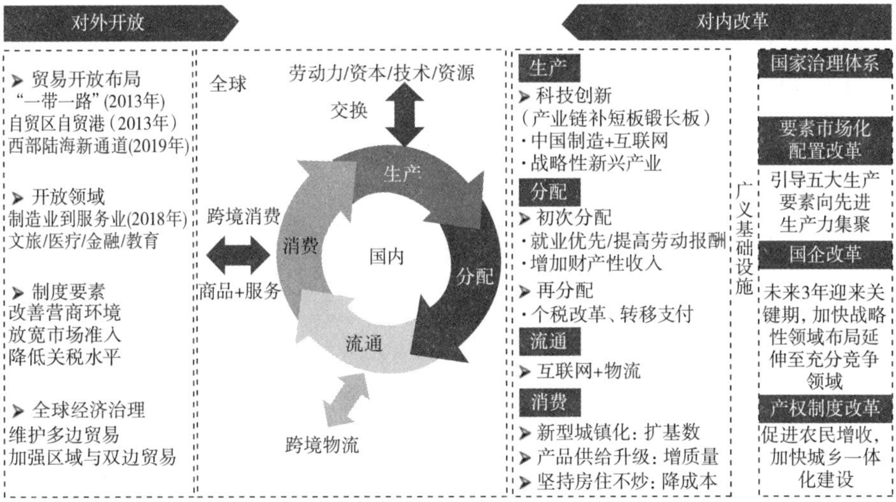

图 1. 2　以国内大循环为主体、国内国际双循环相互交织的现代流通

如果说过去传统流通受国内国际两个市场的阻隔，受流通容量和密度、规模和速度的限制，不能真正实现全开放的国际化大循环，无法兼顾国内国际双循环，现代流通则通过互联网、物联网、人工智能、大数据、云服务、超级计算、现代物流技术、区块链技术与虚拟现实等，通过跨国交易与分工，把几乎所有国家的分工和交易都纳入全开放的国际化大流通轨道。生产的社会化、需求与消费的社会化、服务的社会化、资本的社会化、信息的社会化，使进入流通的一切物质与非物质载体都需要越来越开放的全球化现代流通畅通与便利高效自由，都需要全开放的市场环境和现代商务环境。全开放的现代流通是所有进入流通的要素共同作用的必然结果，现代流通推动了全球的分工与交易，货物贸易流通的全球化、资本流通的全球化、货币流通的全球化、劳动力流通的全球化、数据流通的全球化、产权流通的全球化、资产流通的全球化成为经济全球化发展不竭的内生变量与内在动力。商流、物流、信息流、资本流、数据流的本质是流通和流动，是在流通中实现价值和使用价值，不断推动流通规模、流通结构、流通方向和流通方式的动态变革。

特别是第二次世界大战后的 76 年，全球产业格局经过若干轮转移与重组，形成了全球产业链、供应链、服务链、价值链，推动了生产的全球化和贸易的全球化。在全球化背景下，中间品贸易已成为国际分工深化的必然结果。20 世纪 80 年代以来，经历了四轮区域间的产业转移与要素重组，跨国公司将产业价值链中可分解制造和组装的部分从发达国家转移到发展中国家，促进国际分工从最早的产业间分工、产业内分工演进到同一产品零部件和不同工序之间的分工和贸易，即企业内、产品内的全球分工或内部交易，由此初步构成以全球性企业为主体的全球产业链。随着全球产业布局的不断调整与演化，这种企业内的全球供应链扩大到每一个参与国家与企业，推动国际分工深化和协调产业转移。制造业全球布局的演化使跨国现代流通方式发生了重大结构性变化，在国际贸易中，全球 2/3 的贸易品为中间品，东亚地区 4/5 的贸易品为中间品，中间品或零部件成为跨国界流通的主体（见图 1. 3）。

2001 年 12 月 21 日，中国加入 WTO，深度参与全球产业链、供应链和价值链构建，形成了配套能力最强和相对完整的工业生产体系，成为国际产业布局和生产网络中最重要的角色。一个标志性的数字是，2019 年中国中间品进口额为 15753. 9 亿美元，占进口总额比重达 76%。中国作为重要的全球制造业基地，从日本、韩国、东盟等国家或地区进口中间品，进行加工装配后再将最终产品出口到世界各地，这一生产过程就表现为国内国际双循环的相互交织与流通。

如果说以前的流通主要局限于国际范围内的商品流通，那么现代产

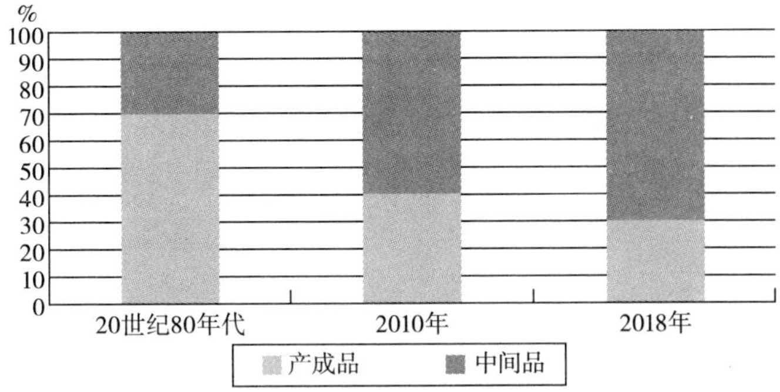

图 1.3 跨国流通——国际贸易从以最终产品为主体转为以中间品为主体

业变革引发的贸易方式变革与流通革命，加之第三次、第四次科技革命的技术变革，将世界范围的全部流通物都囊括其中，生产过程即流通过程，流通过程涵盖生产过程。浙江省绍兴市柯桥的一家服装面料设计中心将80%以上的全球最著名服装设计师集中在其服务平台上，实现全球研发、柯桥生产、销售全球，目前柯桥市场提供的各类服装面料占全球市场份额的50%以上。几十个国家的服装设计师可以同时在柯桥服装设计中心数字平台上设计一款服装面料。设计团队拥有数字智慧档案，每一种面料都有与其相对应的世界著名设计师，由沟通与管理项目经理响应设计要求，寻找最适合做这种设计的国内外设计师，然后，国内外著名设计师可以在同一个研发中心同步讨论、同步创新、同步迭代。这种全球分工的设计，不仅具有组合全球最优秀设计师的能力，还具有速度优势，是单个人和设计团队无法比拟的。这一过程就是设计、研发、品牌价值、制造、交易等加入国际化大流通的过程，现代流通越来越呈现出整体化、融合化和相互嵌入的特征，全开放的现代流通正是要素跨国界流通在空间范围的展现，世界经济正经历着更加广阔而深刻的社会化、国际化、融合发展的过程。

（三）现代流通是涵盖生产过程与流通过程的全过程流通

工业化初、中期，在社会再生产的过程中，生产过程与流通过程相对独立与分离，工业化后期，随着知识经济、信息经济、服务经济、数字经济的兴起，工业化社会中一般意义上的生产过程与流通过程相对独立的形态逐渐隐退，原有的边界日益模糊，使现代流通成为涵盖生产过程与流通过程的全过程流通。由于进入流通的要素发生了变化，特别是以无形为特征的要素禀赋进入流通，并加速扩张，导致流通的规模空前膨胀，生产过程与流通过程日益融合，社会的分工和交易都为流通的“囊袋”所吞食。生产，是流通中的生产，更多的产品无法在一个国度、一个工厂、一条生产线或一道工序内完成；分工，是流通中的分工，社会化、全球化、数字化、智能化、自动化越来越成为现代流通表征，把流通中各个环节、各个“部件”、各种要素配置在其能发挥效用的地方；交易，是流通中的交易，所有有形要素禀赋与无形要素禀赋，其交换价值的实现必然伴随着自身的流动；消费，是流通中的消费，消费的施动者是流通中劳动力所有者、资本所有者或企业家等以人的形态存在于社会的人群，他们有生命、有思想、有不断发展的需求和欲望；服务，是流通中的服务，现代流通将服务过程变为可分割、可贸易的产品，使其可以加入国内国际双循环，成为原来意义上的生产过程与流通过程的连接剂和黏合剂。重庆的互联网服务平台“猪八戒网”，是类似阿里巴巴网络平台的服务产品网络平台，这个平台上有2000多万名参与交易者，他们能够在这个虚拟平台上创办企业，同时企业可以在平台上发布自己的需求或提供自己的产品，平台撮合价格，服务国内外服务产品生产者与消费者。

更为重要的是，在社会再生产的全过程中，如果把生产过程置入现代流通的全过程中，以物流占用时间为例，一般情况下，生产环节占用的时间不到10%，而物流过程占用的时间却在90%以上。21世纪以来，汽车工业设计和生产转向模块化，一个典型的全球性大型汽车装配企业，就是一个极其复杂的巨系统。这个系统一般包含15000多个零部件，部件往往是专门设计、难以替代的，通常会由多达4000家全球一级、二级供应商提供，汽车生产的过程变成了国际化大流通的过程。其实，供应商可能会达十层、二十层甚至更多层，这就使得产业间中间品贸易形成的流通体系纵横交错，处于混沌状态和多维化、立体化、动态化的流通状态，呈现出无规律的规律、不明晰的明晰，不仅很难划清流通的一般状态与社会化大流通状态的边际界限，也很难确定相互交叉叠合的商品经济、市场经济、信息经济、知识经济、后工业经济等的边际和界限。

不仅如此，随着现代流通的发展，实物经济与虚拟经济的边际界限、线上线下行为很难划清，也很难区分正在加速分流的现代流通中要素禀赋的边际界限。信息网络空间铺设着人们难以看到的“信息高速公路”，高速公路上行驶着“车辆”，且不断发展为虚拟空间、虚拟现实、虚拟场景等，更多的交易活动借助网络化交易平台瞬间完成交易过程，原来意义上空无一物的空间成了现代流通无限膨胀的新领域。有时候，我们感受到的流通的现在也不再是原来意义上的现在，而成了若干体现流通过去的时间反演，现在得到的信息正好反映流通的起点或过去，而将来得到的信息则刚好反映由现在的选择产生的一系列连锁反应。正如法国历史学家布罗代尔所说：“如果说经济的一个特点是它超越其空间，是否可以说其他集合也同样如此？所有集合全都吞食空间，尽力扩张，画出一层又一层的屠能式圆圈。”① 社会化大流通这个“屠能式圆圈”，成了所有要素集合的集合，形成了一幅蔚为壮观、千姿百态的“流通景观”。

（四）现代流通是贯通生产、分配、流通、消费的全循环流通

马克思把社会再生产分为生产、分配、交换、消费四个环节，认为生产是起点，起决定性作用，而消费则是终点，是受生产支配的，流通不产生价值，其作用只是实现生产和消费的职能。在工业化初期，在计

① ［法］费尔南·布罗代尔. 15 至 18 世纪的物质文明、经济和资本主义：第三卷［M］. 施康强，等，译. 北京：生活·读书·新知三联书店，1996：31.

划经济体制下，各种要素禀赋都是凝固的、不流动的、刚性的，整个经济状态是短缺经济，是按照计划进行的紧平衡，必须拿短线产品来平衡市场和社会关系。计划经济体制下的流通，是以生产为起点，通过分配和传统意义上的商品交易过程即流通，进入商品流通的终点——消费，实现商品的价值与使用价值的统一。

在现代经济中，现代流通已经成为引导或决定生产、分配、原来意义上的流通和消费的先导性力量，即首先创造消费需求，消费需求决定生产，形成生产与分配共同构成的供给侧，而消费和市场需求则作为需求侧，成为现代流通周而复始的起点和终点，进入无限循环的过程（见图 1.4）。人们日益增长的物质文化消费需求，尤其是日益增长的美好生活需要，具有广阔的空间和无垠的边界，是现代流通不断变革的基本动力，是现代流通周而复始循环的起点，也是经济运行的先导性力量。不仅使商品生产者完成了其对价值的追求，也使商品消费者的需求不断升位，商品和服务的使用价值或效用得以实现。市场经济条件下的现代流通，把传统经济运行的逻辑颠倒过来，消费需求是经济运行的起点，消费决定生产，决定整个经济运行的过程和效率。市场有多少消费需求就会创造出多少商品生产，在这个意义上，消费需求成为社会再生产周而复始的起点。马克思指出："消费在观念上提出生产的对象，作为内心的意象、作为需要、作为动力和目的。消费创造出还是主观形式上的生产对象。"现代流通把消费观念提出的生产对象这种内心意象和需求转化为贯通社会化大生产的四个环节的连接力量，显示了现代流通对引导生产、促进消费具有至关重要的作用。

中国已成为成熟的市场经济国家，商品经济高度发达，市场机制发挥着决定性作用，与此同时，还要解决市场失灵的问题，不断疏浚流通的堵点、痛点与阻滞。构建贯通生产、分配、流通、消费的双循环新发展格局，既是中国可持续发展的现实迫切需要，也是面向长远形成无障碍全循环现代流通能力的战略选择。2020 年，中央经济工

图 1.4　现代流通贯通生产、分配、制造、消费社会化大生产全过程

作会议明确指出："加快构建以国内大循环为主体、国内国际双循环相互促进的新发展格局，要紧紧扭住供给侧结构性改革这条主线，注重需求侧管理，打通堵点，补齐短板，贯通生产、分配、流通、消费各环节，形成需求牵引供给、供给创造需求的更高水平动态平衡，提升国民经济体系整体效能。"这既是马克思流通理论的时代化和本土化，也是对马克思流通理论发展完善的重大贡献，成为习近平经济思想的重要组成部分。

在社会再生产的四个阶段中，起点或着眼点是如何满足即期的消费需求、开发潜在的消费需求、创造崭新的消费需求，这是市场经济运行经久不衰的活力与动力。围绕市场消费需求所进行的商品生产与商品交换的过程，就是现代流通成为社会化大流通的过程，现代流通之所以成为引导生产、引导消费、引导经济运行的先导性力量，道理也在于此。市场经济越发达，现代流通的地位和作用就越重要，一些发达国家和地区的综合实力和竞争力强大，实质原因在于现代流通生产力率先发展，在开拓国际市场中起到了先导或决定性作用。只有充分认识并懂得现代流通，才能通过提升一个国家在国际化大流通中配置资源的能力，奠定实现经济高质量发展的坚实基础。

（五）现代流通是体现绿色低碳循环理念的全生命周期流通

绿色发展、低碳发展、循环发展与可持续发展推动现代流通成为全生命周期的流通，使排污权、用能权、用水权、碳排放权等成为可在流通中进行交易的要素禀赋，并逐步形成市场规模与交易机制。现代流通倡导绿色流通，以生态文明为方向、以环境保护为导向，将绿色低碳理念贯穿产品设计、生产、消费、消费后再回收利用的全生命周期，直接或间接促成降低污染、降低消耗和以生态环境保护为取向的商品流通全过程。推进建立与完善从产品到商品再到最终消费之后回收利用的链条，以绿色低碳可循环可持续为核心理念，加快构建从原材料开始进行的周而复始的循环经济体系，形成覆盖产品或商品全生命周期的现代流通，以顺向流通与逆向流通封闭式循环的模式，开启“生产—消费—废弃—处理—回收—再利用—生产”全生命周期的物流过程（见图1.5）。

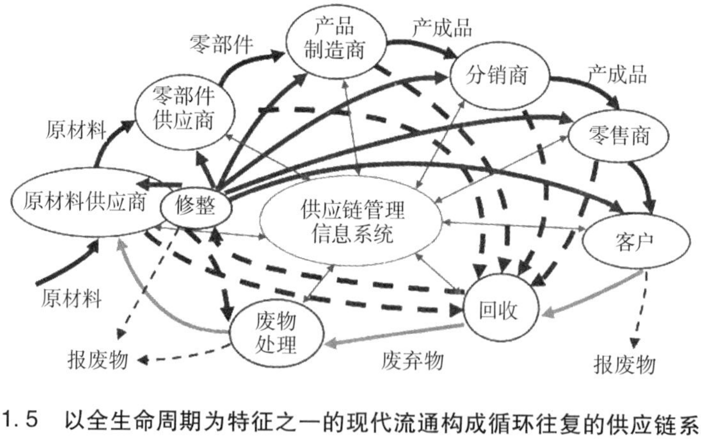

图1.5　以全生命周期为特征之一的现代流通构成循环往复的供应链系统

绿色、低碳、可循环、可持续的现代流通体系构建，既是应对全球气候变暖的迫切要求，也是通过现代流通塑造物质全生命周期价值利用和再利用的一场革命，是基于“全流程、全生命周期”，引导经济运行方式革命和消费方式革命。建立全生命周期现代流通体系，通过绿色贸易体系、绿色消费体系、绿色物流体系、绿色制造体系、绿色供应链体系和再生资源回收利用体系，可以提高全社会投入产出比和生产效率。例如，农产品从育种到生产、流通、市场销售、消费，再到消费之后垃圾分类和回收利用，一部分转化为肥料，另一部分包装转化为造纸原材料，还有一部分转化为电力，形成周而复始的资源再循环和再利用的过程。绿色建筑的全生命周期循环，包括节能、生态、环保、健康，在建筑全生命周期的每一个阶段，全方位地运用节能技术降低能源使用率，提高能源效率，为人们提供健康、低耗、无害使用、拆除后对环境危害降到最低的建筑，生产更高质量的房地产商品。在汽车或飞机制造业，产品报废之后一部分被拆解为可以继续加工利用的零部件，另一部分转化为再利用的废钢铁等原材料，消费之后的再循环将减少物料的消耗和浪费。

加快建设循环经济、循环园区、循环产业链、循环社会、循环城市，推动全生命周期的绿色流通，是构建高质量现代化经济体系的必然要求，是当今时代科技革命和产业变革的方向。全生命周期的绿色流通与一般商品流通不同，几乎涵盖所有经济生活领域，在追求经济利益的同时充分兼顾节约资源、保护环境这一具有人文及社会属性的目标，实现经济效益、社会效益和环境效益的协调统一。全生命周期的流通，在实现一般商品流通功能的同时，还要履行诸如支持清洁生产、经营绿色产品、促进绿色消费、进行废弃物回收等以环境保护为目的的特定职能，并将这些综合性要求转化为流通中要素的交易价格。

（六）现代流通是产业链供应链相互嵌入的全链路流通

数字经济推动全球产业和生产要素在全球流通中的配置方式发生了颠覆性变化，逐渐形成了相互嵌入的产业链、供应链、服务链与价值链，而且这种产业链、供应链和服务链的层级越来越多，相互咬合的程度越来越深，形成了产业链供应链链接者的命运共同体，一荣俱荣、一损俱损。全球制造业产生的数据呈指数式增长，市场交易过程中销售的激光射频标识（RFID）的数量，从2011年的29.3亿枚激增到2021年的2090亿枚，以单品为流通单位的唯一识别代码，加快了流通速度并提高了对流通中商品的辨识度。制造商开始将流通中产生的大量数据与制造中产生的数据相结合，通过CAD、CAE、CAM、协同产品研发管理、数字化制造等方式，以中间品，或零部件，或服务产品，或技术品，或最终产品进入流通，在全球产业链、供应链、服务链、价值链中形成新的排列组合。

实际上，产业链是通过流通配置产业实现二维的水平链接与延展，形成产业上下游之间的关联关系，分工越复杂，产业链就越长；国际化程度越高，上下游产业链接黏性就越强。供应链是三维、四维甚至多维的多层级、多层次、多元化立体空间的链接与构建，其链接的链条围绕头部企业、核心企业延伸或“打井”，由显性供应商、隐性供应商、深层供应商与若干服务环节共同组成。一级供应商、二级供应商往往是可见的，但三级供应商、四级供应商乃至无穷层级的供应商则是隐形的，有的甚至深不可测，当产业链供应链正常运转时，感觉不到其存在，只有当某一种零部件短缺、某一个环节断裂时，才能看到这个“裸泳者”。所谓“隐形冠军”，即在供应链链条上看不见却已经成为冠军的供应商。服务环节是起链接作用的黏合剂，是由组成产业链的若干制造环节、若干零部件、若干中小型企业或若干与头部企业处于水平分工的个体提供的。国际分工复杂产业的供应商可以成千上万，目前尚没有一个国际分工复杂的跨国企业可以把全球供应链网络梳理清楚并使其一览无余。服务链与产业链、供应链是离散式、嵌入式、悬浮式的链接，增强供应链弹性、韧性和黏性，通过服务产业链、供应链的虚拟链接，能够使流通中的财富增值（见图1.6）。价值链是产业链、供应链、服务链集成效应在价值分配和财富创造中所处的位置，在实体经济运行和制造业产业链接中，没有独立存在的所谓价值链。

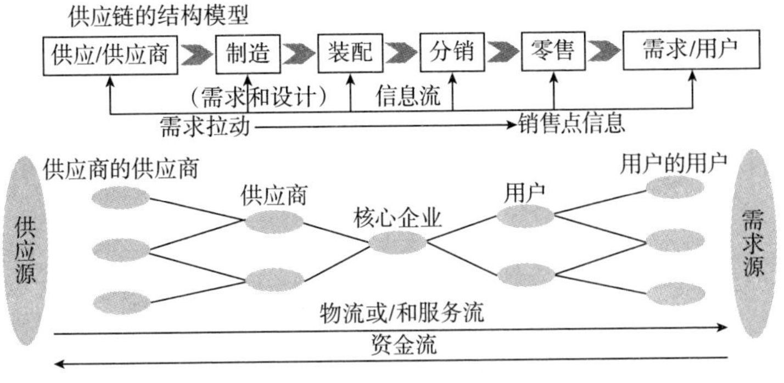

图1.6　产业链供应链相互嵌入构成现代流通的多维度流向

产业链、供应链、服务链、价值链“四链”有所不同，但是在流通中相互交汇交融，构成了全球产业布局与产业联系。产业链、供应链、服务链、价值链超出了国家边界的概念，超出了国家主权的概念，超出了行政隶属权的概念，超出了企业产权关系的概念，通过现代流通链接在一起，形成产业关系、企业关系、产品关系和市场关联。产业链、供应链、服务链、价值链并不属于一个国家、一个地区、一个企业或个人，而是产业在全球资源配置过程中，在分工交易过程中，供给侧和需求侧相互寻找、相互适配、相互支撑、相互成就的过程。因此，产业链、供应链、服务链、价值链的本质是链接，是互联互通，是共享发展，虽然有的时候有的环节是虚拟的、看不见的，但是往往比实体链接具有更强的黏性、更强的经济依存度和更强的支撑能力。

三、现代流通的主要形式或趋势性特征

现代化流通能力既是一个国家的硬实力，也是一个国家的软实力，世界互联互通水平和经济联通性决定了全球经济的运行效率与质量。一个国家的现代流通能力成为其核心竞争力的重要组成部分，现代化的大生产需要现代化的大流通。只有加快构建现代化的大流通，才能带动现代化的大生产，才能打破阻碍生产要素自由流通的各种壁垒。现代流通

是经济全球化的内在动力，经济全球化则是现代流通发展到更高阶段的推动力量，也是其发展的必然结果。认识世界百年未有之大变局和新经济全球化大背景下的现代流通，把握现代流通发展的主要形式与趋势性特征，对于我们在日益激烈的国际竞争博弈和新经济全球化中占据竞争主动权，提升在流通中创造更多财富、配置更优资源的能力，具有重大战略意义。

（一）区域经济一体化——更加自由便利的现代流通经济圈

第二次世界大战后76年的总体和平的发展环境，形成了经济全球化的大趋势，促进了现代流通加速发展。一些国家和地区迫切需要各种要素在国家和地区之间的特定区域更加便利、更加迅捷、更加自由地流通，它们主动放宽或破除束缚并影响流通的规则，甚至淡化国家主权与边界，使某一区域成为快速流通的更大经济圈，即逐渐形成区域经济一体化的若干小多边地缘关系与格局，提高这一区域的整体竞争力。据WTO统计，截至2020年12月23日，全球164个WTO成员体已送达WTO组织的区域贸易协定通知累计达713个，正在实施的区域贸易协定有305个，区域经济一体化成为经济全球化的重要表现形式。

按照区域内现代流通导致的区域经济一体化程度的高低，区域经济一体化的形式一般可划分为五种：优惠关税区、自由贸易区、关税同盟、共同市场、经济同盟或经济共同体。其中，自由贸易区是各国采用最多的形式，两个或两个以上国家通过达成某种协议或条约，取消相互之间的关税及与关税具有同等效力的其他措施，通过零关税、零补贴、零壁垒等共同认同的政策，加速区域内商品和要素自由便利顺畅流通。爱尔兰香农开发区是全球最早的自贸区，它设立了世界上第一个免税工业区和第一个自由贸易区；美国、加拿大、墨西哥设立的北美自贸区，是20世纪90年代以来最活跃的自贸区；区域经济一体化程度最高的是欧洲联盟，其实质是通过让渡部分国家主权，获得区域内商品、货币、劳务、人员、资本自由流通，全球近2/3的贸易在欧盟区域内完成。目前全球最大的自贸区是2022年1月1日正式生效的《区域全面经济伙伴关系协定》（RCEP），由东盟十国、中国、日本、韩国、澳大利亚、新西兰共15个国家组成，其所覆盖的接近23亿人口、25.6万亿美元GDP、10.4万亿美元贸易总额，均占全球30%左右。区域内90%以上的货物贸易将逐步实现零关税，各成员体采用负面清单对非服务业投资领域开放做出承诺，总体开放水平均高于各成员体之间的双边自贸协定（见图1.7）。

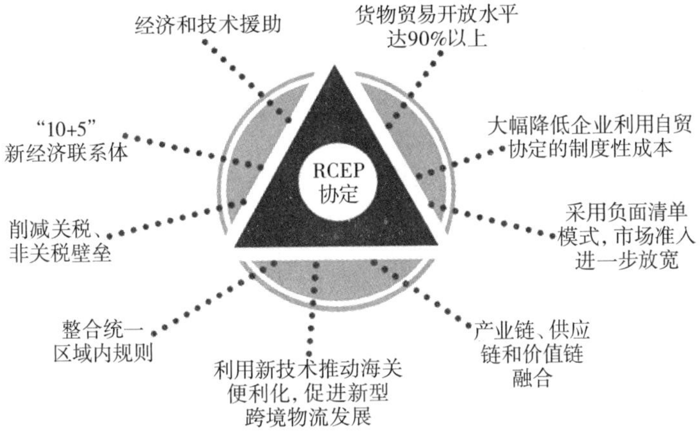

图1.7　目前全球最大的区域性自由便利现代流通经济圈

各国为了在特定区域的顺畅流通中实现投资贸易自由化、便利化和效用的最大化，以某种形式的让渡、以虚化国界或部分淡化国家主权，换得现代流通的更大自由和权益，已经成为现代流通国际化的趋势性特征之一，成为地缘经济关系演化的内在动因。互联网、物联网、车联网、导航系统、超算能力、数字贸易、信息技术和现代物流技术等推动了全球范围内的流通加速，其中的重要表现是以区域经济一体化为载体的现代流通经济圈的形成与发展，使大幅度降低流通成本、大幅度提升产品的国际竞争力成为可能。资源配置从一个工厂、一个地区、一个国家首先扩展到现代流通能够到达的地方，构成现代流通经济圈，国际分工追求全球范围资源配置的优化或区域内资源配置更优，基于现代流通的赋能，形成了更加细密的流通渠道和网络，国家之间的经济协作也越来越深入。从当前全球各类自贸区来看，如果既定目标可以实现，2030年将出现全球最大的自贸区——APEC（见图1.8），届时它将覆盖全球近40%人口、60%经济总量、48%贸易总量。

奥古斯特·勒施曾经形象地比喻：一般来说，有形的国界表现为政治界线，“国家像大沙漠中的绿洲分离存在着一样，被关税、法律、语言、社会意义、不安全感、命运和其他偶然事情分离着”[①]。国家的政治界线像一条裁剪线，剪断了极其错综复杂的市场网络，而现代流通所形成的经济景观则像错综复杂的市场网络组织中的一条条接缝线，把政治界线剪断了的地方连接起来。当流通发展为国际化、社会化、智能化、数字化和多维化的现代流通时，如果不能使整个世界流通顺畅，则一国或几国的流通发达已不能使自身更大限度地获益，于是人们宁愿以让渡部分国家主权来换取便利流通带来的利益。

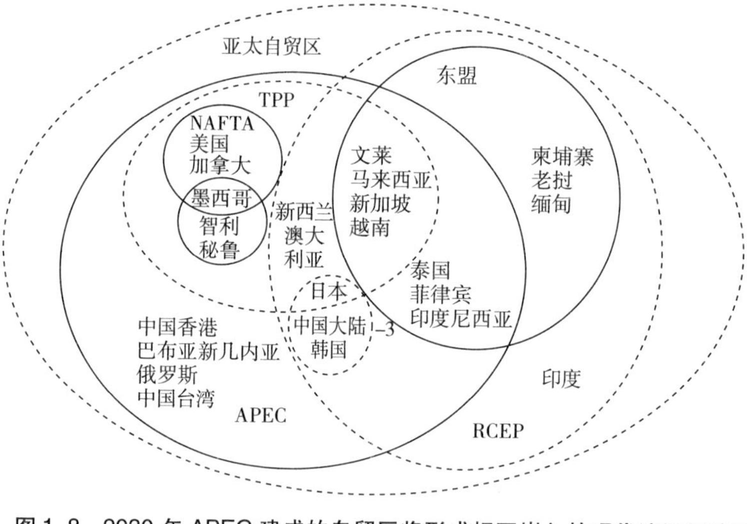

图1.8　2030年APEC建成的自贸区将形成相互嵌入的现代流通经济圈

① ［德］奥古斯特·勒施．经济空间秩序——经济财货与地理间的关系［M］．王守礼，译．北京：商务印书馆，1996：224.

（二）跨国公司——组织、配置全球资源的现代流通头部企业

联合国经济合作与发展组织对“跨国公司”的定义是，至少在两个国家拥有生产设施的企业。跨国公司至少要通过两个国家的跨国界流通，把生产的产品销售出去；或者通过跨国股权资本流通，获取对他国企业的控制权，参与跨国生产或流通。跨国现代流通能力是跨国公司存在和发展的基础条件，跨国公司基于其强大的跨国流通能力，已经成为主导经济全球化的主体，成为利用全球资源、在全球市场获取最大利益者。每一个跨国公司都是一个成熟的跨国界现代流通组织的载体，跨国公司面向全球采购体系、全球营销体系、全球研发体系、全球比较具有成本优势的生产制造基地等组织运营，其产业内交易体系构成了现代流通的一种重要形式。据统计，全球跨国公司总数已经超过 8 万家，其中世界 500 强中的绝大多数跨国企业已来华投资，美资企业在华市场销售额 2021 年达到 8000 亿美元。

1992 年以来，全球市场日益成熟，面对新一轮科技革命、产业革命和新一轮经济全球化，跨国公司最大的转型升级，就是通过强大的现代流通能力，跨越政治地理界线，在全球布局的企业体系进行内部交易或整合，按照企业经营的系统功能，创新配置全球资源，在国际化大流通中成为有效组织、配置全球资源的头部企业，获得全球运行的收益。跨国公司在全球的资源配置特别是在海外的资源配置，基本上采取总部经济模式，然后在全球成本最低、市场潜力最大、盈利前景最好的国家或地区设置研发中心、采购中心、制造组装中心、财务结算中心、营销服务中心；或者把产业链、服务链、创新链若干环节进行外包；或者推进公司组织管理本土化、职业化和多元化；或者吸纳全球最优资源，打造具有领先水平的全球产业链和完善的全球产业系统，在全球资源配置的现代流通中，实现资源利用的最优化、最大化，从而形成企业基于现代流通竞争力的价值流（见图 1.9）。

由于跨国公司具有组织全球现代流通的能力，其未来必将逐步发展

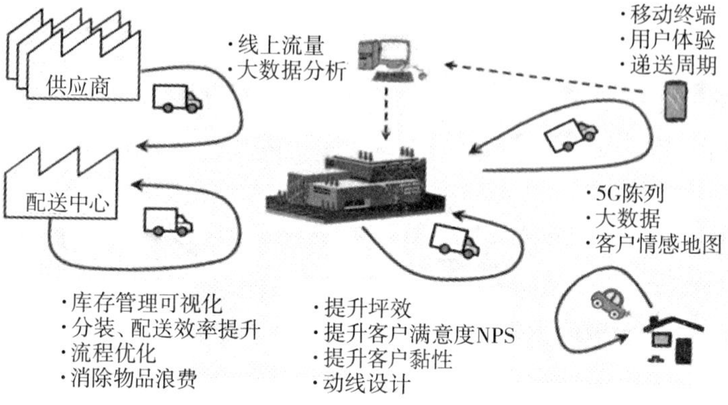

图 1.9 世界 500 强第一位的沃尔玛通过现代流通形成的价值流

成为全球公司，在全球范围进一步整合生产和价值交付。与一般跨国公司相比，全球公司的全球化程度大大提高，其跨国指数（包括海外资产、海外销售、海外雇员占企业总资产、总销售、总雇员的比例）将超过 50%。跨国公司成为全球公司，其组织全球现代流通的能力将产生加倍的效能与效率，全球最重要的工业和第三产业都已被纳入跨国公司现代流通网络体系。随着数字经济、数字技术、经济形态的演化，国际分工出现了新的模式，即由过去企业与企业通过外部贸易的跨国分工，转向由跨国公司或全球公司掌握核心技术和能力，实行零部件在全球采购、生产在全球布局、产品以生产国（地区）为原产地向全球进行营销。跨国公司开展的国际化大流通，是加大力度在全球范围内配置资源，推动商品、资本、劳动力、信息、技术、服务等要素加快流通的过程，是加快经济全球化进程的强大动力。这就使货物和资源跨国界流通日益增强，使服务等无形商品和资产的跨国界流通日益增强，也使不同国家的市场日益相互依存、相互融合。

跨国公司的连锁经营是跨国流通的重要组织形式，这种组织形式将原来垂直链条型的组织结构转变为扁平网络型的组织结构。通过直营连锁、特许经营连锁和自由连锁三种形式，实现流通组织结构的网络化，降低企业规模扩张成本，加速了资本和资源的集中过程，大大提高了流通企业的组织化、集约化程度，实现了规模化经营、科学化管理和标准化服务，从而达到了经济学所追求的效用最大化。连锁经营突破了传统经济学关于投资边际效用递减的理论，品牌价值使企业投资的边际效应凭借连锁的组织形式无限扩张，而流通效率和效益却大幅度提升。这种组织形式具有旺盛的生命力和竞争力，跨国连锁经营集团的采购网络、经销网络、现代物流配送网络和信息传输网络已经遍布全球市场。

（三）平台经济——制造商、供应商、经销商、消费者在现代流通中以平台为载体形成的市场集成

1969 年，随着具有四个节点的阿帕网（ARPANET）的启用，人类社会跨入互联网时代，50 多年来，互联网凭借实时交互、信息跨越时空传输、信息资源共享、信息技术赋能等优势，极大地降低了获取信息的交易成本。在信息时代、知识经济时代和大数据时代，平台经济作为现代流通的一种组织形式，成为经济发展的驱动力和链接力，成为融入经济社会生活方方面面的“毛细血管”，改变或重塑着人们和市场主体的行为方式、经营模式、行业形态和商业业态，传统产品、传统交易、传统服务和传统的经济资源配置方式也随之发生了极大改变。

信息作为无形要素进入流通，不仅加快了流通的速度，而且逐渐创造出若干崭新的生活场景，同时分离出独立的、大规模流通和超速度传输的数据流，成为形成现代流通颠覆性变革的最大推动力量。基于互联网并由数据驱动、平台支撑、网络链接的流通组织形式，实质上是在数字平台上组织现代流通以及由此产生的经济关系、市场关系总和的一种呈现，是一个双边或多边的虚拟市场。一般意义上，这种虚拟或真实交易平台本身不生产产品，却可以促进双方或多方在平台上交易，使若干供应商、经销商、消费者在特定载体提供的互联网虚拟平台上交互，产生巨大的商流、物流、信息流、资本流和数据流，形成比有形市场更具有虹吸效应和更能拓展空间的市场集成，以此共同创造更大价值。因

此，基于移动互联、移动支付、消费升级、数字驱动、网络赋能和流量激增，消费互联网平台实现了跨越式发展。

西方经济学的微观基础是行为主体或经济人的假定，即人的理性行为是在约束条件下追求个人利益最大化。随着互联网的广泛普及，网络社会、网络社区、网络平台、网络店铺等不断形成，社会便真正产生了进入大数据及人工智能时代的基础。这使西方微观经济学的人性基础发生根本性变化，人的理性或非理性行为选择更加自由、更加主动、更加便利、更具有市场决定性，极大地拓展了人类个体选择的空间和路径。互联网技术支撑的平台经济，突破西方传统经济学的信息约束和认知约束，开始趋向在信息完全开放的情况下成为经济运行和发展的若干行为主体，传统的代理人、代理商、代理搜寻信息的工具逐渐失效，计算机程序替代了原有的选择方式，若干个体经济行为的选择构成了没有边界限制的无限网络空间。马克思曾在《经济学手稿（1857—1858 年）》一书中指出："只有当机器大规模起作用时，当一台机器能帮助成千上万的人劳动时，机器才是真正有用的。因此，机器总在人口最稠密、失业人数最多的地方使用最多。"这段话的实质是，机器这一当时的先进生产工具，是在最适合其发挥作用的场所——人口最多的场所最充分地发挥作用。当互联网等信息技术支撑的平台经济产生后，交易信息最密集、交易参与者进入门槛最低、交易空间最大的场所就出现了，形成了若干生产商、供应商、经销商、消费者在现代流通中基于虚拟平台的市场集成。

平台经济在全球范围内迅速发展，全球市值最高的 10 家上市公司中有 7 家是平台型企业，全球品牌价值最高的 10 家企业中也有 7 家是平台型企业，世界 500 强排名前十位的企业中有 5 家是平台型企业。据英国调研机构 Kantar 的数据，2021 年，在世界 100 个最有价值的品牌排行榜中排名第一的美国亚马逊公司，品牌价值高达 6840 亿元，品牌价值成长率为 64%。在亚马逊全球 19 个市场中，共有近千万个卖家账户，为近20亿顾客服务，通过向用户提供建议，亚马逊获得了10%～30%的附加利润。2020年以来，亚马逊75%的新卖家来自中国。在2019年全球最大的500个APP平台中，中美两国企业占90%以上，其中腾讯排名第五，阿里巴巴排名第七。全球电子商务交易平台发展迅速，中国跨境电商综合试验区数量目前已达132个，2021年市场规模将达到14.6万亿元，跨境电商交易额占进出口贸易总额的比重为40%，其中出口占比高达2/3。在平台经济中，跨境新零售异常活跃，形成了以平台为核心的企业生态体系（见图1.10），新冠疫情期间发挥了为全球消费者提供服务的独特作用。

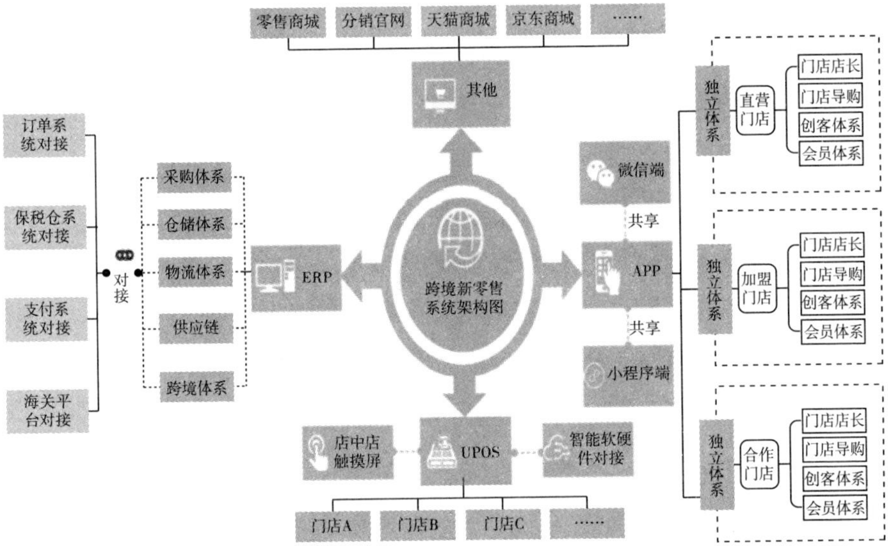

图1.10　平台经济中的一种形式——跨境新零售APP平台及其关联

平台经济虽呈爆发式增长，但也面临诸多挑战和亟待解决的问题，尤其是平台上存在的市场秩序问题，如市场失灵、恶性竞争、道德风险和公共安全等。中国信息通信研究院发布的《互联网平台治理研究报告（2019年）》显示，网络交易类平台的交易违法案件数量、网络购物投诉量逐年增加，交易平台中存在大量违法信息、虚假广告和侵犯版权等行为。如何既发挥平台经济的作用，又能有效维护平台市场秩序，成为亟待解决的问题。头部平台型企业具有市场参与者和组织者双重身份，虚拟平台越大，辐射范围越大，交易额越大，其承担的社会责任和维护虚拟市场与实体经济链接的责任就越大，平台型企业本身对平台用户就有一定的监管责任，于是平台经济治理就必须依靠公共规制和私人监管双重力量。

（四）物联网与产业互联网——进入万物互联、万物遥感、万物可视、万物智能时代的现代流通

人类社会是超级复杂的系统，宇宙起源理论认为，复杂系统是智能的，其最基本的智能是能量加信息减熵，随着数字经济发展和数字化基础设施建设，现代流通将成为能量加减熵的最大变量与动力。过去60多年，每隔12年左右会产生新一代计算平台，第一代是IBM的单板个人计算机；第二代是微软、苹果的个人计算机；第三代是PC互联网；第四代是以移动计算机为主体的云端网；第五代是刚刚出现的“AI/5G＋边缘计算”的复合式数字经济载体。数字经济的深度、广度与成熟度，正是基于计算机功能与能量的迭代而不断发展，用户数量、覆盖区域、交互频率、数据流量、使用时长和应用场景等决定了能量加信息减熵，其中发挥最核心作用的是交互模式与交互频率。任何一代互联网技术，一旦其交互方式或频率实现颠覆性突破，就意味着数字化程度和数字经济成熟度的提升，就必然产生大规模商业价值，引发现代流通方式的渐次变革。物联网与产业互联网以互联网、云计算、大数据共同构成的人工智能为基础，以5G、6G和卫星导航系统为物联网链接的基础设施，实现以即时化、低时延、高频率为特征的万物互联、万物遥感，未来随着区块链技术、量子计算、元宇宙、数字孪生等技术的引入并发挥正向作用，万物可视、万物智能将逐步实现。

物联网与产业互联网是互联网技术的泛化和升级，数字世界与物理世界不断重叠、交叉、融合乃至成为一体化的平行表达方式。把物理世界变成信息、数字或数据流量，最后分离出来形成若干巨量数据流动，

呈现出物理世界联通的网络状态或产业与产业之间链状连接的状态，或者构成物理世界和数字世界融为一体的核心界面或核心信息架构。数字化的驱动力永无止境，人类经济社会活动基于现实的物理世界、化学世界、生物世界持续运转，从农业时代到工业时代再到信息时代和知识经济时代，数据生成量与日俱增，信息量越来越膨胀，连接数字世界与物理世界的物联网和产业互联网，将成为提高社会生产力的核心资源，成为现代流通中最重要的要素禀赋。物联网与产业互联网不断打破时间线、空间线和有形市场空间的约束边界，将消费互联网与产业互联网连接起来，形成万物互联的世界，推动迈向现代流通社会化、数字化、智能化、集成化、国际化发展的新时代。世界主要国家未来 5～10 年将陆续开通商用 5G 通信乃至 6G 通信，加之卫星导航系统、人工智能、大数据一体化中心、机器人、量子计算、云服务等数字化基础设施的建设与普及，物联网和产业互联网将成为全球经济互联互通的载体，也成为现代流通发展新的基础与支撑。如果说 AI 是继蒸汽机、电气之后的第三次生产力革命，物联网和产业互联网将成为填平互联网“数字鸿沟”或推翻数字“柏林墙”的基础设施革命与飞跃。在由此基础设施形成的现代流通中，制造业的产业路由器、区块链技术可以将万物遥感变为现实，通过实时连接产业链上游、中游和下游，收集流通全过程中每一个流通环节的数据，形成产业互联网的超级节点和关键枢纽，完成供给侧与需求侧的高效智能对接或链接。当这一颠覆性变革完全实现之后，传统互联网平台形成的市场集成或将逐渐成为最初始的互联网经营业态，原来虚拟的互联网平台使若干实体制造业、实体商业店铺衰亡，物联网与产业互联网将使之再度复兴。物联网与产业互联网条件下的现代流通方式，可以使每一个行业或企业从单边到双边或多边。由流量路由器、交易路由器、金融路由器、交付路由器等构成的万物遥感系统，形成了由多种路由器链接起来的企业之间或者市场之间的关联与对接，如果没有实体形态就不可能有物的链接与产业的链接。物联网和产业互联网的发展，推动所有实体经济的参与方实时链接，现代物流成为包括生产在内的全场景中的流通主导、主线或主体，所有关联企业为生产或销售一种最终产品或一个管理目标，在完全不关联的地方协同作业，就像一架庞大的、隆隆转动的机器，这架机器生产的最终产品也许经历了若干次、若干环节、若干国家的流通过程。

传统消费互联网完成人与信息、人与商品、人与服务、人与人的连接，本质上是信息的互联互通，以及由此产生的生活场景或商业业态，如网上店铺、无接触服务、移动支付等。物联网与产业互联网则以不断升级迭代的互联网等作为承载体，通过信息遥感技术、射频识别技术、全球定位系统、红外感应器、激光扫描器等技术，保障各类可能产生的网络接入，实现物与物、物与人的泛在化连接，让所有能够被独立寻址的普通物理对象构成互联互通的网络体系。以目前估值3000亿元的服装经营电商快时尚巨头SheIn为例，这个企业并不依赖共用的互联网平台，而是通过交易路由器、交付路由器、流量路由器和金融路由器等链接，链接产业和营销的所有参与方，业务遍及230个国家，2020年销售额近100亿美元，销售服装近3亿件，连续8年年营收增长达100%。SheIn成功实现了产业互联网与产业物联网的链接，在供给端，从服装设计、打样到上架的时间从平均3个月缩短为7天，打造了高效的服装供应链枢纽和分布式制造工厂，仅在广东省番禺市就发展了3000多家核心服装厂供应商。SheIn还打造了快时尚的产业路由器体系，每天从全球各大时尚网站收集大量流行服装情报，其AI算法与抖音视频推荐算法相同，一个流行服装新款推出后，即能根据市场需求进行快速迭代。

（五）全球供应链体系——以现代物流为支撑的全球经济布局与“端到端”跨境服务中的现代流通

全球供应链体系的形成，是投资全球化、贸易全球化、产业全球化、要素流通配置全球化的必然结果。以互联网为载体的物流技术应用与信息化改造，实现了企业内物流现代化和国内物流体系的构建。企业内人与机器之间的数字联通问题得到解决，如制造业中许多企业使用的ORACLE数据库、PTC公司的PDM产品数据管理、SAP公司的ERP企业资源管理，以及MES制造执行系统、WMS库存管理系统等，实现管理者对企业各种资源的实时与非实时的监控、调度和计划等。这个阶段的现代物流主要解决了企业数字化管理和物流体系数字化运行问题。物联网与产业互联网进一步实现了物的链接，设备与设备、企业与企业之间的互联，以升级的大数据、云服务、移动互联网、物联网、人工智能、区块链和赛博系统等为推动力，引发了全球交易与分工的根本性变革。特别是对于国际化程度高、技术含量高、分工程度高的产业来说，这些很难在一个国家、一个企业、一条生产线上一次性完成最终产品的生产过程，这就促进了全球供应链体系的形成。例如，参与全球半导体行业分工与交易的国家和地区多达120个，这不仅使国际贸易结构从以最终产品为主转向以中间品为主，最重要的是形成了全球半导体供应链体系，而链接这个体系的不是政府与产权归属，而是具有高度流动性的现代流通体系。商流、物流、资本流、信息流和数据流，特别是现代物流体系，使得所有参与分工与交易的关联方成为全球供应链体系中的"命运共同体"。在全球供应链体系中，无论哪一个链条掉链子或被切断，都会影响全球所有关联者的正常运转，甚至使其全部停顿。

全球供应链系统呈链状、树状、双向树状和星状等结构，如果未来实现万物可视与万物智能，复杂的全球供应链体系将体现为这些结构交织复合的状态。全球供应链的链接关系将超越国界线，超越地缘政治，超越产业链上具有垄断地位者的垄断权力，超越意识形态，也超越那些具有产权关系的归属关系，具有极强的黏性、弹性和韧性。全球供应链是一个庞大的复杂巨系统（见图1.11），在区块链、量子通信、元宇宙等技术没有得到应用之前，对于分布在产业链、供应链、服务链上的所有企业和环节来说，几乎没有一个国家、一个企业可以清晰地掌握供应

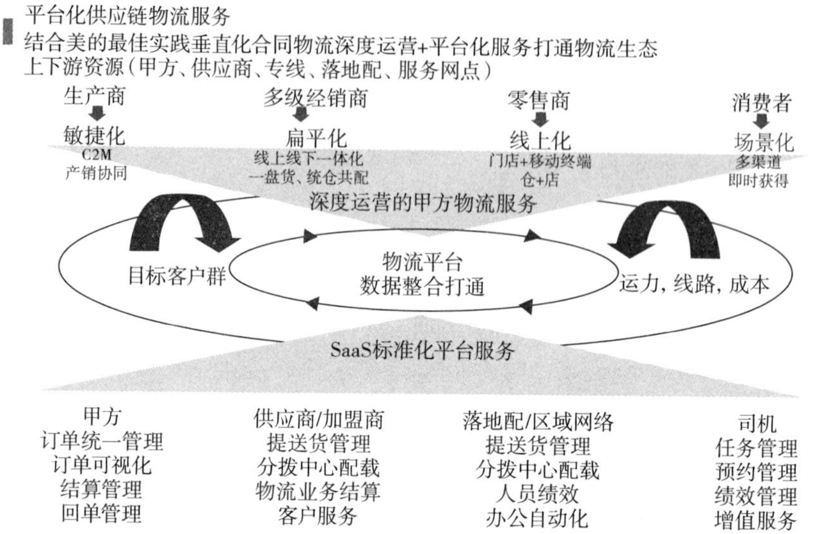

图 1. 11　全球供应链体系是一个层层交互交织的复杂巨系统

链上的全部参与者。因此，全球供应链一旦断裂，如果不能迅速重新链接，就必然使链条上或网络中的所有参与者遭受损失。而这种损失产生的结果是不可逆的，是难以依靠任何一国、一方、一个企业、一个个人来挽救的，既难以在短期内重构原有体系，也不可能在短期内重构新的完整的供应链体系。全球现有的供应链体系是战后几十年在和平发展和国际秩序、国际规则正常发挥作用的背景下形成的，原有体系中原本相互依赖、相互支撑产生的和鸣共振，是经济全球化大趋势下的注解与产物。2020 年以来，人类既面临新冠疫情带来的生命威胁，也遭遇了全球供应链受阻或者局部断裂所带来的“噩梦”，美国洛杉矶和长滩港口货物堆积，义乌市场经销者的订单无法按时交货，后续订单迟滞。根据国际道路运输联盟的数据，全球约 1/5 的专业卡车司机职位空缺，缺芯、缺箱、缺柜、缺托盘、缺列车车皮等全球供应链瓶颈成为影响全球经济的重要问题之一。实际上，全球供应链体系是在世界充分开放的条件下，率先由在全球配置资源的跨国公司形成的内部交易结构的支撑体系，并逐步发展成为全球产业链和全球贸易的支撑体系。因此，全球供应链体系是一个开放的系统，现代流通的内在规律要求这个体系的流通必须顺畅、高效、无堵点。在全球供应链体系这个链条中，参与者之间联系越顺畅，分工越细密、越专业、越分散，现代流通的先导性、基础性和决定性作用就越大。

全球供应链体系建设与各国供应链构建，日益成为国际共识与各国共同的战略选择。世界银行推出“全球供应链绩效指数”（LPL），以衡量各国全球供应链竞争能力，每两年发布一次，参与的国家和地区有160多个。2014年在中国召开的APEC会议明确提出了供应链战略。美国最早将供应链发展作为一项国家战略，2012年2月，时任美国总统奥巴马签发了《全球供应链安全国家战略》，提出美国在建立全球供应链体系上有两个战略目标：一是实现全球安全高效的货物运输、供应链基础设施和流程的现代化，促进国际贸易及时且高效流动；二是培养一个有弹性的供应链，即可以从中断中迅速恢复的全球供应链系统。2020年9月，中国人民银行、工业和信息化部、司法部等八部门联合印发《关于规范发展供应链金融 支持供应链产业链稳定循环和优化升级的意见》，推动产业链修复和优化升级。2021年，《美国供应链安全规则》正式生效；2月24日，美国总统签署“美国供应链行政令”。2020年8月，日本、印度和澳大利亚三方启动“供应链弹性计划”，致力于构建高效、协同、可持续的供应链。2021年3月，德国内阁通过《供应链法案》（草案），欧盟通过欧洲版《供应链法》。从目前来看，在世界500强企业中，有80%的企业制定了全球供应链战略，该战略已成为企业核心竞争力的重要标志。

（六）“一带一路”——构建以互联互通为主线提升经济联通性的跨国流通大格局

美国学者帕拉格·康纳指出：互联互通是当今时代的元模式。人类文明的历史不仅是战争与和平、经济枯荣的交替，历史的曲线足够绵长，其走向是互联互通。全球化并未走入深水区，与之相反，全球化正在进入超级全球化阶段，一幅全世界范围内互联互通的超级版图正在形成。中国提出“一带一路”倡议，使互联互通成为以“五通”为核心的现代流通。以基础设施“硬联通”为重要方向，以规则标准“软联通”为重要支撑，以共建国家人民“心联通”为重要保障，以互联互通为主线，优化跨境产业链、供应链、服务链和价值链布局，走出一条跨国共建现代流通体系、提升经济连通性的崭新道路。

“一带一路”建设的核心内容是“五通”，“五通”的核心是流通。中国与更多国家携手建设“一带一路”，以提升经济联通性的现代流通为核心，将古老的“丝绸之路”的精神内涵延伸至现代版的国际关系、国际秩序、地缘关系的调整与整合，通过互联互通帮助更多发展中国家和贫困国家共享发展机遇与成果，推动世界经济走出低迷、重新寻找和发动经济增长新引擎。共建“一带一路”的“五通”，是国际化、社会化、信息化、共享化的更有总和效率和集成效应的大流通，将极大地提升中国与沿线国家之间的“硬联通”和“软联通”水平，帮助共建国家和大量企业尤其是中小企业深入参与全球产业链、供应链与价值链，促进形成便利、自由、高效、顺畅的跨区域与地区的商流、物流、信息流、资金流和人流，以造福更多共建国家和人民。

（1）政策沟通，有助于形成相向而行的共同战略和政策选择，为共建国家相互开放，构建现代流通经济通道、走廊、渠道创造更好的外部环境。通过政策沟通，形成共建“一带一路”共识，构建多层次国家间和政府间经济发展战略、宏观经济政策、重大规划项目对接机制，形成趋向一致的战略、决策、政策和规则，结成具有制度基础的“命运共同体”。政策沟通程度越高，现代流通中要素跨境流动的动能就越强，更多小国和穷国便可以获得远超国土规模和经济实力的发展机遇和国际影响力。“一带一路”倡议提出 8 年多来，已有 145 个国家、32 个国际组织与中国签署了 212 份合作协议，形成了共同推动国家互联互通的发展大势。

（2）设施联通，形成“硬联通”与“软联通”相互交织的时空，彻底抛弃基于零和博弈思维形成的地缘关系。在历史上，任何一个国家和地区创造性地连接都会使区域经济联系发生巨变，惠及更广阔的地域。经过8年多的持续努力，共建“一带一路”国家软、硬基础设施互联互通框架基本形成，新亚欧大陆桥经济走廊、中巴经济走廊、孟中印缅经济走廊、中蒙俄经济走廊、中国—中亚—西亚经济走廊、中国—中南半岛等六廊六路和多国多港，将依托国际大通道，以流通中心城市为支撑，以信息化为先导，实现国际通关、换装、多式联运有机衔接，贯穿亚欧非，连接三大洋，将活跃的东亚经济圈、发达的欧洲经济圈和具有更广阔市场发展潜力的国家连接成现代流通经济圈。

（3）贸易畅通，形成更为自由和便利的自由贸易网络体系，挖掘世界贸易新增长点。在新形势下，经济全球化进程受阻，从关税与贸易总协定到世界贸易组织、从贸易投资便利化自由化到原本畅通的全球产业链供应链受阻，对跨境国际大流通造成冲击乃至重创。共建“一带一路”旨在突破各种形式的新贸易保护主义、投资保护主义及各种壁垒，适应持续深化的科技革命所引发的世界交往、交易、交融模式的改变。中国正在与共建国家和地区共同建设自由贸易网络体系，共同优化和稳定产业链、供应链、服务链、价值链，促进共建国家和地区通过畅通的现代流通，实现产业互补、互动与互助，形成互利共赢、多元平衡、安全高效的开放型经济体系，为我国改革发展稳定营造良好的外部环境，使我国发展机遇更多惠及周边国家。

（4）资金融通，形成顺应世界经济格局演化的资本流通优势，构建支持更大范围开放、更具透明性和合理性的金融体系。中国倡导成立的亚投行，成为激活国际金融体系和秩序变革的积极力量，目前已有102个成员加入，成员数量仅次于世界银行。亚投行、“丝路基金”、金砖国家新开发银行运行顺利，与世界银行、国际货币基金组织、亚洲开发银行合作，中国—东盟银行联合体、亚洲开发银行、上合组织银行联合体务实合作不断深化，以银团贷款、银行授信等方式开展多边金融合作。中国与共建国家和地区本币互换和本币结算的步伐大大加快，中国支持共建国家政府和信用等级较高的企业及金融机构在中国境内发行人民币债券，支持符合条件的中国境内金融机构和企业在境外发行人民币债券和外币债券，鼓励在沿线国家使用所筹资金。在世界舞台上，以“一带一路”推动货币互联互通“化茧成蝶”的超越意识形态的金融开放合作正在行进之中。

（5）民心相通，增强文化认同感，为共建“一带一路”、形成高度开放和顺畅的现代流通圈构筑社会根基。文化的影响力超越时空、跨越国界，中国更高层次的开放正是要获得共建国家和地区、获得世界各国的文化认同，具有中国智慧的“中国议题”“中国方案”和“中国声音”已经获得全球2/3的国家赞同与参与。通过提升文化的相互开放水平，推动不同文明交流碰撞，形成更具宽容精神的共同文化和永恒价值，汇聚和释放文化促进发展的强大正能量，实现更有效率、更具包容性的增长。在开放和碰撞中，提炼出当代中国价值观念的核心理念，形成自己的文化精神，弘扬跨越时空、超越国度、富有永恒魅力、具有当代价值的世界文化新精神。

共建“一带一路”的互联互通革命已经开启，各国构建的跨国互联互通基础设施远远超过日益落后的分割的基础设施。到目前为止，在支撑国际化大流通的基础设施全幅图景中，已经建设了长约6400万千米的高速公路、120万千米的铁路、148万千米的海底光缆、200万千米的油气管道，未来40年人们要建设的基础设施将超过之前4000年的总和，世界不再是国家与国家有形边界的版图拼接，而是由软硬基础设施互联互通构建的全球体系。中国提出的“一带一路”倡议已经转化为全球共识、全球行动、全球共同描绘的壮美蓝图。在人类命运共同体的旗帜下，随着互联互通的建设与完善，现代流通将再次把全球经济链接为一个整体，以构建稳定的产业链、供应链、服务链和价值链的布局，取代被人为割裂的经济全球化形成的断裂带，符合共建国家的共同利益诉求，互联互通也将使地缘关系为之改变。与此同时，“一带一路”倡议打破了中国过去以东南沿海为主的单向度开放、以国内为主的区域布局，重塑地缘乃至世界政治、经济、外交、文化大棋局，形成内外联动、海陆统筹和陆海天网“四位一体”的新空间布局。

（七）协调全球流通的组织者——流通规则标准的制定与仲裁

流通是一种解放、一种开放、一种冲击力、一种推动力，又是一种内生力量，它把整个世界纳入自己的范围，并不断对阻碍其流动的各种规则和制度进行扬弃，以“水滴石穿”的精神对人们的生产方式、生活方式、社会存在方式不断进行改造。现代流通的“游戏规则”受到了空前的重视，《联合国宪章》的制定和维护国际流通规则的世界贸易组织、世界银行、国际货币基金组织等机构，经年形成的国际共识、国际公约和国际规则等，共同构成维护多边主义规则和秩序的世界体系，在国际化大流通中发挥着越来越重要的作用。

据《国际组织年鉴》统计数据，20 世纪初，世界有 200 余个国际组织，20 世纪 50 年代发展到 1000 余个，70 年代末增至 8200 余个，1990 年约为 2.7 万个，1998 年为 4.8 万余个，21 世纪初超过 5.8 万个，包括主权国家参加的政府间国际组织、民间团体成立的非政府间国际组织，它们既包含全球性的组织，也包含地区性、国家集团性的组织。贸易、投资、金融、科技和产业链供应链的全球化，推动货物、服务、生产要素更加自由便利地跨界移动，合理配置与相互融合，大大强化了国际组织的地位，要求其建立可以实施的普遍性原则、规则、标准和制度，构建对参与全球现代流通大循环的国家行为、企业和个人进行规范的机制。国际社会参与现代流通的成分、结构与交易方式发生了深刻变化，在传统主权国家、政府间国际组织继续占主导地位的同时，涌现出大量非政府组织、市民社会的组织形态与公约。根据国际协会联盟（UIA）统计，2004—2005 年，所有类型的国际组织共计 58859 个，比

1991 年增加 1 倍以上。其中，政府间国际组织的数量为 7350 个，非政府间国际组织的数量为 51509 个，分别比 1991 年增加了 61% 和 109%。组织全球更高水平、更快速度、更高收益的现代流通，需要形成全球共识、全球规则和标准及共同遵守的国际仲裁。国际社会日益组织化，不仅表现在国际组织数目的增长上，还体现在国际组织范围扩大形成的无数适应流通的规则与标准上，它早已冲破初创时期的地域、领域局限，活跃在当今人类社会的各个方面。

以世界贸易组织为例，在关税及贸易总协定发展到世界贸易组织近 50 年的历程中，从关税及贸易总协定的自由竞争原则、互惠原则、非歧视原则、最惠国待遇原则、国民待遇原则、透明度原则、公平贸易原则、取消数量限制原则、关税为唯一保护手段原则，发展到世界贸易组织的非歧视贸易、可预见的和不断增长的市场准入程度、促进公平竞争、鼓励发展和经济改革原则，从货物商品的规则，发展到服务贸易规则和知识产权交易的规则，其中的一条主线就是不断制定和创新流通规则，力求创造世界范围内公平、透明、开放的流通秩序，不断减少或取消人为的关税和非关税壁垒，推进贸易自由化、投资自由化及其他要素流动的自由化。通过参与流通过程的行为者的相互协商、彼此之间的妥协而非暴力解决阻碍流通的问题，使参与者共同接受国际化流通的"游戏规则"，现代流通协调组织的作用从来没有如此重要，须臾不可缺少。也正因如此，每个国家都希望通过影响国际经济规则的制定而获益，一些跨国公司在不断开拓国际市场时，也总是率先打破旧有的贸易规则，直至最后改变全球的贸易规则。一些大国力求获得区域内的主导权，并不仅仅是为了获得区域合作的内部收益，更重要的是为了增加其在多边贸易谈判中的筹码，进而获得国际经济规则制定中的主导权，最终把区域内规则转化为多边贸易规则。世界主要国际组织名称及类型如表 1.1 所示。

表 1.1　世界主要国际组织名称及类型

国际组织名称	类型
联合国	世界性、政府间
亚太经济合作组织	区域性、政府间
博鳌亚洲论坛	区域性、非政府间
欧洲联盟	区域性、政府间
国际奥林匹克委员会	世界性、非政府间
国际红十字会	世界性、非政府间

执笔人：陈文玲

本章参考文献

[1]中共中央编译局．马克思恩格斯全集：第 44、45、46 卷[M]．北京：人民出版社，2001.

[2]陈文玲．透视中国——现代流通研究报告(上、中、下)[M]．北京：中国经济出版社，2016.

[3]陈文玲．现代流通基础理论原创研究[M]．北京：中国经济出版社，2006.

[4]陈文玲．"一带一路"建设开启新全球化伟大进程[J]．人民论坛·学术前沿，2017(8).

[5]丁俊发．供应链理论前沿[M]．北京：中国铁道出版社，2018.

[6]颜艳春．产业互联网时代：新技术如何赋予企业数字化转型[M]．北京：中国友谊出版公司，2021.

[7][美]帕拉格·康纳．超级版图：全球供应链、超级城市与新商业文明的崛起[M]．崔传刚，周大昕，译．北京：中信出版集团，2016.

[8]中国国际经济中心交流中心课题组．互联网革命与业态变革[M]．北京：中国经济出版社，2016.

[9]曾宇．互联网基础资源技术与应用发展态势[M]．北京：机械工业出版社，2020.

[10][法]费尔南·布罗代尔.15至18世纪的物质文明、经济和资本主义:第三卷[M].施康强,等,译.北京:生活·读书·新知三联书店,1996:31.

[11]陈文玲,等.现代流通与内外贸一体化[M].北京:中国经济出版社,2005.

第二章

构建现代流通体系的重大战略价值

党的十八大以来，我国流通体系建设取得明显进展，在抗击新冠疫情过程中，流通业发挥了重要作用。但是，总体而言我国流通体系现代化程度仍然不高，还存在不少堵点亟待打通。在这样的背景下，构建现代流通体系是我国提升国家核心竞争力的重大战略选择。当前我国面临经济转型升级、迈向高质量发展的重要阶段，西方国家对我国打压愈加紧迫，新冠疫情长期化趋势明显，面向中长期构建新发展格局的背景下，打通流通环节的堵点、痛点是提高我国在国内国际两个市场配置资源水平的有效途径，是新冠疫情以来国际产业链供应链区域化、短缩化情况下保证我国产业链安全的主要路径，也是满足人民群众不断增长需求的重要保障，更是实施扩大内需战略的重要抓手。

一、构建现代流通体系是中国面向中长期构建新发展格局的重大支撑

（一）能够通过缩小地区差异，加速国内大循环

目前我国流通产业区域差距仍然非常明显，东西、南北、城乡差距突出。原因较为复杂，一是中央与地方权责划分以及地方政府政绩考核机制等问题造成了一些地方政府急功近利，为了本地区、本部门利益，无视国家顶层设计而采取地方保护主义政策。一些地方政府出台各种政策，对产品、企业、资本市场实行保护与封锁。在资源配置上无视国家的产业政策和布局，控制其他地区的商品、服务进入本地区。通过补贴、设立纳税主体要求、地方法规标准、限制准入、采购招标条款、收费等措施，禁止本地资源外流，禁止外地商品进入，严重阻碍了要素流

动和统一大市场建设。二是不同地区经济发展处于不同阶段，流通产业发展不平衡是经济发展不平衡的表现之一。流通产业发展伴随产业整体发展而生，因此经济发展较快较早的地区流通产业相对发达。一般而言，生产和消费较为发达的地区流通产业较为成熟，流通基础设施建设较为完善。例如，电商平台长期存在的“江浙沪包邮”现象，就是因为江浙沪既是我国制造业，特别是日用百货生产较为发达的地区，又是我国南方经济较为发达的省份，消费能力较强；中国著名的快递业巨头“四通一达”（申通、圆通、中通、百世汇通、韵达）的创始人都来自浙江省杭州市桐庐县，主要也是因为杭州市依托阿里巴巴这样的电商平台，商业机会较多，物流需求较大。

构建现代流通基础设施，可以缩小流通产业的区域差异，加速国内大循环。一是科技赋能，能够在一定程度上打破区域边界壁垒，平衡中西部与东部发展差异以及南北方差异。二是在同一区域内，能够促进不同城市之间市场整合，解决市场分割问题，提升区域经济一体化程度。

（二）能够带动我国企业更多参与国际流通体系建设，促进国内国际双循环

在社会再生产过程中，流通效率和生产效率同等重要，高效流通体系能够在更大范围把生产和消费联系起来，扩大交易范围，推动分工深化；同时，现代流通基础设施的科技赋能和丰富完善，能够合理化产业布局，提高供应链稳定性和安全性，给新冠疫情下全球产业链、供应链重构带来契机。现代流通体系建设在生产与消费格局重构和全球产业链和供应链重构过程中发挥重要作用。现代流通体系是国内统一大市场的重要组成部分，是资源配置的有效载体，也是从生产到消费各环节有效衔接的纽带与通道。产业、流通和消费相互协同，相互支撑，过程中通过不断打通关键环节的堵点、痛点，给经济增加动力和活力。通过参与国际流通体系建设，带动我国企业“走出去”，维护我国企业海外供应链安全，能够促进国内国际双循环。

（三）能够通过提升全要素生产率，推动实施创新驱动发展战略

当前，我国原来的劳动力、资源和土地等要素红利正在逐渐消失，依靠要素投入驱动的经济增长模式是不可持续的。我国面临创新能力和人力资本不足等瓶颈，未来需要突破这一瓶颈，提高全要素生产率，实现从要素驱动、投资驱动向创新驱动转变。其中，现代流通产业创新是非常重要的一环，关系到推动实施创新驱动发展战略以及构建新发展格局。

首先，提升流通企业技术创新能力刻不容缓。企业在技术创新过程中具有主体地位，中国流通产业想要走上自主创新道路、实现创新发展、成为世界流通科技强国，就必须发挥好企业的主体作用。“十四五”期间，提升企业技术创新能力将着力提升创新体系协同性，推进产学研深度融合，培育产学研结合、上中下游衔接、大中小企业协同的良好创新发展格局；着力促进科技与经济融合发展，加快科技成果向现实生产力转化，打通从科技强到产业强、经济强、国家强的通道；着力完善创新生态，拆除“玻璃门”“弹簧门”“旋转门”，打造市场化、法治化、国际化营商环境，加强知识产权保护，激发全社会的创新活力。

其次，完善科技创新体制机制非常紧迫。科技创新体制机制是实现创新驱动发展的保障。近年来，中国科技体制改革取得重要突破，但仍然存在创新环境不完善、基础研究投入不足、科研项目和资金管理水平不高、科技评价导向体系不健全等问题。“十四五”期间，科技创新体制机制要主动顺应创新主体多元、活动多样、路径多变的新趋势，提升体系化能力、增强体制应变能力，重点优化组织管理、人才激励、市场环境等方面的体制机制。

二、构建现代流通体系是中国提升国家核心竞争力的重大战略选择

（一）能够通过助力新业态新模式创新，扩大市场边界

自党的十八大以来，我国流通体系建设取得明显进展，国家骨干流通网络逐步健全，流通领域新业态新模式不断涌现，全国统一大市场加快建设，商品和要素流通制度环境显著改善。在抗击新冠疫情过程中，流通业发挥了重要作用。尽管如此，我国流通体系现代化程度仍然不高，还存在不少堵点亟待打通。一方面，传统企业接受现代流通概念较慢，对现代流通体系的内涵和外延缺乏理解。原有以交通、物流和商贸为代表的流通体系，由于缺乏现代治理和科技赋能，已经越来越难以满足新产业、新模式、新业态的发展需要，但是目前流通产业界对科技赋能仍然没有较为清晰的认识，传统零售行业与互联网平台企业仍然处于对立状态，零和博弈较多，正和博弈较少，互相融合程度较低。另一方面，互联网平台企业所倡导的“新零售”仍然停留在概念表述阶段，实践中的成功案例极少，也没能形成对现代流通理论的有力支撑。

通过模式创新加快构建现代流通体系，助力新产业、新模式、新业态发展，有利于扩展市场规模和边界，进一步挖掘和更好地满足消费者需求，特别是在匹配中高端供给和需求、开拓下沉市场两个维度，具有非常深远的意义。

未来只有通过进一步加快流通体系改革步伐，不断完善流通体系建设，才能使传统产业与现代流通体系更好地融合发展，增强模式创新对流通经济的带动作用，增加经济吸引力和竞争力。

（二）能够通过数字技术与流通产业相结合，加速现代流通体系数字化转型

流通效率的提升对提高国民经济总体运行效率具有重要作用，其中

数字化转型是重要的实现路径。建设现代流通体系是一项系统工程，包括适应现代社会发展的营商环境、综合运输体系、商贸流通体系、社会信用体系、金融基础设施建设和应急物流体系等。强化对上述领域的数字赋能，能够更好地发挥现代流通体系连接生产与消费、扩大社会交易的功能，为我国双循环新发展格局的加快形成提供强有力的支撑。

数字技术与流通产业的融合是现代流通体系的重要特征，通过大数据的识别、选择、过滤、存储和使用，可以引导和实现流通资源的快速优化配置与再生，实现流通产业高质量发展。因此，推进现代流通体系建设离不开数字技术的赋能。流通体系联结生产和消费的重要基础在于具体交易环节，而数字技术在交易中的集成与应用，能够减少信息不对称，提高交易匹配概率，为交易顺利完成提供便利。无论是深化“放管服”改革，打造市场化、法治化、国际化的营商环境，还是构建应急物流体系，数字技术的广泛应用涉及现代流通体系的方方面面，不仅能够提升流通体系的效率，还能有效提高相关主体的运行质量。

三、构建现代流通体系是提高中国在国内国际两个市场配置资源水平的有效途径

（一）能够通过提高流通效率，实现供给和需求的良性互动

中央财经委员会第八次会议提出“高效流通体系能够在更大范围把生产和消费联系起来，扩大交易范围，推动分工深化，提高生产效率，促进财富创造”，对现代流通体系扩大内需的作用进行了深入概括。构建现代流通体系，有利于更好地沟通生产和消费，进而实现需求牵引供给、供给创造需求的更高水平动态平衡，从提高流通领域效率出发，为提升整个国民经济运行效率做出贡献。

（二）能够通过提高市场体系运行效率，建设高标准市场体系

经过 40 多年改革开放，我国商品市场基本实现了从固定批发零售

渠道、政府主导价格到市场对价格起决定性作用的转变，流通基础设施建设也取得一定成绩，相关法律法规等市场制度建设取得重大进展。但是，当前我国市场体系面临迈向高质量发展的新阶段，国际上面临诸多复杂形势，高标准市场体系建设步伐仍然没有跟上发展需求。区域贸易壁垒仍然没有被打破，城乡市场依然处于分割状态，内外贸一体化市场尚未形成，部分领域的垄断仍然存在，整体环境对新模式、新业态的产生仍然不利。

流通体系是沟通生产和消费的最重要媒介，构建现代流通体系，必然能够通过提高流通产业效率带动整个市场体系的运行效率。同时，可结合科技赋能和模式创新，进一步打破区域贸易壁垒，解决城乡市场二元分割问题，联通内外贸市场，促进内外贸一体化进程，进而促进我国市场体系朝高质量、高标准方向不断发展。

（三）能够通过促进市场一体化，构建高效物流体系

现代流通体系对构建高效物流体系的促进作用主要体现在直接和间接两个方面。

直接方面，因为物流体系是流通体系的重要组成部分，流通基础设施建设和流通体系制度建设必然能够直接提升物流体系建设水平。我国在铁路、公路等交通基础设施建设方面仍然存在不足，交通物流体系滞后仍然会在一定程度上阻碍市场一体化发展。铁路交通基础设施建设有效提高了运输效率、降低了单位运输成本，但是负债较多，市场化改革仍需进一步推进；公路由于投资量较大，建设、维护和管理都依赖地方政府，采取“贷款修路、收费还贷”模式提高了建设效率和市场化水平，但是也存在单位运输成本较高等需要改进之处。发改运行〔2021〕602 号文《关于做好 2021 年降成本重点工作的通知》已经明确要求，要持续降低铁路货运成本，推进铁路行业竞争性环节市场化改革，完善交通物流基础设施，完善国家综合立体交通网。现代流通体系包含物流体系，但是不限于物流体系。现代流通体系是从国民经济全局角度，针

对从生产到消费各个环节堵点痛点的一体化解决方案，在构建现代流通体系过程中，不仅现代物流基础设施体系会相应建立起来，而且由于与物流相关的上下游产业链的质量和效率都得到提高，结合科技赋能和模式创新，物流产业自身的发展潜力也会得到提升和发展。

间接方面，构建现代流通体系有利于促进市场一体化，在国内统一大市场建设以及内外贸一体化市场建设的共同作用下，必然能够促进物流体系朝高效、现代化、高质量方向发展。另外，目前我国市场准入标准差异大，各地比较优势不同，适合发展的产业各异，设定地方产业政策时，往往标准很难统一，与此连带的人才政策也各异，缺乏统一的市场准入制度标准。通过现代流通体系顶层设计能够逐渐解决市场准入标准差异问题，打破区域、城乡之间的市场壁垒，打通关键环节堵点痛点，提高流通产业运行效率的同时，带动物流产业运行效率。

四、构建现代流通体系是满足人民群众不断增长需求的重要保障

（一）能够增加流通领域高质量基础设施供给，解决流通领域堵点痛点问题

目前我国重大流通基础设施建设仍需加强，开放统一的商贸流通体系正在建设之中，流通领域环节多、效率低、成本高的问题仍然非常突出。与此同时，国内贸易“小生产、大市场”的问题也值得关注，生产规模较小，与庞大市场消费需求不相匹配，供需之间信息不对称。流通行业信息基础设施建设不到位是这个问题产生的根本原因。另外，当前农村电商的发展成效非常显著，但是也存在一些不足，比如产业链供应链水平差、物流成本高、农产品进城渠道单一、缺乏农村电商主体培育等。

以上问题的解决都需要高质量的流通基础设施建设。一方面，通过

提高流通基础设施的覆盖面，让我国流通基础设施与国内统一大市场规模相匹配，努力满足中低端消费市场需求；另一方面，通过科技赋能和模式创新等途径，进一步提高流通基础设施质量，不断满足更高层次市场需求，解决我国低端供给过剩与中高端需求得不到满足的供需不匹配问题。

（二）能够通过加快构建现代物流体系，促进城乡统一的市场体系建设

中央一号文件连续18年关注“三农”问题，构建现代农村流通体系与促进农村消费关系密切，农村流通体系现代化是乡村振兴战略的重要组成部分，2021年1月，商务部等12部门联合印发《关于提振大宗消费重点消费促进释放农村消费潜力若干措施的通知》，将释放农村消费潜力摆在重要位置，其中对通过完善农村流通体系补齐农村消费“短板”弱项进行了着重阐述。目前农村物流科技赋能还相对滞后，三级物流体系还没有完全建立起来，农产品仓储保鲜冷链物流设施建设仍然有待进一步推进。将现代物流体系建设与乡村振兴战略有效结合是做好这些工作的关键所在。

（三）能够通过深耕下沉市场，补强农村市场基础设施短板

随着我国经济不断向前发展，城乡关系失衡有逐渐扩大的倾向。区域和城乡发展的不平衡仍然是我国经济发展不平衡、不充分的主要表现之一。城乡二元结构是导致城乡发展不平衡、阻碍城乡一体化市场建设，进而阻碍现代化流通体系构建的主因。

从细分市场来说，一直以来城乡二元分割的管理体制制约着城乡劳动力市场一体化发展。金融市场方面，20世纪八九十年代以前，在以县域为主的农村金融市场，工行、建行等几大银行都有支行，且有贷款审批权限。进入21世纪以来，在城市化加速发展背景下，城市对金融的需求激增，对农村（县域）金融资源产生虹吸效应。坚持经营农村

市场的农行，县域支行的贷款审批权限也被上收。以广东为例，广东各县（市），除农行外，工行、建行和中行等其他国有商业银行基本从县域撤离了网点或上收了贷款审批权限，农村金融机构组织体系开始大量缺位。商品市场方面，农村商品市场存在规模化和组织化水平不高、商品流通组织布局不合理、网络不健全、专业化协作水平不高、物流组织发展滞后等问题。

只有有效解决上述问题，农村下沉市场巨大的市场潜力才能够得到有效释放。从供给方面来讲，通过流通基础设施建设来提高农村市场基础设施建设水平，弥补农村商品、劳动力、金融等市场基础设施发展滞后的短板，特别是农村商业网点设施投入严重不足、商品市场经营主体规模小、“最后一公里”配送成本高等问题，通过科技赋能和模式创新，为进一步挖掘农村市场需求、提高供给能力创造条件。需要强调的是，近年来电子商务下沉农村之后，由于农村物流基础设施建设不足，其进一步发展遭遇瓶颈。如何结合互联网、大数据、云计算、区块链、5G 等新技术，推动农村电商快速发展，是未来农产品市场发展的关键问题。

需求方面，农村生活成本较低，政府振兴乡村经济、扶贫攻坚等力度较大，近年来农民可支配收入有所增长。年青一代农民消费观念有所改变，电商兴起之后，农村消费品需求逐渐得到释放。农村消费面临的主要问题是陷入了“农民买廉、商人贩假、监管缺位”的恶性循环。供给和需求的不匹配、基础设施不完善以及监管滞后，严重制约了农村消费需求。未来需通过新模式、新业态的逐渐发展，以及农村现代物流基础设施建设，让农村供给和需求进一步匹配，彻底释放农村下沉市场需求潜力。

（四）能够通过加强现代流通体系顶层设计，解决区域之间商贸流通发展不平衡问题

区域市场不平衡问题仍然十分严重，造成区域之间商贸流通发展不

平衡问题凸显。目前我国区域差距普遍存在，东部地区高速发展，东中西部差距明显，近年来南北差距也呈现出扩大趋势。与此同时，区域内的发展水平差异也较大，即使是在发展水平较高的长三角、京津冀、粤港澳大湾区等区域内部，在经济发展总体水平和交通基础设施建设上也存在发展不平衡、极化严重的现象。目前，我国区域市场一体化建设仍然面临标准、规则、政府管理等许多制度性障碍。

构建现代流通体系顶层设计，一是能够改善政府行政管理因素导致的市场割裂，破除地方保护主义，解决政府干预配置资源问题，让市场主导区域内生产要素自由流动。二是能够建立跨区域的竞争协调机制，未来有望借鉴日本经验设立“大店法”，调整大型零售商店业务活动，引导流通行业有序竞争，避免引进产业时“一窝蜂”，造成重复建设。三是有利于建立统一市场准入标准。目前各地比较优势不同，适合发展的产业各异，设定地方产业政策时，往往标准很难统一，与此连带的人才政策也各异，缺乏统一的市场准入制度标准。

五、构建现代流通体系是充分发挥超大规模市场优势、创造持续性市场红利的重大举措

（一）能够通过促进消费转型、拓展消费空间，促进商品消费升级

构建现代流通体系，有利于消费朝绿色、高质量和数字化三个方向转型升级，拓展消费市场空间，进而有助于实现海外消费回流和国内消费市场提质升级。随着“双碳”目标的提出，无论是生产资料消费还是生活资料消费，绿色商品都将成为消费的主要方向之一，整个社会将会越来越重视商品研发、生产、包装、运输、销售、使用和废弃等环节的低碳环保问题。在此基础上，在不远的将来，绿色商品的概念将会逐渐淡化，取而代之的是“绿色社会”理念的普及，绿色理念将会融入商品的生产、分配、流通、消费的各个环节。

前些年我国在流通方面非常成功的企业无法发挥优势“走出去”，造成了市场资源和商业机会的浪费，国内市场主体缺乏与国际市场的联系与合作，不仅造成国际进口渠道不畅、中高端消费品国内销售价格高昂，还造成大量消费外流。例如，2015 年左右我国兴起了赴日“爆买”热潮，其中，马桶盖等很多产品其实是中国制造，但是由于内外贸市场割裂状态，造成了中高端消费的外流。近年来，通过构建和完善内外贸易一体的现代流通体系，国内日益增长的中高端需求与供给逐渐得到匹配，比较贴合中等收入群体消费需求的华为、格力、联想等主力国产消费品牌逐渐崛起，推动我国商品消费不断升级。

数字经济引领商品消费升级新路。我国原有的商品需求，由于受到流通基础设施等限制，没有得到有效满足，特别是农村下沉市场一直充斥着低端、劣质供给。在平台经济逐渐发展成熟之后，特别是在全国范围内物流体系逐渐完善的基础上，农村商品市场需求得到更好的满足，农村下沉市场商品消费升级逐步推进。

（二）能够通过对现代流通体系进行科技赋能和模式创新，促进服务消费提质扩容

在新形势下，可以对现代流通体系进行科技赋能和模式创新，促进文化、旅游、体育、康养、家政、育幼等生活性服务业消费升级，使相关服务产业更好地紧扣满足人民日益增长的美好生活需要，不断创新服务产品、提升服务品质、便捷服务渠道，从而给人们提供更好的消费体验，激活更大的消费市场。例如，“互联网 + 教育”，不仅提高了传统教育服务供给的深度、广度和质量，还为未来实现教育均等化提供了模式上的可能性。

（三）能够通过数字技术促进流通产业数字化转型，推动新产业、新业态、新模式发展

在数字时代大背景下，随着流通基础设施建设的不断发展，以及

流通领域制度设计的不断完善，流通领域新产业、新业态、新模式不断涌现，极大地提高了消费层次和供给能力。在小百货行业，学习日本“大创”等百元店经营模式，出现了名创优品、韩尚优品等联通内外贸市场的品牌；便利店行业，借鉴日本 7-11 便利店模式，并结合我国互联网科技优势，出现了以多点便利店为代表的国产便利店品牌；在互联网平台发展如火如荼的当下，结合物流基础设施建设大发展，网上买菜（及时送和社区团购）、外卖、网上买药、线上医疗等新模式不断涌现。

另外，随着世代更替和互联网科技发展，很多适合年轻人消费观念的新业态、新模式不断涌现。例如，随着 Z 世代（1995—2009 年出生）逐渐长大成人并拥有消费能力，二次元文化（动画、漫画、游戏等）相关消费有逐渐从小众文化向大众流行文化发展的趋势。Z 世代人口规模高达 2.6 亿，占总人口的 18%，充分享受到了我国经济增长与科技变革红利，是成长于互联网浪潮下的“互联网原住民”。Z 世代的消费特点是关注自身兴趣和社交需求，更愿意为爱好买单。如以二次元文化周边产品为主要消费内容的潮玩市场，有关机构预测，我国潮玩市场规模有望持续高速增长，预期于 2024 年达到 763 亿元。① 潮玩商品通过有人零售店、无人机器人商店、自动贩卖机、网购平台、展会、小程序等多种形式，形成以实体体验店为主、线上线下相融合的新的零售体系和零售模式，满足了以 Z 世代为代表的年轻群体更新的需求，从供给和需求两个方面扩大了零售市场的深度和广度。

---

① 盲盒加速潮玩出圈，IP 变现打开新空间——Z 世代系列报告之四[R]. 国泰君安证券研究报告，2020.

六、构建现代流通体系是形成自主可控产业链供应链的重要支撑

（一）能够通过提高我国流通产业国际话语权，参与全球流通规则标准制定

目前我国流通产业理论研究和实践经验的相关积累仍然不足，理论与实践的脱节已经对新模式、新业态的产生和发展形成阻碍。

一方面，目前流通研究领域对什么是流通、什么是现代流通、什么是现代流通体系仍然界定不清，对现代流通体系的内涵和外延仍然众说纷纭、莫衷一是。

另一方面，我国流通产业实践仍然落后于西方发达国家。目前我国在国际航空物流方面的话语权较弱，冷链物流方兴未艾，相关基础设施建设仍然较为滞后，总体而言，对先进物流模式的探索不足。同时，随着互联网带动零售业众多新模式、新业态的兴起，相关流通理论对其的总结仍然滞后，流通研究对流通产业实践缺乏引领和指导作用，造成流通的理论与实践严重脱节。

（二）能够通过提升流通体系安全性和可靠性，保障全球产业链供应链体系安全稳定

由于新冠疫情快速蔓延全球，全球范围内供给和需求两端都受到严重影响，各国政府深感一旦出现公共卫生危机等不可抗事件，产业链供应链安全将会受到严重威胁。因此，新冠疫情后产业链供应链区域化、短缩化倾向愈加明显。同时，在特朗普诸多对华遏制政策的基础上，拜登上台之后联合盟友打压我国高技术产业的手段更加多样，中美大国博弈愈加激烈。加快构建现代流通体系，“退”能够防止在新冠疫情长期化下西方国家通过“断流”来遏制我国高技术产业发展，提升流通体系的安全性和可靠性，保障产业链供应链安全稳定；“进”能够获取现

代流通领域国际话语权，为我国企业“走出去”抢占国际市场提供重要支撑。

目前我国国内物流产业发展迅速，而且逐渐走出国门，但是海外物流市场仍然是DHL、UPS、联邦快递等西方快递公司的天下。特别是新冠疫情给各国政府造成了供应链困难，更加促使各种避免依赖单一国家供应链的供应链多元化政策出台，这也给美国等西方国家以供应链安全为借口围堵中国提供了契机。未来如果美国在国际物流领域遏制我国高技术产业，对我国实行流通“卡脖子”，将会使我国高技术产品在国际上寸步难行，其影响将不亚于美国对我国在芯片领域的各种直接或间接限制措施。

另外，由于中美科技竞争加剧，许多在我国境内经营的高技术企业为规避出口限制，不得不向东南亚等地转移，为此相关产业链海外物流需求急速增加。在中美大国博弈加剧的情况下，这样的情况将会长期持续，因此我国构建自主可控的国际物流体系，能够降低成本、提高效率，更重要的是，能够为建立契合我国产业发展特点的现代国际物流产业体系做出贡献。

这方面顺丰的经验值得借鉴。顺丰是我国运营国内国际航空物流走在前列的企业，目前全国物流企业共拥有全货机174架，其中，顺丰就拥有63架。但是国际三大物流公司加起来拥有2000架全货机，我国企业相较国际先进水平仍有差距，赶超之路依然艰巨。全球所有的芯片产业链几乎都要靠航空货运来完成。没有国际物流市场份额，就没有国际流通领域话语权，目前我国流通“卡脖子”问题与技术“卡脖子”问题同样重要，形势同样紧迫。

（三）能够通过数字化转型，提高供应链效率

数字化转型的作用体现在：一是提高流通产业信息传输效率；二是通过模式创新来促进流通行业运营效率；三是在此基础上，提高我国供应链体系整体效率，在国内国外市场维护产业链安全。总体而言，在数

字经济不断被重视的今天，互联网技术的高速发展为流通企业提高和完善信息获取能力来减少交易成本提供了技术支撑和平台。[①]

供给端，以供应链企业为例，原有供应链链条长、信息不对称、跨地区整合困难以及难以应对不可抗力等问题，都能通过数字化转型和科技赋能加以缓解。供应链企业可以与电子商务平台深度结合，能够沟通生产与需求，将生产和消费有效衔接整合，同时能够起到信息共享平台作用，满足产业链向下游企业从供应链管理、客户画像到安全咨询、外包服务等多层面和多方面的需求，从简单地撮合平台逐渐转型成为给制造企业提供整体供应链解决方案的信息服务商。

需求端，以零售企业为代表，电子商务的核心是要利用云计算和大数据分析的方式整合线上线下资源，增强获取信息能力，在不断满足消费者多元化的需求的同时，及时避免相关风险，进而提高产业安全保障水平。在这种视角下，物流、邮政仓储、住宿餐饮产业也要加快对数字资源的利用，加快物流仓储、住宿餐饮与数字经济产业相融合，通过建立电子平台管理，改善信息不对称的弊端，精准投放资源，通过了解消费动向与消费者形成良性互动进而提供针对性服务，避免投资风险。另外，还可以拓宽以互联网为媒介的流通企业投融资渠道，简化流程、节约时间，从而在提高流通企业经营效率的同时保证资金流通效率，降低资金投放的风险，从需求端保护产业安全。

执笔人：李浩东

本章参考文献

[1]李浩东．我国统一市场建设存在问题与深层次原因研究[J]．中国经贸导刊(中),2021(1):9－14.

[2]宋美娟．供应链管理视角下优化我国商贸流通行业的策略分析

---

① 宋美娟．供应链管理视角下优化我国商贸流通行业的策略分析[J]．现代商业,2020(16).

[J]. 现代商业,2020(16):7-8.

[3]丁俊发. 流通业的基础性与先导性[J]. 中国储运,2013(2):32.

[4]张俊娥. 基于绿色消费视角的我国现代流通体系创新构建[J]. 商业经济研究,2018(3):36-38.

[5]王笑宇,廖斌. 商贸流通业基础性和先导性作用的再认识——基于投入产出模型分析[J]. 北京工商大学学报(社会科学版),2014,29(3):39-47.

[6]《中国流通经济》编辑部,郝玉柱. 双循环新发展格局下统筹推进现代流通体系建设观点综述[J]. 中国流通经济,2020,34(11):3-17.

第三章

中国现代流通的发展现状

自改革开放特别是党的十八大以来，我国现代流通体系建设取得明显进展。根据国家统计局相关统计，流通产业总产值约从2004年的3.2万亿元增至2020年的22.3万亿元，年均增长12.03%；流通产业总产值占GDP比重从2004年的19.95%提高到2020年的21.93%，占第三产业的比重已经达到40.22%。具体来看，流通产业发展表现为商品市场规模日益壮大、要素市场建设逐步完善、流通设施体系建设显著改善、科技赋能现代流通创新提速升级，对国民经济和社会发展的作用越来越显著。

一、商品市场规模日益壮大

自改革开放以来，我国97%以上的商品已由市场定价，商品市场体系建设基本健全，成绩斐然。商品市场主要可分为“金字塔”式三个层次，底层是现货市场，顶层是期货市场，中间是中远期市场。现货市场涵盖广泛、品类繁杂，这里主要以最具集散效应的批发和零售两个市场环节为代表进行重点介绍。

（一）批发市场

改革开放以来，我国商品批发的主体与经营形式、批发的职能与组织化程度、批发商与零售商的关系等方面都发生了巨大变化，从以国有制经济为主演变为多种经济成分并存，从单一渠道演变为多渠道、多区域、分层次的现代体系，从传统的低技术含量行业演变为应用现代流通手段、辅助现代物流设施、配备现代配送中心的较高技术含量行业，逐渐发展形成了包括农产品、日用工业品和生产资料在内的，覆盖城乡和东中西部的，多种经济成分经营的多样化商品批发市场体系。

“十一五”以来，我国商品批发市场实现了较快发展。截至2019年年底，我国批发企业达到14万家，同比增长23.2%，2005年以来年均增幅11.6%；吸纳就业568.5万人，同比增长7.9%，年均增幅6.4%；商品批发购进额和销售额分别达601908.8亿元和652164.1亿元，同比分别增加16.62%和15.19%，年均分别增长15.24%和15.46%；批发利润（销售额－购进额）50255.3亿元，同比略增0.38%，年均增幅达到18.66%，高于商品批发购进额和销售额约3个百分点；利润率从2005年的5.11%波动增至2018年的8.84%，2019年降至7.71%，2005年以来平均利润率为7.38%；期末商品库存额为35036亿元，同比增长12.29%，年均增长13.45%。整体来看，我国批发市场持续呈现出扩张势头，批发利润良性增长，利润率较为平稳（见图3.1）。

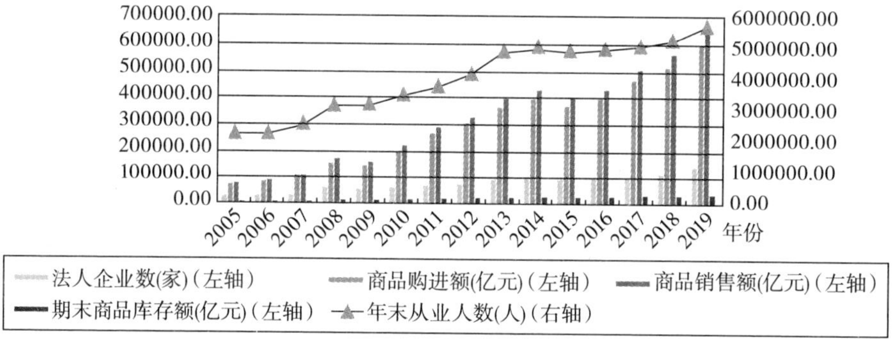

图3.1　2005—2019年我国限额以上批发业基本发展情况

资料来源：国家统计局。

近年来，我国批发市场呈现出集约化发展趋势，综合批发与专业批发协调发展。全国亿元以上商品批发市场数量逐年减少，但成交额在逐年增加。2019年，亿元以上商品批发市场成交额为98733.41亿元，同比增长3.58%，2005年以来年均增长9.72%，在限额以上批发市场销售额中的占比从2005年的32.5%降至2019年的15.1%，呈现出集约化发展趋势。其中，2019年，综合批发市场成交额为23230.86亿元，同比增长5.16%，2005年以来年均增长11.84%；专业批发市场成交额为75502.6亿元，同比增长3.1%，2005年以来年均增长10.03%。近年来，综合批发市场与专业批发市场的成交额占总成交额的比重相对稳定，分别为24%和76%，以专业批发为主，综合批发为辅，相互结合，协调发展。

另外，商品批发市场在软硬件设施改造更新中实现提档升级，在物流设施、监测检验、数据信息化等方面加大更新和建设力度，完善基础设施，优化市场环境和软件设施，全面改善商流物流系统，市场功能得到整体提升。

（二）零售市场

改革开放以来，我国零售市场飞跃式发展，已经跻身全球消费品市场大国行列。我国零售市场规模持续扩大，社会消费品零售总额由1980年的2071亿元增长至2020年的339850.9亿元，增长了163倍，年均增幅为13.6%。其中，10余年来，社会商品零售总额从2010年的136918.2亿元增长至2020年的304517.7亿元，增长了1.2倍，年均增幅为8.3%；社会餐饮收入总额从2010年的17635.5亿元增长至2020年的35332.9亿元，增长了1倍，年均增幅为7.2%。受新冠疫情影响，2020年社会消费品零售总额、商品零售总额和餐饮收入总额均呈现出同比下降趋势（见图3.2）。

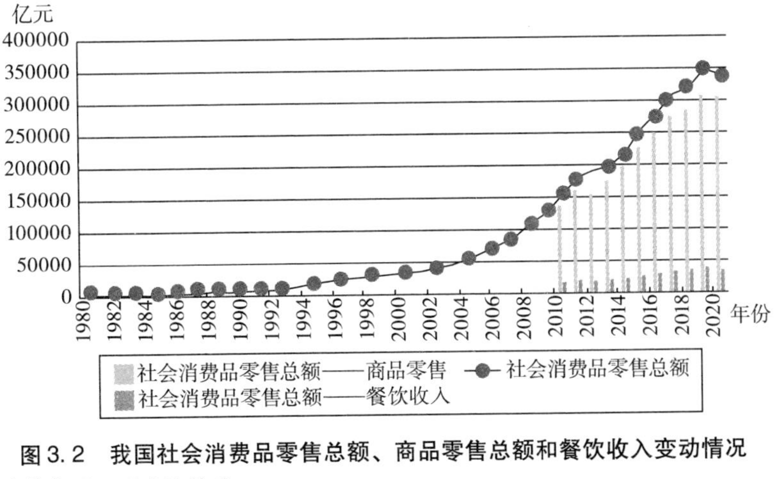

图3.2　我国社会消费品零售总额、商品零售总额和餐饮收入变动情况

资料来源：国家统计局。

“十一五”以来，我国零售业在复杂的国内外经济环境条件下实现了高速增长。作为流通的重要领域，零售业为促进消费、拉动内需、吸纳就业做出了巨大贡献。截至2019年年底，我国零售企业达到10.2万家，同比增长4.75%，2005年以来年均增幅11.2%；吸纳就业645.4万人，年均增幅5.36%。但是，自2016年以来，因大数据、互联网等新技术在零售业中广泛使用，电子商务、无人商店等新模式不断涌现，从业人数持续下降，2016—2019年年均降幅为1.93%；商品购进额和销售额分别达107596.6亿元和130354.1亿元，同比分别增加7.13%和4.29%，2005年以来年均分别增长13.6%和14.26%；销售利润（销售额-购进额）22757.5亿元，虽然同比下降7.29%，但2005年以来年均增幅达到18.61%，高于商品购进额和销售额4至5个百分点；利润率从2005年的9.98%增至2018年的19.64%，2019年略降至17.46%，2005年以来平均利润率为14.15%；期末商品库存额11374亿元，同比增长4.2%，年均增长13.14%。整体来看，我国零售市场运行平稳，周转顺畅（见图3.3）。

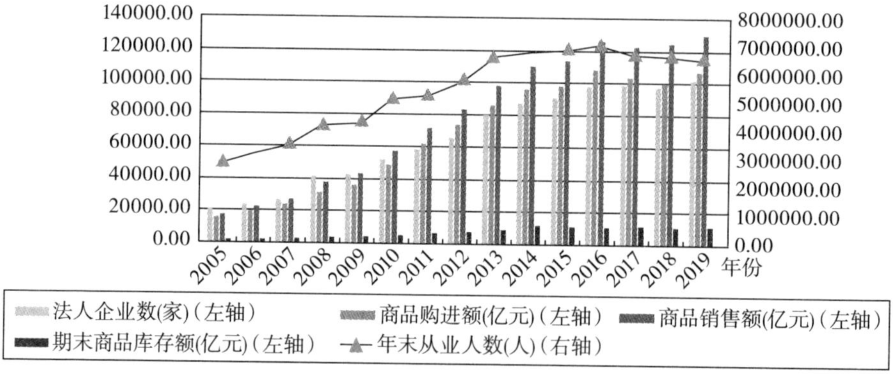

图3.3　2005—2019年我国限额以上零售业基本情况

资料来源：国家统计局。

当前，我国零售业已经进入连锁化多业态并存的时期，从百货单体店逐步发展到多业态单体店，包括百货商店、仓储式商场、便利店、超市、大型连锁超市、专卖店、专业店、多功能购物中心等（见图3.4）。

不同的零售业态有特定的战略优势和消费群体，多业态的竞争局面推动着零售业的革新和零售市场的发展。其中，大型企业组织成为零售业发展的龙头，在我国零售百强企业中，有50%以上为连锁企业，大型连锁企业始终在零售百强企业排名中占据领先地位。

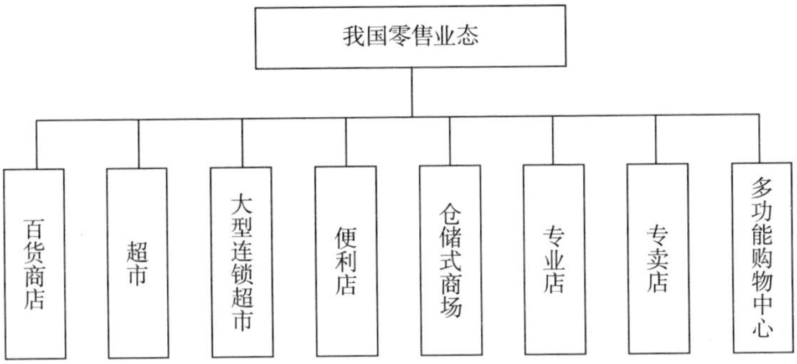

图3.4　我国零售业态类型

（三）中远期市场

中远期市场是指现货中远期电子交易，也称大宗商品电子交易或现货仓单交易，是以现货仓单为交易的标的物、采用互联网进行集中竞价买卖、价格行情实时显示的交易方式。中远期市场处于现货市场与期货市场的中间层次，比现货市场更加标准化、电子化，但与期货市场相比更具个性化，可以量身定做，简单快捷。“十三五”期间，以广西白糖、海南橡胶、吉林淀粉批发市场为代表的全国性、网络化、规范化的中远期市场相继成立，中远期市场进入较快的发展阶段，在促进大中小企业融通发展、推动一二三次产业融合发展方面发挥了较好的作用。据中国物流与采购联合会大宗商品交易市场流通分会不完全统计，截至2018年年底，我国大宗商品电子类交易市场共计2461家，同比增长25%（见图3.5），实物交易规模超过30万亿元。

从行业分布来看，平台化、数字化、生态化、国际化已经成为中远期市场发展的新亮点。其中，农产品类市场数量555家，约占全国市场总量的22.6%，居首位。新零售、新消费、“互联网+现代农业”、新

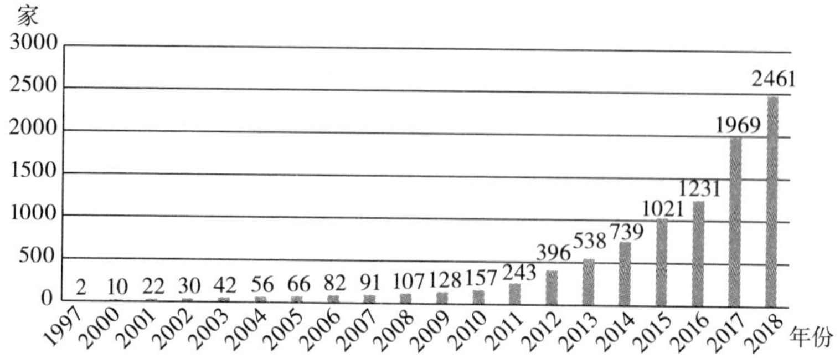

图 3.5　1997—2018 年中国中远期市场数量变动情况

资料来源：中国物流与采购联合会大宗商品交易市场流通分会。

农民创业创新等快速发展，推动农产品大宗市场同比增长 33.1%。其次为金属类市场（含黑色、有色、稀贵等）284 家，约占 11.5%，同比增长2.2%，但增速放缓，在所有行业中排名最后。综合类市场292 家，大幅增长 50.8%，互联网、物联网、大数据、云计算、区块链、人工智能等新一代信息技术推动一二三次产业融合提速，传统企业向供应链服务平台转型升级明显。林产品类市场（含木材、纸浆等）85 家、畜牧禽类市场（含肉类、禽蛋、草业等）64 家、其他市场（含废旧、易货、再生资源、商品批发、大健康等）401 家，分别增长 44.1%、42.2%和42.4%。此外，化工类（含化纤、纺织等）市场 156 家，同比增长 19.0%；能源类市场（含石油、成品油、煤炭、天然气、电力等）132 家，同比增长 17.1%；航运类市场（含运价、运力等）363 家。

综上所述，近年来，我国大宗商品现代流通行业继续保持高速增长的主要原因：一是“互联网 + 现代农业”、新农民创业创新等政策引导成果显现，以居民消费升级和新零售为代表的农产品大宗市场发展迅猛，创新创业催生新兴业态。二是现代供应链推动传统产业企业向供应链服务企业加速转型，各类大宗商品供应链平台快速兴起，一二三次产业加速融合。三是工业互联网、产业互联网、独角兽、大健康等平台经济发展模式成为社会关注焦点，各类新模式、新业态、新产业不断涌现，大中小企业融通发展趋势明显。

但是，中远期市场发展因缺乏监管，出现了一些较大的违约风险事件。2002年以来，我国出台多个有关大宗电子商品交易的办法予以规范。2010年2月，商务部、公安部、工商总局、法制办、银监会和证监会六部门下发了《中远期交易市场整顿规范意见》，国务院于2011年11月出台《关于清理整顿各类交易场所切实防范金融风险的决定》，试图联合监管执法，协调处理变相期货交易的问题，但其实效仍然不理想。2020年12月，中国证监会召开清理整顿各类交易所部际联席会议第五次会议，对各类交易场所提出了“关停并转”工作要求，2021年10月底前，僵尸交易所全部撤销或转型，同类交易场所整合并完成工商注册手续，交易场所指导意见或监管办法对外发布。2021年年底前，地方各类交易场所存量风险基本化解完毕；交易场所撤并整合工作完成，新设和整合后的交易场所有效运转；交易场所机制有效建立，圆满完成清理整顿攻坚任务。

（四）期货市场

期货市场是商品市场的重要组成部分，具有高度标准化特征。期货合约是由期货交易所统一制定、在将来某一特定时间和地点交割一定数量标的物的标准化合约。由于期货交易透明度高、参与者众多、供求集中、市场流动性好，通过期货交易形成的期货价格具有真实性、预期性、连续性和权威性的特点，能够比较真实地反映出供给和需求的情况及其未来变化趋势，也使期货市场具有价格发现和套期保值两大最基本的经济功能。我国期货市场起步于20世纪90年代初期，经历了快速发展期和清理整顿期，2002年以来，我国农产品期货市场监管体制和法规体系不断完善，市场步入规范化有序发展阶段。

（1）交易规模波动增长。随着市场风险管理需求的与日俱增，期货市场在运行平稳的基础上规模不断扩张，特别是2010年之后更是进入发展“快车道”。从成交量来看，2010年以前其成交量以年均35.2%的速度增长，2010 年成交量达到 31.3 亿手。随着我国经济增速放缓和经济结构调整不断深入，2011 年成交总规模下降至 10.5 亿手，同比下降 66.5%。此后，市场规模逐步回升，2020 年成交量达到 61.5 亿手，同比增长 55.3%。由于期权合约不断推出，中国期货市场交易规模占比已经从 100%下降至 2020 年的 98%。从年末持仓量来看，2009 年之前，全国期货市场年末持仓量持续上升，2009 年达 859.5 万手。2009—2011 年，年末持仓量下降 57.7%，2011 年为 363.4 万手。2011 年之后，年末持仓量快速增长，到 2020 年达到 2487.7 万手，是 2011 年的 6.8 倍（见图 3.6）。

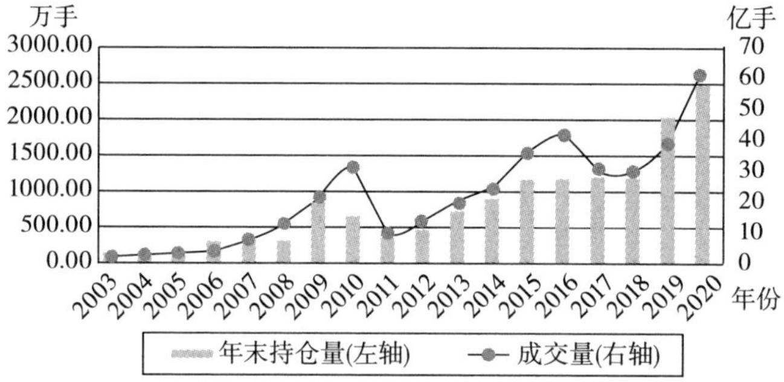

图 3.6　2003—2020 年中国期货与期权市场发展情况

资料来源：中国期货业协会。

（2）期货品种创新提速。截至 2020 年年底，我国期货市场仍以商品期货为主，上市交易的期货品种共 87 个，其中，商品期货 62 个，金融期货 6 个，期权 19 个。商品期货主要覆盖农林产品、金属、能源和冶金化工等领域，其中，农林类期货和期权合约共计 32 个。2013 年之后，我国期货品种研发创新提速，新增期货和期权合约 49 个，其中，农林类新增 13 个，逐步形成了商品金融、期货期权、场内场外、境内境外协同发展的局面（见图 3.7）。2021 年 1—2 月，农产品期货又添生猪和花生两个新品种，至此我国上市交易的期货品种达到 89 个。另外，2020 年新冠疫情期间，期货风险管理子公司围绕新冠疫情期间抗疫物资生产企业需求，积极创新业务模式，涌现出了“口罩期权”“手套期权”等一批助力企业“战疫复产”的典型案例。

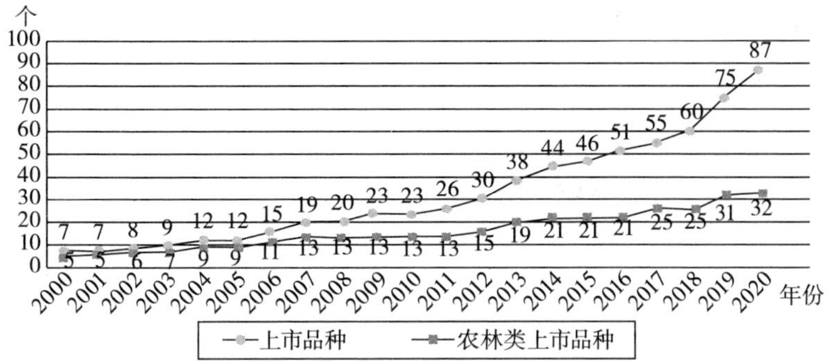

图 3.7　2000—2020 年我国期货品种上市数量

资料来源：各交易所网站。

(3) 市场功能发挥水平提升。当前，我国经济社会发展新格局正在形成，期货市场总体运行保持平稳，运行质量稳中有升，市场功能发挥水平得到进一步提升。截至 2020 年 10 月底，期现相关性在 0.9 以上的期货品种超过 63%。大豆、豆粕等成熟品种期货价格正逐步成为产业链企业的定价基准[①]。对 CPI、PPI 有重要影响的期货品种如玉米、铁矿石、铜等，期货定价质量和影响力不断增强，为国家宏观经济调控提供了重要价格参考。“期货价格 + 升贴水”定价模式日益普及，推动了贸易方式变革。整体来看，我国期货品种基差关系相对稳定[②]，套期保

---

① 中国期货市场监控中心党委副书记、总经理杨光在接受《期货日报》采访时所发布的信息。

② 基差由持仓费构成，是套期保值成功与否的基础，可以从两个方面来分析：一是基差的正负特征。由于持仓费的存在，基差（现货 - 期货）应为负值，是套期保值交易的理想环境。但是在一些特殊情况下，基差也会出现正值，通常被称为基差倒挂。二是基差的到期收敛性，这也是套期保值能够实现的基本条件。基差的到期收敛性是指随着最后交易日的临近，持仓费逐渐减小并趋向于零，也就是期货价格接近于现货价格。

值效率[①]提高。截至2020年10月底，期货市场套期保值效率在90%以上的期货品种超过55%[②]。

二、要素市场建设逐步完善

改革开放以来，土地、劳动力、技术、金融、数据五大要素市场从无到有，从小到大，逐步健全发展起来。推进要素自由流动，实现要素高效配置，是现代流通体系高标准建设的关键。

（一）土地市场

土地要素作为经济社会发展的基本空间载体，其市场化是推进经济体制改革的必然要求。相比其他而言，土地要素市场化改革长期处于相对滞后状态。为了推进土地市场化改革，党的十九大报告指出："经济体制改革必须以完善产权制度和要素市场化配置为重点，实现产权有效激励、要素自由流动、价格反应灵活、竞争公平有序、企业优胜劣汰。"2020年3月，中共中央、国务院印发了《关于构建更加完善的要素市场化配置体制机制的意见》，将"推进土地要素市场化配置"列至首位。2021年1月，中共中央办公厅、国务院办公厅印发了《建设高标准市场体系行动方案》，同样将推动经营性土地要素市场化配置列至首位。

当前，我国土地要素市场化呈现出一些新特征，土地供给对新产业、新业态等需求新变化的适应性和灵活性增强：一是农村承包和宅基

---

① 套期保值效率代表了参与套期保值后收益风险的降低程度。其计算方法：第一步，分别按周、月、季度套保期限，以最小二乘法计算当年（周）、最近3年（月）、最近5年（季度）的静态最优套期保值比率：$\Delta \ln s_t = \alpha + \beta \Delta \ln F_t + \varepsilon_t$，其中，$\Delta \ln s_t$ 和 $\Delta \ln F_t$ 为 t 时刻现货价格和期货价格的（周、月、季）对数收益率；斜率 β 即所求的最优套期保值比率。第二步，套期保值效率指按照最优套期保值比率对冲风险后期现货组合的风险相对不对冲时现货风险减少的比率：套期保值效率 = $\frac{\text{套保前期货收益率方差} - \text{套保后期现组合收益率方差}}{\text{套保前期货收益率方差}}$，分别按周、月、季度套保期限计算当年（周）、最近3年（月）、最近5年（季度）的套期保值效率。套保期限越长，期现货价格的同步性越高，套期保值效率也越高。

② 中国期货市场监控中心党委副书记、总经理杨光在接受《期货日报》采访时所发布的信息。

地方面不断探索完善“三权分置”改革，发展适度规模经营。截至2018年年底，全国土地流转面积超过5亿亩，超过承包地的1/3。目前，全国有农民合作社217.3万家，家庭农场近60万家，农业社会化服务组织36.9万个。二是城市通过“盘活存量、控制增量”建立集约用地制度。一方面，通过鼓励利用和改造旧厂房、旧工矿和“城中村”用于养老，发展文化创意旅游等新业态，提高土地有效供应。另一方面，严控土地利用增量，城镇建设用地增加指标的规模同吸纳农业转移人口落户数量挂钩。根据自然资源部数据，2010—2014年，全国平均供地率不足60%，随后5年全国平均供地率已经接近70%；建设用地占用耕地比重由2013年年末的40.6%下降至2017年年末的38.9%。三是城乡一体化建设用地市场建设取得新突破。其一，探索实施农村集体经营性建设用地入市制度。在原有允许入市的工业、商业等用途基础上，拓宽入市的地类，增加住宅类经营性建设用地入市探索，先从建设租赁住房开始，逐步允许在旧城改造、城市更新等活动中保留集体土地性质。其二，探索宅基地所有权、资格权、使用权分置实现形式。创造条件允许宅基地使用权向集体组织外部流转，解决宅基地非市场经济条件取得下的财产权实现问题。赋予宅基地使用权作为用益物权更加充分的权能。

（二）劳动力市场

进入新时期，我国劳动力市场基本面发生了深刻变化。一方面，由于劳动年龄人口减少，就业总量矛盾相对缓解；另一方面，结构性就业矛盾更加凸显。

从总量上看，从2012年开始，我国劳动力供给总量下降趋势持续，人口老龄化进程加速发展。2019年，15~64岁劳动年龄人口98910万，同比下降0.45%，较2012年下降1.49%；16~59岁劳动年龄人口89640万，同比下降0.1%，较2013年下降2.52%；60岁及以上人口25388万，同比增加1.76%，较2012年增加30.93%；65岁及以上人口17603万，同比增长5.76%，较2012年增加38.45%。这将对我国劳动力供给产生深刻的影响（见图3.8）。

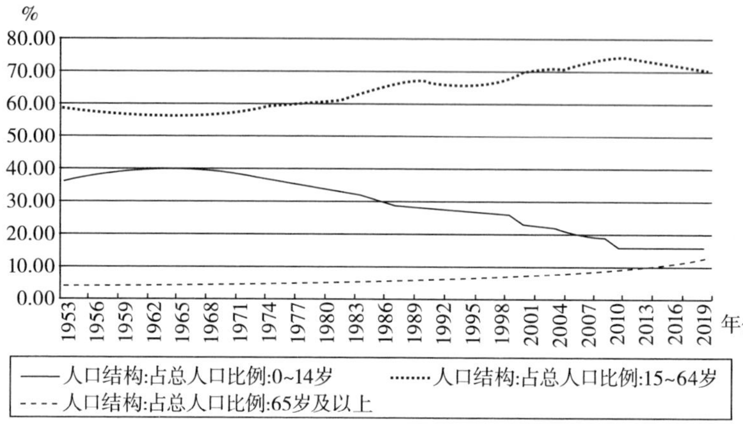

图3.8　1953—2019年我国人口结构变动情况

资料来源：国家统计局。

从结构上来看，随着经济社会发展持续转型，劳动力的供需结构矛盾日益突出。我国经济的转型特征明显，一方面是化解过剩产能，大量的低端产业链中的生产企业和传统服务业亟待升级，隐性失业显性化；另一方面是新技术、新产品、新业态、新模式、新需求不断涌现，技能型人才严重不足。以新一轮技术革命为例，随着信息技术、人工智能、智能制造以及新材料、新工艺、新模式等的发展，一些新兴企业应运而生并吸纳了大量劳动力。例如，根据《中国共享经济发展报告2020》中数据，2019年，共享经济领域平台员工数为623万，同比增长4.2%；共享经济参与人数约8亿，其中，提供服务者约7800万，同比增长4%。围绕新兴行业，从企业角度看，低端岗位和高技术岗位均存在“招工难”的问题；由于平台经济发展不稳定、劳动保障不足、法律法规不健全、监管不到位等，这些行业又存在“留人难”的问题。从劳动者角度看，因“机器替代人工”，一些大龄劳动者又存在“就业难”的问题，技术性失业可能增加。

（三）技术市场

技术市场是技术商品营销的场所。改革开放以来，我国技术市场从无到有，高速发展，对优化科技资源配置、加速技术成果转化、促进科技与经济的结合发挥了重大作用。2020 年，全国登记的技术合同成交额为 2.83 万亿元，成交合同数 55 万项，同比分别增加 26.13% 和 13.62%，2001 年以来年均复合增长率分别为 19.64% 和 4.46%。全国登记的技术合同成交额占 GDP 的比重从 2001 年的 0.71% 提高到 2019 年的 2.26%，提高了约 1.55 个百分点（见图 3.9）。

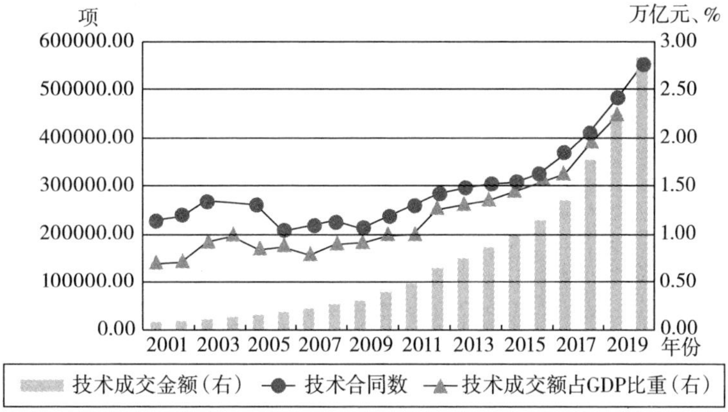

图 3.9　2001—2020 年全国技术合同成交项数、金额和占 GDP 的比重

资料来源：Wind 数据库。

技术市场有 4 种交易形式，分别是技术开发、技术服务、技术转让、技术咨询。2019 年，技术开发、技术服务、技术转让、技术咨询的合同数分别为 198105 项、237804 项、16953 项和 31215 项，同比分别增长 9.8%、27.61%、10.22% 和 4.65%，在合同总数中的占比分别为 40.92%、49.13%、3.50% 和 6.45%。可见，技术开发和技术服务是技术市场的主要交易形式，技术服务增长最快，技术转让和技术开发的需求也大幅提升，技术咨询增长较慢。

近年来，技术市场交易质量不断提升。一是重大技术合同成交额占比稳步提升，从 2007 年的 59.6% 增至 2019 年的 80.1%；二是单项技术合同平均成交额快速增长，2019 年为 462.7 万元，接近 2001 年的 14 倍；三是新能源和高效节能、环境保护、现代交通、新材料、生物医药、先进制造、电子信息等高新技术领域交易额增长显著。

（四）金融市场

改革开放以来，我国金融体制改革从计划经济向市场经济转轨不断推进，建立了中央银行和商业银行相分离的双层银行体系，保险、信托、证券、基金等非银行金融机构相继建立，货币市场、债券市场、股票市场、外汇市场、保险市场、黄金市场、期货市场稳步运行，多层次、多功能的金融市场体系逐步形成。作为金融要素价格的利率、汇率，其市场化改革进程取得积极进展，为市场在金融资源配置中发挥基础性和决定性作用提供了必要的前提条件。随着我国金融市场的不断发展、金融市场体系的日趋复杂化和多样化以及开放程度的持续提高，监管的专业性、协调性和监管效率不断提高，为金融市场健康平稳发展营造了良好的条件。

虽然金融市场体系逐步完善，但是我国中小企业融资难、融资贵问题依然突出，已经成为全社会经济发展的重要障碍。为了破解中小企业融资难、融资贵难题以及促进现代流通体系建设，近年来，横跨产业供应链和金融活动的供应链金融越来越成为金融服务实体经济的重要战略途径。供应链金融的核心在于加速供应链资金流动，帮助上下游有竞争力的中小微企业发展，主要业务模式可分为两大类，分别是基于物流企业增值服务的结算类业务和基于上下游企业关联的融资类业务。在供应链金融服务中，多层次、多样化的金融体系扮演着流动性提供者的角色。银行、保理、基金、担保、小贷和信托等持牌经营的金融机构负责提供资金并控制过程中的风险；另外，保险公司提供金融保障服务；证券公司和融资租赁公司提供资产证券化业务服务等。这些金融机构是资金的拥有方和贷款方，也是最终的风险承担者，推动我国金融市场中直接融资的发展。

（五）数据市场

国家从 2012 年开始提出支持大数据产业发展的相关意见。2015 年，国务院出台的《促进大数据发展行动纲要》，从政府到民生全方位规划部署了大数据产业的发展战略，有效地刺激了大数据市场的蓬勃发展。2020 年 4 月，国务院又发布了《关于构建更加完善的要素市场化配置体制机制的意见》，将数据定义为继土地、劳动力、技术、资本之后的第五大生产要素。在一系列国家支持引导政策的推动下，大数据与金融、交通、物流、零售等各个产业融合发展，硬件和软件服务采购量大幅增加，我国大数据市场连续多年保持高速增长态势。根据中国移动互联网数据中心（IDC）数据，2020 年中国大数据相关市场的总体收益将达到 719 亿元，较 2019 年同期增长 16.0%。其中，大数据硬件、软件和服务收入占比分别为 41.0%、25.4% 和 33.6%。预计 2020—2024 年，中国大数据相关技术与服务市场年均复合增速将达到 19.0%。另据中商情报网数据，随着大数据在各行业的融合应用不断深化，数据挖掘、机器学习、产业转型、数据资产管理、信息安全等大数据技术及应用都将取得新突破，成为推动经济高质量发展的新动力。2019 年中国大数据及其相关产业规模达到 8500 亿元，2020 年预计突破 10000 亿元（见图 3.10）。

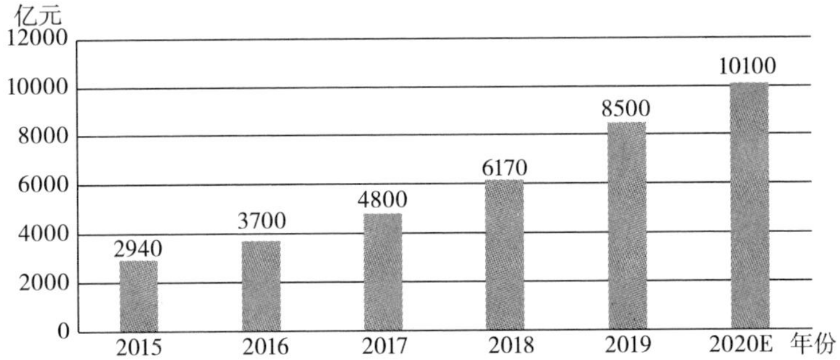

图 3.10　2015—2020 年中国大数据产业规模

注：2020 年为预测数。

资料来源：中商产业研究院。

三、流通设施体系建设显著改善

物流运输是现代流通体系的“血脉”。物流运输跟不上，流通体系的关键节点环节就无法联结，也就谈不上畅通国内大循环和国内国际双循环。物流运输也是一个多层次、多业态的复杂系统。下文就交通运输、快递物流、冷链物流及应急体系四个方面进行介绍。

（一）交通运输

交通运输是国民经济的重要产业，是现代流通体系建设的重要组成部分，对于国家经济发展、社会进步、生活安定具有重要的基础性、先导性和服务性作用。改革开放以来，铁路、公路、水运及航空等交通运输业取得了长足发展。根据交通运输部统计公报数据，2020 年年末，全国铁路营业里程 14.6 万千米，比 2019 年年末增长 5.3%；全国铁路路网密度 152.3 千米/万平方千米，增加 6.8 千米/万平方千米；公路总里程 519.81 万千米，同比增加 3.7%；公路密度 54.15 千米/百平方千米，增加 1.94 千米/百平方千米；内河航道通航里程 12.77 万千米，同比增加 0.31%（见图 3.11）。2020 年年末，全国港口生产用码头泊位 22142 个，同比减少 751 个；颁证民用航空机场 241 个，同比增加 3 个，其中，定期航班通航机场 240 个，定期航班通航城市 237 个。从运输装备看，2020 年，全国拥有铁路机车 2.2 万台，铁路客车 7.6 万辆，铁路货车 91.2 万辆；全国拥有公路营运汽车 1171.54 万辆；全国拥有水上运输船舶 12.68 万艘。从运输服务看，2020 年，完成营业性客运量 96.65 亿人，比 2019 年下降 45.1%。其中，公路方式 71.3%，铁路 22.8%，民航 4.3%，水路 1.6%。完成营业性货运量 464.40 亿吨，下降 0.5%。其中，公路方式 73.8%，铁路 9.8%，民航 0.01%，水路 16.4%（见图 3.12）。

此外，我国交通运输还呈现出三个发展趋势：一是交通载重逐渐提高，货车的载重量由几吨提高到几十吨甚至是几百吨，大大提高了效益和效率；二是随着科技水平的进步，降低交通工具的阻力，提高制动功率和驱动力，可以使运输速度逐渐提高；三是随着电子控制技术、系统集成技术和通信技术应用于智能交通系统，交通运输更加趋向于智能化。

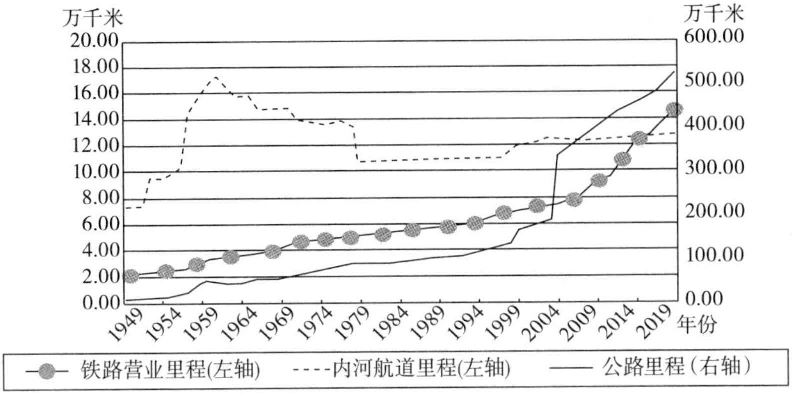

图 3.11　1949—2020 年全国铁路、公路、内河航道总里程

资料来源：国家统计局。

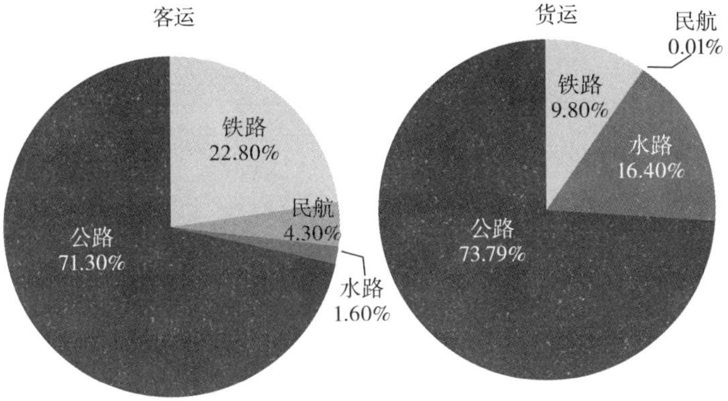

图 3.12　2020 年全社会营业性客运量与货运量分运输方式构成

资料来源：《中国物流年鉴》（2020）。

（二）快递物流

快递业是现代物流产业和服务贸易领域的重要组成部分。快递业诞生于 20 世纪 60 年代的美国，自进入中国市场以来发展非常迅速。从总量看，2020 年，我国快递业务量突破 800 亿件的里程碑，达到 833.58 亿件，同比增长 31.22%，2009 年以来年均复合增长率为 41.31%。至此，我国快件量已经连续 7 年位居全球第一，占全球快件量的 55% 左右；业务收入 8795.4 亿元，同比增长 17.31%，2009 年以来年均复合增长率为30.29%。目前，我国快递业仍处于快速扩张期，但业务量增速有所放缓，业务收入增速下降较为明显（见图3.13）。从业务结构来看，异地快递在快递业务中占比最高，而且呈逐年增长势头。2020年，异地快递业务收入4531.3亿元，同比增长14.97%，占比51.52%；国际和港澳台快递增长最快，业务收入达1073.4亿元，同比增长43.64%，占比12.2%，首次超过同城快递，成为第二大业务类型；同城快递呈逐年下降的趋势，2020年业务收入766.4亿元，同比增长1.94%，占比8.71%（见图3.14）。我国快递企业综合实力日趋强大，顺丰、圆通、中通、德邦均入围2019年中国民营企业500强，其中，顺丰、圆通、中通的排名都在100名以内。

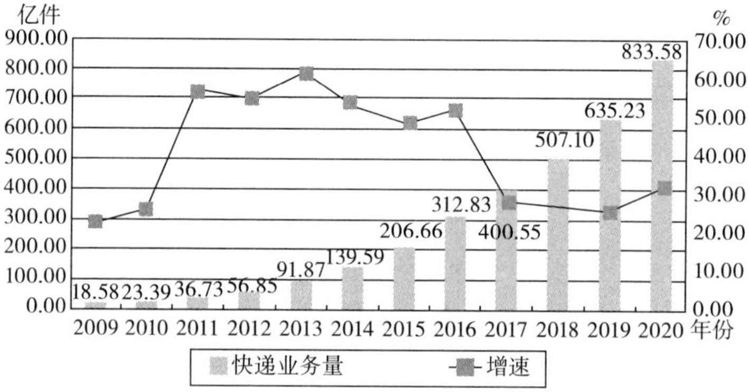

图3.13　2009—2020年全国快递业务规模变动情况

资料来源：相关年份《中国物流年鉴》。

快递业对电商、扶贫支农具有重要的支撑作用。2019年，快递全年支撑电商网上零售额超过8万亿元，占社会消费品零售总额比重超过1/5；快递产业新增社会就业20万以上；快递支撑工业品下乡和农产品进城超过8700亿元。

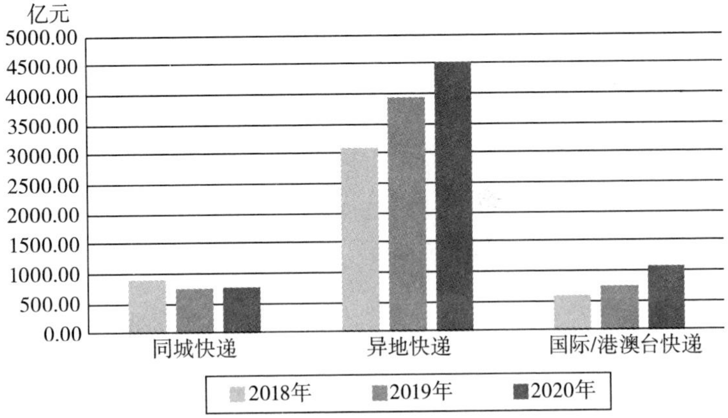

图3.14 2018—2020年分专业快递业务收入增长情况

资料来源：相关年份《中国物流年鉴》。

（三）冷链物流

冷链物流业是基于提高农产品质量和品质而兴起的，其发展对于改善食品质量安全和城乡居民的营养与健康具有重要意义。近年来，随着我国经济技术水平和居民消费水平的提高，冷链物流业发展较快。特别是随着全球范围内农产品、冷链食品产地、加工地和消费市场重塑，冷链全球性需求正在增加，以生鲜电商为标志，以速冻食品、乳制品、肉制品和海产品为代表的冷链产业走上了提升期的轨道。2019年，我国食品冷链物流总额约为6.1万亿元，同比增长27.08%；冷链物流市场总规模达3391.2亿元，同比增长17.6%。中物联冷链委数据显示，2019年，全国冷库总容量达到6052.5万吨（折合1.51亿立方米），新增库容814.5万吨，同比增长15.56%。截至2019年11月，全国冷藏车市场保有量为21.27万台，较2018年增长3.27万台，同比增长18.16%。从区域分布来看，华东地区冷藏车增长量最高，占比31.9%，其次是华南、华北、华中地区，增长量占比基本接近。冷链企业也不断探索新机遇，双汇物流立志打造食品服务业中国版Sysco，顺丰冷运、京东冷链、苏宁物流、领鲜物流、万纬冷链、宇培供应链、郑明物流等也在进行全国性的网络布局，唯捷城配、九曳供应链、餐北斗、信良记等先后获得融资，得到资本市场青睐。据专家预测，果蔬、肉制品、水产品、乳制品总产量将突破13亿吨，冷链物流市场需求巨大，具有进一步拓展的较大空间。

（四）应急体系

2003年非典之后，我国提出要建立突发公共卫生事件反应机制，提高应急能力建设。在这一思想的指导下，围绕应急预案及应急管理体制、机制、法制建设，以“一案三制”为核心框架的应急管理体系在中国逐步建立起来。各省（自治区、直辖市）、市（地）、县（市）都制订了自己的总体预案；中央企业总体预案做到了全覆盖，矿山、危险化学品、建筑施工等高危行业和重点行业绝大部分规模以上企业已制订应急预案。

以关系国计民生的粮食应急保障体系为例：第一，制订预案。建立了国家、省、市、县四级的粮食应急预案体系。第二，确定体制。已建立粮食安全省长责任制。第三，健全机制。构建了“三道防线”：一是有充足的原粮储备；二是人口集中的大中城市和价格易波动地区建立了能够满足10~15天的成品粮储备；三是布局建设一批应急加工企业、应急供应网点、应急配送中心和应急储运企业，目前，全国共有粮食应急供应网点44601个，应急加工企业5388家，应急配送中心3170个，应急储运企业3454家；建立起两级监测体系，国家级粮食市场信息直报点1072个，地方粮食市场信息监测点9206个，覆盖了重点地区、重点品种，能够密切跟踪粮食供求变化和价格动态。习近平总书记在2020年5月与两会代表座谈时指出，“这次新冠肺炎疫情如此严重，但我国社会始终保持稳定，粮食和重要农副产品稳定供给功不可没”。

四、科技赋能现代流通创新提速升级

云计算、大数据、人工智能等新一代信息技术产业快速发展，流通领域数字化、网络化、智能化、融合化发展水平得到显著提升。信息技术为生产智造、消费升级、要素共享、商贸物流、基础设施以及产业全链路协同模式创新等赋能发展（见图 3.15）。

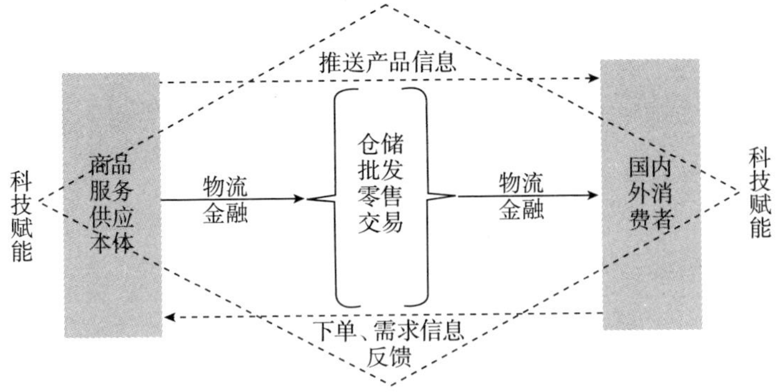

图 3.15　科技赋能现代流通体系

注：——→ 代表物流、资金流；- - - - → 代表信息流。

（一）科技赋能生产智造

对于农业生产，大数据可指导种植和加工，订单农业、众筹农业、预售农业等数字技术创造的新型农业生产形态陆续出现，带动新一代信息技术在农业生产经营管理中加速渗透与广泛应用，实现了农业标准化生产、商品化处理、品牌化销售、产业化经营，赋能农业生产。例如，阿里巴巴、京东、拼多多等电商平台通过“基地直采”、数字农场、全程可视化溯源体系、“农货智能处理系统”等模式，加速整合农业前端资源，带动农业转型升级。

对于工业生产，数字技术推动制造业与“互联网 +”深度融合，帮助企业降低采购成本，提高生产效率，解决产能过剩、流通成本高、供需不平衡等问题。个性化定制企业将用户个性化需求处理后形成标准化订单分发给智能制造工厂，C2M 平台与工厂直接合作，定制爆款热销产品，满足用户个性化消费需求。大数据、人工智能等新技术在电子商务链接智能工厂、推广云设计等方面发挥了明显的作用。另外，一部分制造企业依托不断提高的智能化、柔性生产和数字化服务能力，建立起为客户企业提供在线服务的新模式。以阿里巴巴迅犀试点工厂为例，阿里巴巴集团探索数字技术与现有服装生产模式结合的新型生产方式。通过结合消费者市场洞察和端到端的数字化调度，改造后的生产设备系统可以支持按需生产，小批量柔性生产商业模式初步形成。

在科技赋能生产智造的过程中，电商平台起了关键作用。电商平台加大对企业级服务市场的投入，通过帮助企业整合金融、物流、供应链、服务等上下游资源，聚合消费者的需求偏好信息，将企业市场需求与供给两侧内外数据打通，实现资源精准匹配；信息技术助力打通物流、资金流、信息流，贯穿消费端、营销端、产品端、制造端和供应链端，为上下游企业提供市场行情预测、供应链金融、买卖对接、数字化转型咨询等增值服务，价值链得到提升。同时，平台在管理上帮助企业完成品牌、商品、销售、营销和组织等内部信息数字化，帮助品牌找到新的业务增长点。例如，西贝莜面根据平台数据分析发现，60% 的餐饮外卖订单来自单人消费场景，就进一步推出适合“一人食”场景的单人餐饮产品组合，整体订单获得 5% 的提升。

（二）科技赋能消费升级

消费升级是指在消费水平和消费质量提高的基础上，消费结构不断合理优化，不断由低层次向高层次发展变化的过程。但是，当前主要的问题是消费在升级、供给跟不上。通过科技赋能，新的消费模式，一方面可以利用云技术实时观察客流变化，通过数据分析、社群运营、流量创新等多种方式获得消费者需求偏好，引导制造企业设计、研发和生产市场需求的产品，优化经营方案，迎合消费升级；另一方面可以通过“网红直播”“田间地头直播”等电商直播形式，将原生态产品资源更直接地呈现给消费者，打造农产品网红爆品，提升消费体验，拓宽农产品上行渠道。此外，通过公众号、小程序等渠道开展内容营销，以社交电商、线上线下融合供应链、跨境电商海外仓等新模式更好地满足消费选择多元化、消费内容个性化的需求。例如，北京王府井步行街通过引入大数据、人工智能等新技术，实行“一店一策”改造提升，让购物体验更加智能化，实现线上线下融合发展，提升以消费者需求为中心的数字化体验，促进消费升级。再如，西贝莜面村在零售平台开设旗舰店，售卖自有品牌半成品菜，通过生活平台提供餐饮店配送服务，迎合了人们快节奏的生活需求。又如，京东物流在全国的仓储体系中，开发运用无人仓算法技术，在消费者下单的数分钟内完成订单拣选，奠定了京东“睡前下单、醒来收货”服务速度基础，提升了消费者体验。

（三）科技赋能要素共享

要素共享可实现劳动、资本、土地、技术和数据等生产要素的有序流转和融合应用，解决产能过剩问题，有效提高资源配置效率。要素共享可从两个层面考察：一是通过科技赋能，将自己富余的要素交换、交易出去，获得自己缺少的要素；二是通过科技赋能，让各要素破除空间、时间的制约，在生产中实现高效结合。

产权交易市场是要素交换的场所，其最重要的任务就是营造科学合理的环境，为资产、股权、林权等各类权益的转让及融资提供服务。通过互联网、大数据、区块链等科技赋能，产权市场加快发展，提高了各类要素资源的配置效率。多年来，我国产权市场业务范围已经覆盖各类权益、实物资产、大宗商品和金融产品等品类，并积极拓展和完善通过公开市场对各类要素资源进行有效配置。根据中国企业国有产权交易机构协会数据，2019 年，我国产权市场交易规模为 14.56 万亿元，同比增长 17.5%，是 2012 年的 6.5 倍。2012—2019 年产权市场各类交易品种累计交易额已经突破 58 万亿元，其中资产股权类交易额达 137704 亿元，占市场总交易规模的 94.58%；自然资源类 1398 亿元，占比 0.96%；环境权益类 89 亿元，占比 0.06%；招标采购类 6452 亿元，占比 4.43%（见图 3.16）。

科技赋能可让要素实现全球范围内的优化配置。工业开放共享平台的出现，使得企业高效对接市场信息资源，帮助企业降低采购成本，企业生产向网络化、产业协同化转变，实现供应链各环节协同合作，各种

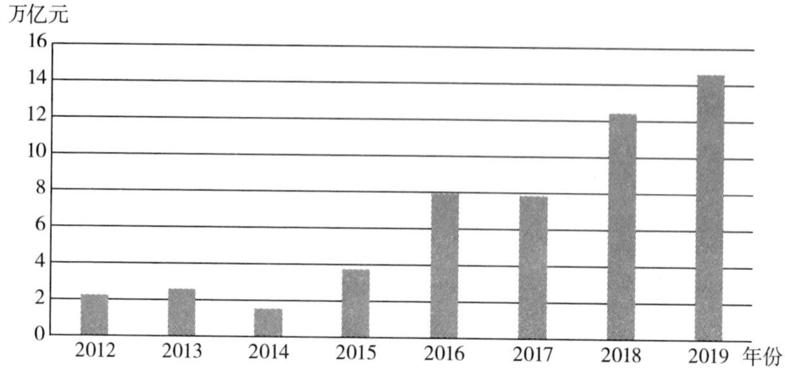

图 3.16　2012—2019 年中国产权市场交易规模

资料来源：中国企业国有产权交易机构协会。

要素高效结合。截至 2021 年年底，中国工业互联网平台已超百家，包括阿里巴巴的 ET 工业大脑、海尔 COSMOPlat 采购平台等。其中，阿里云推出的三大工业互联网平台，覆盖电子、3C、视频、服装、纺织、机械加工等数十个制造行业或场景，为数百家企业完成智能化改造。海尔 COSMOPlat 采购平台是海尔整合全球资源打造的线上线下结合的采购价值交互平台，已在全球 25 个工业园和 122 个制造中心及 13 个互联工厂样板中落地实践。通过集中采购、优化原材料组合、优化流程等，信息技术使要素实现共享，提升了管理效率，降低了运营成本。

（四）科技赋能商贸物流

电子商务的出现和快速发展，改变了传统商流、物流、信息流的运动方式，正逐步成为居民消费的主要渠道和经济增长的关键动力。随着网络覆盖范围的扩大以及电子设备的普及，B2B、B2C、C2C 等模式快速兴起，我国流通企业通过构建自己的国际国内网络销售平台，或者借助第三方网络销售平台进行网络销售，从而实现转型升级。电子商务已经渗透到从国内交易到国际贸易的每一个环节，交易规模多年位居世界第一。根据商务部《中国电子商务报告（2019）》数据，2019 年，中国电子商务交易总额达到 34.81 万亿元，同比增长 6.7%。同时，网络零售额达到 10.63 万亿元，同比增长 16.5%，占社会消费品零售总额的 25.7%；农村电商逐渐成为政府关注的重点，农村网络零售额达到 1.7 万亿元，同比增长 19.1%，高出全国网络零售额增速 2.6%；跨境电商继续保持蓬勃发展态势，通过海关跨境电子商务管理平台零售进出口商品总额达 1862.1 亿元，同比增长 38.3%，自 2015 年以来年均增长 50.8%。

在电商模式中，“无人零售”、“无人配送”、智能门店、工厂电商、社区零售、微商、直播带货、拼购等新商贸流通模式颇为引人注目，依托抖音、快手、淘宝直播等网络平台，使传统零售业实现了生产、仓储物流、门店销售等各环节的数字化及无缝衔接，提高了行业效率和竞争力。根据中国物流与采购联合会数据，在新模式的带动下，2019 年消费相关物流需求仍保持较快增长，单位与居民物品物流总额同比增长 16.1%，增速比社会物流总额的增速高出 10.2 个百分点；全国实物商品网上零售额比 2018 年增长 19.5%，增速比社会消费品零售总额的增速高出 11.5 个百分点，实物商品网上零售额的贡献率超过 45%。

（五）科技赋能基础设施

科技赋能零售端基础设施。一是表现为各零售实体店赋能。通过人工智能技术、无人技术等的应用，众多传统的零售终端正被升级改造成智慧零售店、无人超市/便利店、无人货架/货柜等新型流通基础设施。2020 年，零售商对人工智能技术的支出超过了 26 亿美元，在可预见的未来，将会有越来越多的零售终端接受人工智能赋能。二是表现为平台作为公共基础设施。电商平台、直播平台作为零售基础设施是面向未来的。未来消费的需求和场景将会呈现出极度多元化的特点，零售企业需要一整套覆盖信息、商品和资金流的全新体系来满足极度分散的市场需求，而同时具备可塑化、智能化和协同化的零售基础设施无疑能够很好地解决需求分散化的问题。平台作为“基础设施”还具备公共基础服务的特性，即全行业都能共同使用这套基础设施来有效实现资源的统一协调，将共享经济的价值最大化。以当下最为火热的直播平台为例，在完成了图文流量到影像流量的大规模迁徙后，直播已成长为零售业的新标配，是电商的新基础设施。《2020年中国直播电商行业研究报告》中数据显示，截至2020年6月，我国直播观看人数与网购人数分别达到5.62亿与7.49亿，在网民群体中的渗透率分别为59.79%与79.68%。直播已成为孕育新流通场景的前沿阵地（见图3.17）。

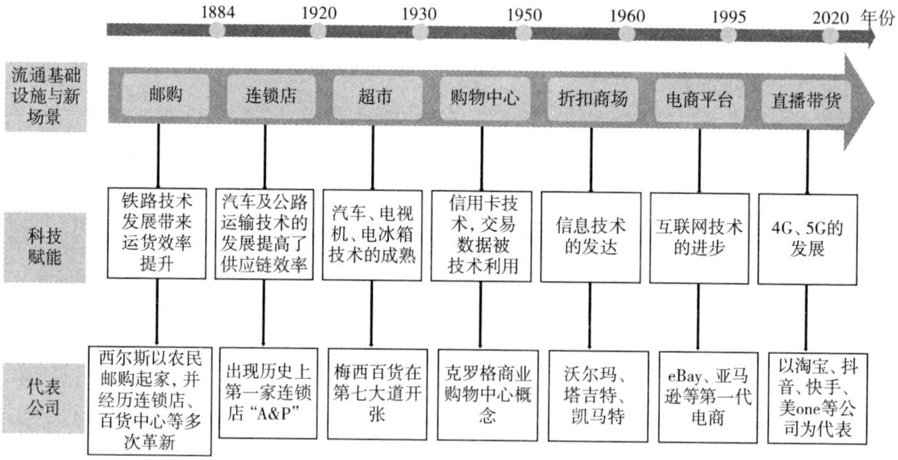

图3.17　科技赋能的零售基础设施上诞生了一批新的流通场景

科技赋能物流供应链基础设施。科技赋能物流供应链将互联网技术、智能感应技术、云计算、大数据等技术相融合，从而形成更具有效率的新型物流供应链业态。科技赋能物流供应链基础设施包含四大平台，即供应链平台、物流管理平台、物流电商平台和客户服务平台。同时分为三个领域：一是物流园区，主要具有两大功能，即物流组织管理功能和依托物流服务的经济开发功能，可以实现多模式运输手段的集合、多状态作业方式的集约。二是交通设施，通过交通工具运行、运输组织的信息采集，可以形成互联交通运输运营建设体系，完善交通航道数字化建设。三是交通运输，交通运输领域的“互联网+高效物流”，可以创新智慧物流营运模式，推动物流降本增效和交通运输高质量发展。近年来，物流供应链基础设施的数字化、智能化正迎来蓬勃发展时期。以智慧物流行业为例，据中国物流与采购联合会预测，到2025年我国智慧物流市场规模将超过万亿元（见图 3.18）。

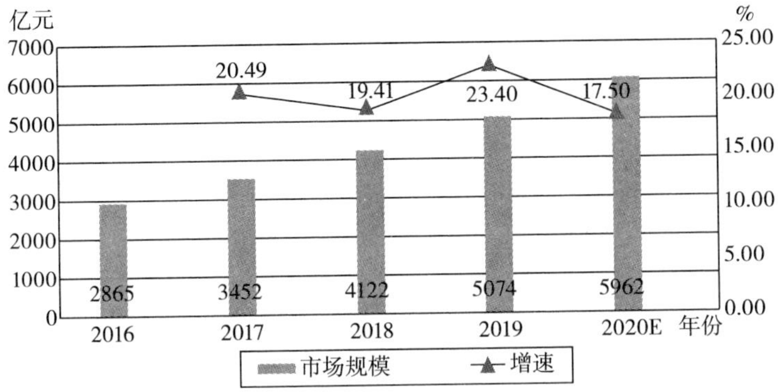

图 3.18　2016—2020 年我国智慧物流行业市场规模发展趋势

注：2020 年为预测数。

资料来源：睿兽分析。

（六）科技赋能全链路创新

随着现代信息技术的广泛应用，电子商务平台与产业链中的各方建立数字化连接，联结模式不断深化创新，服务于产业链各方前向拓展、后向延伸的需要，最终实现线上线下全链路融合发展，对于提升供应链运营效率和助推产业转型升级成效明显。这里具体介绍几种模式：

一是农产品产销对接。农村电子商务促进了数字技术渗透，加速了种植业、畜牧业、渔业、农产品加工业的数字化升级。产地和消费终端（超市、社区、消费者等）直接对接，可以减少中间环节，既节省成本，又提高效率。以盒马数字农业为例，盒马先通过数据洞察和标准制定，将消费者在产品内容、交付标准及交付要素方面的消费需求转化成为标准农产品生产订单，反馈至产业链上游生产企业或农户，按订单标准生产，农产品生产过程得以规范有序发展；盒马再采取端到端数字化供应链管理，保障农产品新鲜度与口感质量，通过对采摘、包装、冷链、存储、销售的全链路数字化溯源管理，保证了食品安全和食品新鲜度，并减少蔬菜在物流过程中的损耗；盒马又建立新型现代化种植基地及加工基地，与各级政府、当地企业合作，共同制订农业种植养殖计划，逐步建立以数字技术为特色的规模化种植基地及加工基地，例如在原产地建立新型冷库（使用智能温控、Wi－Fi、农产品预处理技术）等；为产业链上下游企业提供数字农业相关技术和服务（物联网监测、精准灌溉施肥优化产量和质量），以及供应链金融服务等。再以拼多多为例，拼多多在农村地区搭建农产品上行平台和互联网农业数据平台，构建了特色农产品的种植、加工、销售一体化产业链条，在“拼农货”体系支撑下探索“多多农园”“货找人”模式和“新农商”机制。拼多多还通过“山村直连小区”模式，数字化整合农货上行快速通道，创新农业流通模式。

二是“前播后厂”供应链。社交电商通过前方主播上新测试聚集订单，后端再组织商家工厂生产。直播电商依靠实时交互体验与数据反馈，推动供应链进一步优化，使得新品开发速度加快、产业链效率得到提高。“前播后厂”直播供应链模式打通了从生产到销售的全链路数据，使得生产端高效对接市场信息资源，提升了库存和物流效率，降低了交易成本。

三是平台建设。第三方网络销售平台联系了产业链中的多个市场、多个集群、多个业态以及多个主体，从而打通了全产业链。当前，在线餐饮、生鲜菜品、休闲娱乐、在线旅游等生活服务行业的商户与互联网服务平台融合发展，商户利用大数据分析改进产品和服务，提升用户体验；平台助力商户品牌推广，实现精准推送，帮助完善内部运营管理机制，提供门店经营状况分析和经营管理策略。可见，第三方平台充当了产业链的中枢。例如，美团借助大数据、人工智能、物联网、LBS、知识图谱等，为餐饮商户提供营销、配送、经营、IT、供应链、金融六大服务，推动餐饮商户的数字化改造。再如，多点（Dmall）通过“数字化”工具，帮助物美、重庆百货、麦德龙等80多家零售企业实现数字化转型，通过会员、商品、服务、营销、员工、管理等全面线上化，通过数据分析与智能预测精选商品，帮助实体零售实现供应链的改造和补充，促进实体零售完善产销链条。

另外，还有“连锁经营＋统一配送”、“中央厨房”、商业综合体等多种模式同期快速发展。这些模式也可以协同、融合运用，提高效率。例如，京东物流目前已形成电商快递、产地产业带、社区团购、O2O同城等多种网络模式，有效地将人工智能技术和零售经验相结合，在消费者需求洞察、全场景营销、选品布局、预测补货、库存管理等方面全面展开探索，提高整体流通效率。2020年第四季度，京东物流助力京东集团的库存周转天数进一步降低至33.3天，运营效率继续保持全球同行业领先水平。近年来，京东物流持续加速下沉市场建设，不断升级“千县万镇24小时达”时效提升计划，积极布局发力产地仓产业带经济，助力农产品上行，逐步补足下沉市场的物流基础设施。

重点技术对流通各行业的赋能情况如表3.1所示。

表 3.1 重点技术对流通各行业的赋能情况汇总

流通业态	移动互联网	物联网、5G	人工智能	无人技术	大数据	云技术	导航技术	区块链技术
零售业	线上零售（网购、社区团购）、直播带货、跨境电商、移动支付	RFID 标签、货架监测、库存管理、自助结账、可视化展现	产品组合优化、供应链优化、智能化运营、个性化推荐、智能客服	无人超市	精准客户画像、市场分析	门店数字化、交易商城、移动研发、服务营销、其他底层技术提供	AR 室内导航	商品溯源、供应链管理、保证交易可靠性与可查性
批发	线上批发（线上价格发现与交易支付）、跨境电商、直播带货	供应链管理、库存管理、可视化展现	智能助理	—	市场分析、流量分析、信息共享	交易商城	AR 室内导航	商品溯源、供应链管理、保证交易可靠性与可查性、融资穿透
物流	快递、移动支付	运输和仓储环境追踪与监测、实时信息处理、可视化展现、自动驾驶	智能仓库、智能配送、智慧冷链、自动驾驶	无人运输、自动驾驶	路线优化、物流定价、库存预测、枢纽选择、供应链协同	物流的云端协同、云物流、物流数据云平台	位置服务、运输状态监控	运输优化、供应链管理、资金流和物流监督、物流征信、融资穿透
餐饮	外卖、自助下单	原材料 RFID 标签、智能餐盘、厨房设备监控、快速结算	餐厅智能化管理系统、餐饮服务机器人、机器人厨师	无人厨房、无人餐厅	精准客户画像、市场分析	云端信息平台（订单分配）、云端存储、容灾备份	外卖定位导航	食物溯源、品牌融资、数字货币消费、餐厅积分、分店管理、智能合约

执笔人：张秀青　冯伟波

第四章 现代流通建设中的问题及原因

党的十八大以来，我国流通体系建设取得明显进展，全国统一大市场基本形成，商贸流通和综合交通物流体系持续优化，科技赋能成效日显，法制、信用和金融支撑体系不断完善。但是，在“重生产、轻流通”思想的长期影响下，我国现代流通体系建设大大滞后于产品制造能力，“流通成本较高、流通效率偏低”已成为现阶段构建双循环新发展格局的主要短板，影响了国民经济的运行速度、质量和效益。综合来看，我国流通成本高、效率低的直接原因在于现代流通的主体不强、运行不畅、科技赋能不足、监管和营商环境不善等。根本原因在于计划与市场的关系尚未完全厘清，产业结构升级调整还不到位。

一、中国现代流通体系建设中存在的问题

参照国际上对流通效率测度的基本指标，本章对我国流通行业的效率进行测度。根据既有统计数据，以批发零售、交通物流为代表的流通产业表现出成本高、效率低等主要问题。

（一）流通成本较高

“社会物流总费用（或总成本）占 GDP 比率”是国内外广泛采用的物流成本衡量指标。虽然该指标不能全面反映一个国家的物流成本，但可以部分体现物流需求和物流效率等问题。据国家发展改革委和中国物流与采购联合会发布的数据，2011—2019 年，我国社会物流总费用占 GDP 的比重为从 17.8% 下降至 14.7%，下降 3.1 个百分点。然而，2019 年，全球物流成本占 GDP 的比重为 10.7%，美国、德国、法国、意大利、日本、新加坡、韩国等发达国家仅为 8% ~9%（见图 4.1、图 4.2）。

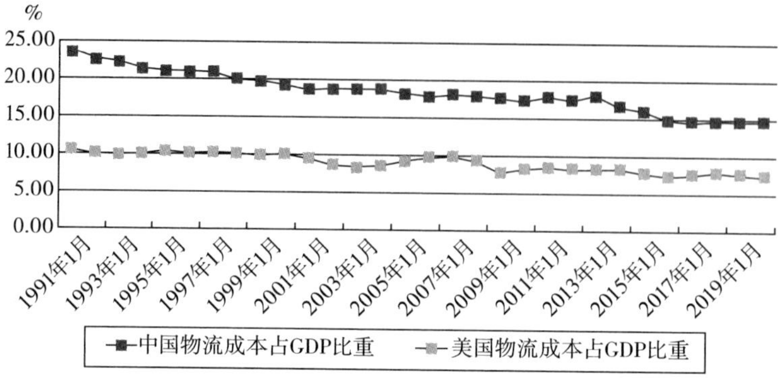

图 4.1 中国和美国物流成本占 GDP 比重的对比

资料来源：Wind 数据库。

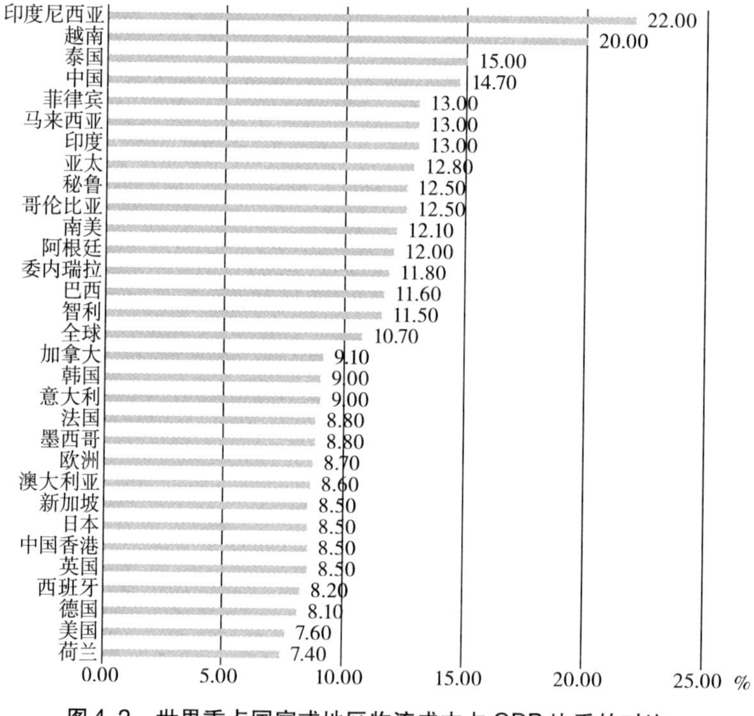

图 4.2 世界重点国家或地区物流成本占 GDP 比重的对比

资料来源：Wind 数据库。

（二）流通效率低下

这里运用行业的销售利润率、成本费用利润率、总资产周转率、流动资产周转率、存货周转率等指标对批发和零售、商业贸易等主要流通行业的流通效率进行评价。

批发和零售的利润指标持续下降，销售利润率从2000年的4.8%下降至2020年的1.1%，成本费用利润率从2001年的2.0%下降至2020年的1.0%。资产周转率指标改善不大，总资产周转率从2000年的1.1次增至2020年的1.5次，20年仅提高0.4次；流动资产周转率从2000年的1.7次增至2020年的2.2次，20年提高0.5次。存货周转率增长较为明显，从2000年的6次提高到2020年的11.9次，几乎翻倍（见图4.3）。

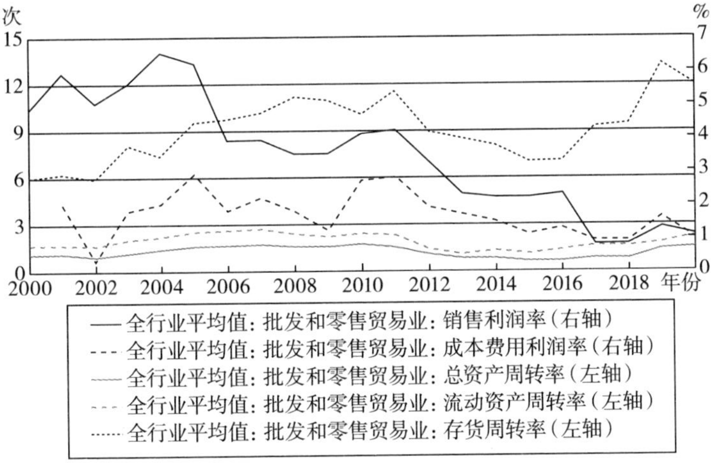

图4.3　批发与零售贸易业的流通环节评价指标

资料来源：Wind数据库。

商业贸易的流通效率指标多数呈现出下降趋势。销售利润率从2000年的5.7%下降至2020年的3.0%；总资产周转率先增后减，从2000年的1.1次增至2008年和2011年的1.6次，然后下降至2020年的1.1次，与2000年持平；流动资产周转率从2000年的1.7次降至2020年的1.4次，20年减少0.3次；存货周转率有所增长，从2000年的5.6次提高至2020年的8次；成本费用利润率增幅较为明显，从2001年的1.7%增至2020年的3.4%（见图4.4）。从有国际业务的商贸企业看，各项指标均低于国内商贸企业，且多数指标明显下降。其中，主营业务利润率从2008年的13.9%下降至2020年的2.8%，总资产周转率从2008年的1.9次下降至2020年的0.9次，流动资产周转率从2008年的2.8次下降至2020年的2.0次。

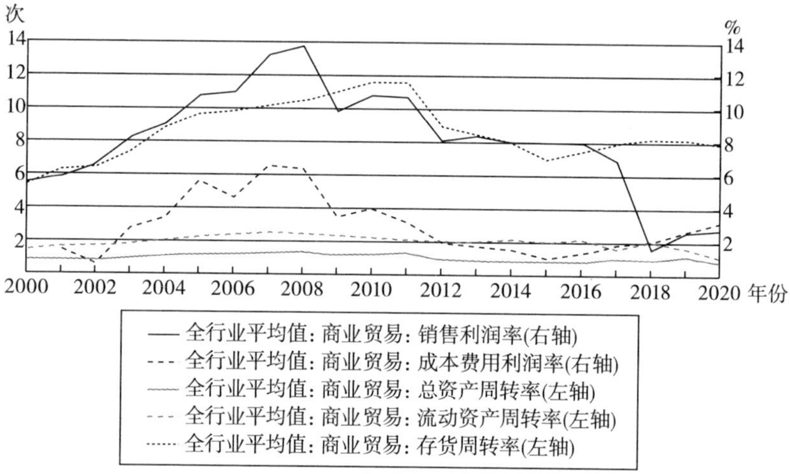

图4.4　商业贸易的流通环节评价指标

资料来源：Wind数据库。

商务部针对重点流通企业的调查问卷显示，67.1%的企业表示近年来经营成本不断上升，其中租金成本上涨是普遍反映强烈的问题。综合上述因素，近两年，由于物流行业业务量有所回落，物流单价出现下降，企业运行成本又持续上涨，部分领域盈利能力偏弱问题突出。2019年，物流业景气指数比2018年同期回落0.1个百分点，主营业务利润指数同比下降0.2个百分点，行业发展的困难与压力依然较大。

二、原因分析

我国社会物流成本相对其他国家较高，固然有统计核算标准差异的影响，但还存在其他几个方面直接原因。

（一）现代市场体系建设尚不完善

全国统一大市场尚需完善，当前依然存在限制市场和流通一体化的显性和隐性行政区划壁垒，如城乡市场壁垒、内外贸市场分割、基础性服务行业垄断等问题。各类市场经营方式相对落后、服务功能单一、经营规模较小、经营环境较差、效率较低。另外，市场准入封锁、地方保护、行业闭塞等现象也不鲜见。例如，部分地方政府给予本地和非本地企业有差别的财政奖励、补贴或优惠税收信贷等政策；个别行业依托强大的市场地位对特定商品采取限制流通的措施。与市场体系相配套的要素市场发育不充分，资本、数据等要素流通不畅是突出问题。资本、数据等要素流动受到阻碍，影响现代市场体系建设。

（二）科技赋能覆盖面有待提高

我国流通产业数字化基础设施和公共信息平台建设不足，产地、批发市场和社区超市需求的数据链难以形成。商贸物流全流程、全要素资源数字化水平不高，很多商贸企业依然沿用传统的数据处理模式，导致管理者决策滞后、失误等现象出现。中小企业数字化建设投入不足，信息化改造水平有待提升，如物流标准化托盘、智能分拣、RFID 等物流新技术应用和技术创新动力不足，标准化、智慧化仓储项目较少。达到阿里巴巴、京东、拼多多等水平的电商平台仍是少数，大量的购物中心、超市、农村便利店、农贸市场并没有能力或者没有习惯真正运用现代供应链和科技手段，而 80% 以上的电商业户又属分散经营，无集聚优势。国际物流通道和物流智能化水平有待提升，因链路长、节点多，揽收、干线、关务、集散和配送等各环节上的贯通服务能力有待加强。海外仓的利用效率、数字化和自动化水平不高，与供应链上下游体系的结合有待加强。

（三）物流基础设施和网点建设薄弱

交通基础设施的多元立体化格局不够成熟，过于依赖公路物流；不同地区的铁路发展水平差异大；航空运输干支网络发展不平衡、缺乏有效衔接，低空通航交通运输体系发展滞后，航空货运严重不足；多式联运衔接不顺畅；我国综合物流集疏运体系仍然存在通而不畅的问题。城乡之间、东中西部之间物流基础设施不均衡、规划不统一、布局不合理、衔接不顺畅，特别是“最先一公里”和“最后一公里”物流存在短板，城乡双向流通体系难以建立。我国冷链物流尚处于起步阶段，冷链设施建设严重滞后，与发达国家冷链物流覆盖率85%相比，我国仅为20%左右，对居民高端消费、精益化生产的支撑能力还不强。商贸与物流的融合，批发、零售、电商、餐饮、进出口等商贸服务企业与物流企业的合作，消费品的仓储、冷链、运输、配送等环节的衔接等方面，有待加强。另外，外向型物流大通道建设总体处于起步阶段。受资金筹措、自然条件、工程技术、国际关系等各种条件影响，部分涉外项目推进难度较大，如中巴铁路仍停留在可行性研究层面，中吉乌铁路一直未能开工，等等。

（四）流通主体组织化程度低、竞争力不强

我国流通企业规模较小且分散，缺乏特色和合理的分工。流通企业之间关联性差，市场联系仅局限于简单的供求关系，缺乏“长期交易”行为，而且条块分割、地区封锁，导致企业流通效率不高。此外，流通经营方式和理念落后，许多先进的经营方式没有被采用，大多数流通企业还没有形成完善规范的经营管理体系。这也造成我国能与沃尔玛、家乐福、永旺株式会社等大型跨国零售企业比肩的企业寥寥无几。以国内头部企业顺丰为例，顺丰快递在全国有5000个营业网点，服务城市300余个，下沉涉及1500个县级市和城镇，但在全球布点仅8个国家和地区，而联邦快递业务则覆盖全球超过220个国家和地区。因此，我国邮件跨国业务通常依靠联邦快递，会引致一些国家安全事件（见表4.1）。

表 4.1 联邦快递和顺丰快递的服务范围比较

企业名称	快递服务范围	
	境内	境外
顺丰快递	5000 个营业网点，覆盖国内 31 个省、自治区和直辖市（青海、西藏暂未开通），近 300 个大中城市及 1500 个县级市或城镇	港澳地区（2008）、中国台湾（2007）、韩国（2011）、新加坡（2010）、马来西亚（2011）、日本（2011）、美国（2012）等
联邦快递	61 家分公司和营业部，在我国的服务城市已经达到了 283 个	港澳台地区，全球超过 220 个国家

资料来源：联邦快递和顺丰快递竞争优势比较分析［EB/OL］. https：//max. book118. com/html/2019/0503/5133101332002032. shtm.

（五）流通终端不足且配置不均衡，便利化程度低

过去多年，我国一些地方批发市场数量不足，另一些地方批发市场密集但“有场无市”，便民商业网点城区连锁化程度明显高于郊区，城市高于农村。与发达国家相比，我国超市和大卖场的差距还在于“最后一公里”的便民生活圈，城市的菜市场、社区便利店、专业店、专卖店、量贩店、折扣店、会员制商店等布局还未能形成“15 分钟便民圈”，农村的便利店、农资店、生活服务网点、物流配送等末端服务网点的质量和数量亟须提升。这些业态在一些地区已经遍地开花，但它们之间布局随意，有机衔接、多元互补的便民效应并未充分显现。与此同时，市场配套设施及服务不完善。有的市场缺乏严格规范的商品检测流程；有的市场虽然设有快速检测装置，但因为市场不具备处罚权力，即使检测出不合格产品也无权处理和销毁。一些市场缺乏必要的商品可追溯体系。社区商业设施建设不完善、网点布局不够合理、业态配置尚需进一步丰富、智慧化建设程度低、服务能力弱、政策支持力度不够等突出问题，阻碍了社区商业主体和市场发展。

（六）现代流通监管和信用体系不完善

当前，我国消费品市场的监管以线下监管为主，线上市场主体的行

为尚未得到有效的监督管理，因此不正当竞争问题时有发生。如一些平台对客户随意加价，对商家提高抽成比例，要求商户对平台进行“二选一”，严重侵害了用户的知情权和自由选择权。再如，“大数据杀熟”、隐私泄露、网上商品质量掺假等情况也不时出现；进驻商家没有议价能力和议价机会；同时，针对互联网企业垄断、知识产权保护、消费者权益保护等问题，亟须加强立法；还存在行政审批流程复杂、行业监管归属不明晰、监管部门职能交叉且协调不足、连锁企业不能合并纳税等问题；对货车司机群体、快递员群体的权益保护有待提升；由于部门分块管理，“大商业”监管的难度较大。

另外，社会信用体系建设仍未到位。我国各地信用体系建设的牵头单位不一，全国大部分省、地市政府还未建立区域信用信息平台。在已建系统中，受当地部门信息化水平限制和我国部门设置条块分割、信息采集和交换标准不同影响，各个地区信用信息归集质量及应用情况有所差别。联合惩戒工作还处于探索阶段，缺乏系统性、协同性和规范性，工作的常态化运行机制还没有健全，惩戒的领域范围需要进一步拓展。另外，规则意识、契约精神和诚信修养依然欠缺，社会中尚未形成“不敢失信”的氛围。

（七）营商环境有待进一步优化

一是部分领域仍然存在不当准入限制。当前，政府对经济活动的直接干预和管制仍然较多，部分行业和领域的显性和隐性准入限制仍未完全消除，一些市场主体难以获得同等便利的市场准入条件。特别是民营企业和外资企业在进入要素市场和服务业市场时准入限制相对较多，也更为严格。例如，在资本、土地等要素获得以及电信等服务业市场准入方面，民营企业仍然面临不公平的市场准入限制条件。二是行政性垄断和自然垄断问题依然比较突出。当前，我国行政性垄断问题仍然比较突出，涉及的前置审批、核准、认证项目较多，执行层面变相设置不合理规定现象也比较普遍，有些行政机关或其授权组织甚至滥用行政权力限制竞争。此外，部分行业和领域的自然垄断问题也比较常见。例如，电信行业普遍存在资费偏高、捆绑销售、不明扣费和垃圾短信退订难等问题。三是妨碍统一市场和公平竞争的规则和做法在一些地区领域和行业仍然存在。部分地方政府出台了许多地方保护政策和规定，对外地企业、产品和服务设置歧视性市场准入限制和市场壁垒。对外地和进口商品、服务实行歧视性价格和歧视性补贴政策，招标、采购、项目审批等方面向本地区企业倾斜，竞争规则和市场运行透明度不够。为本地企业提供各类政府补贴、隐性担保，影响了市场公平竞争。采用行政划拨手段等直接干预市场的方式为本地企业提供更低成本的资金和土地等。存在为经营业绩不佳的本地“僵尸企业”提供“输血式”补贴以避免其退出等，干预市场正常竞争和淘汰的行为。

追根溯源，我国社会物流成本较高、流通效率不高的根本原因在于计划与市场的关系尚未完全厘清，产业结构升级调整还不到位。一方面，改革开放前，我国在计划经济体制下建立起来的国内单循环和资源计划配给制让流通体系无用武之地，逐渐形成了“重生产、轻流通”的思想。进入21世纪，我国开始从传统流通向现代流通转轨，但是底子薄、基础差，不仅缺乏顶层设计，流通体制和机制各方面也存在若干难点、堵点和痛点，且错综复杂，全方位提升绝非一日之功。另一方面，产业结构升级会在一定时期内带动物流成本增加。我国正处于转型升级的关键期，物流中的能源、原材料等初级产品及重化工产品比例有所降低，而深加工产品、高科技产品等比例有所提高，这在减小全社会物流实物量规模的同时，大幅提升了物流服务的多元化、个性化、时效性、精准性等品质要求，随之而来的是流通结构升级和单位实物量物流成本上升。以美国为例，1995—2011年，美国第一、第二产业比重下降了约3.5个百分点，运输成本由0.5014元/吨千米上升至0.5874元/吨千米。由此可见，我国产业结构调整尚未到位，流通体系需要与之匹配，成本较高在所难免。

执笔人：张秀青

本章参考文献

[1]高丹,向阳．中国大数据市场的特点与趋势[J]．中国工业评论,2016(7):50－55.

[2]丁俊发．构建现代流通体系面临的形势和任务[J]．中国流通经济,2007(2):8－11.

[3]《中国流通经济》编辑部．双循环新发展格局下统筹推进现代流通体系建设观点综述[J]．中国流通经济,2020(11):3－17.

[4]任俊峰．双循环新发展格局下我国大宗商品流通体系的转型升级路径[J]．商业经济研究,2021(8):16－19.

[5]陈仁安．我国城乡双向商贸流通体系战略研究[J]．商业经济研究,2017(19):8－10.

[6]袁学国,邹平,朱军,等．我国冷链物流业发展态势、问题与对策[J]．中国农业科技导报,2015,17(1):7－14.

[7]刘天军,胡华平,朱玉春,等．我国农产品现代流通体系机制创新研究[J]．农业经济问题,2013(8):20－25,110.

[8]闵伟琼．新发展格局下现代流通体系建设面临的挑战与对策[J]．商业经济研究,2021(9):15－18.

[9]王福．新零售流通供应链商业模式创新体系构建[J]．当代经济管理,2020(7):17－26.

[10]吴波鸿,张振宇,倪慧荟．中国应急管理体系70年建设及展望[J]．科技导报,2019,37(16):12－20.

第五章

现代流通体系建设的总体思路

服务构建新发展格局，高质量推进现代流通体系建设研究

一、总体思路

坚持以习近平新时代中国特色社会主义思想为指导，立足新发展阶段、深入贯彻新发展理念，服务构建新发展格局，坚持稳中求进工作总基调，以推动高质量发展为主题，以深化供给侧结构性改革为主线，以改革创新为根本动力，认真贯彻落实习近平总书记在中央财经委员会第八次会议上的重要讲话精神，依据《国民经济和社会发展第十四个五年规划和二〇三五年远景目标纲要》关于构建现代流通体系、强化流通体系支撑作用、畅通国内大循环的总体部署，进一步强化流通体系的基础性、先导性、决定性作用，构建形成现代流通体系；加快构建畅通多层次市场体系，促进不同地区和行业标准、规则、政策协调统一，推进全域化流通，推动生产要素循环流转和生产、分配、流通、消费各环节有机衔接，支撑促进商品要素流动型开放；统筹推进现代流通体系硬件和软件建设，强化现代综合交通体系，健全流通网络设施；强化流通体系与新一代信息技术融合，提升科技创新赋能流通领域力度，优化流通网络，创新流通方式，培育流通新业态新模式，加快发展智慧流通；完善制度规范、标准体系和配套政策，降低全社会交易成本，加快提升流通效率，提高流通领域风险管理能力，发展高效流通；推进绿色商品市场建设，发展绿色物流，倡导绿色消费，实现流通主体绿色转型，加快发展绿色流通；支持现代流通主体发展壮大，提升跨国流通企业发展水平，培育具有国际竞争力的现代流通企业，加快建设现代化流通强国，支撑构建以国内大循环为主体、国内国际双循环相互促进的新发展格局和建设现代经济体系，有效提升国家综合国力和国际核心竞争力。

二、基本原则

（1）畅通高效可连接。既要统筹考虑现代流通体系及其各个子体系之间的建设重点，又要考虑它们之间相互协调与配合，推进流通体系与制造业、商业、服务业、农业等多业态之间的融合协调发展。应充分考虑国内流通体系建设，实现产销对接，既要贯通城乡流通市场，又要考虑国内流通与国际流通之间的对接融合，推进国内国际两个市场、两种资源之间高效连接流通。

（2）创新变革可深入。以高水平开放深化现代流通体系体制机制创新，破解制约现代流通体系高质量发展的体制机制障碍，有序推进流通新旧业态平稳升级转型。强化现代科技支撑作用，深入推进现代流通组织、设施、技术手段、模式和业态等方面的创新，提升供应链现代化水平，推动流通产业变革创新，提升流通效率。

（3）绿色低碳可持续。深入落实碳达峰、碳中和重大战略决策，推进流通领域碳减排和碳达峰行动，发展绿色流通，加快建设基于绿色发展的现代流通政策制度，推进绿色商品市场建设，倡导绿色消费模式，引导流通企业绿色转型，降低流通企业节能减耗，加快推进流通体系绿色发展，发展现代绿色物流，推动流通业可持续健康发展。

（4）智能安全可管控。强化硬件和软件支撑设施相匹配协同，既要加强流通基础设施、技术和业态建设发展，又要注重流通政策、管理和规范创新。推动数字化和智能化技术在流通行业的应用，发展智慧流通。强化大数据管理，建立智慧流通风险管理体系，做到安全可控。

三、发展目标

（一）总体目标

坚持扩大内需国家战略，世界消费大国地位和世界性市场中心地位进一步巩固，建成国内国际一体化的统一市场体系及高标准市场体系；流通现代化水平显著提升，建成便捷顺畅、经济高效、绿色集约、智能先进、安全可靠的现代流通体系；形成高质量国家综合立体交通网，建设与现代化经济体系相适应的国家物流枢纽网络，基本建成高质量的现代物流体系；国际国内市场流通效率明显提升，形成国内国际流通双循环相互促进的新发展格局；国际贸易和投资实力进入世界前列。通过15～30年的努力，全面建成现代流通强国、交通强国、贸易强国、网络强国，服务我国现代经济体系建设，支撑我国建成社会主义现代化强国。

（二）阶段目标

“十四五”期间，基本建成现代流通体系。消费结构持续优化，消费大国地位更加稳固。现代流通体系进一步完善，现代流通业规模效率显著提升，流通领域新业态新模式发展壮大。国内国际一体化的统一市场体系及高标准市场体系基本形成，现代流通体系结构显著优化，流通市场主体更加充满活力，培育形成一批具有国际竞争力的龙头流通企业。资源要素配置质量和效率全面提升，现代流通体系加快完善和优化，商贸流通现代化、标准化、集约化、绿色化和智能化水平持续提升，社会物流总费用与国内生产总值比例显著下降。依托国家物流枢纽建设，物流综合服务能力显著增强，基本形成高效物流运行网络和以国家物流枢纽为核心的现代化物流运行体系。加快培育形成若干立足国内、辐射周边、面向世界的具有全球影响力和吸引力的综合性国际消费中心城市，带动形成一批专业化、特色化、区域性国际消费中心城市。国内国际流通双循环较快发展，基础设施更加完善，发展环境更加优化，现代流通体系支撑现代经济体系建设能力显著提升。

（1）规模和效率显著提升。到2025年，现代流通行业增加值规模达到18.2万亿元左右，占GDP比重达到14%左右。[①] 社会消费品零售总额达50万亿元，年均增长率保持在5%，其中，全国网上零售总额达到17万亿元，年均增速7.6%，全社会物流总费用与GDP的比率下降至12%左右。

（2）流通体系结构明显优化。运输业、仓储业、邮政业、快递业、物流业、电商物流等指数明显改善。

（3）流通行业主体竞争力显著增强。国内龙头流通企业和跨国流通龙头企业数量显著增加、规模快速扩大，国际化程度显著提高，国际竞争力显著提升。

（4）流通模式及新业态创新变革。电商、跨境电商占比进一步提高，电商与实体商贸批发和零售企业协调发展水平进一步提升。跨境电商试点向EWTP国际贸易和数字贸易发展规模和质量稳步提升。社区商圈，高端商务服务区布局更合理，便利化服务水平明显提升。

（5）基本形成新技术应用的现代物流体系。进一步健全完善现代物流基础设施，发展智慧物流，加快推动互联网、大数据、5G、区块链等新一代信息技术在现代物流领域的广泛应用，拓展物流科技应用场景，提升物流基础设施和信息系统等的信息化、自动化、智能化水平。

（6）国内国际双循环较快发展。进出口贸易和国际投资合作保持稳定较快增长，出口贸易（货物）总量达到5.1万亿美元，年均增长率保持在2%；外贸新业态进出口占比达到10%；对外直接投资规模5年累计达到5500亿美元，引进外资规模5年累计达到7000亿美元。

（7）国内国际畅通的一体化市场体系水平明显提升。高标准市场体系建设取得显著成效，统一的市场准入负面清单制度全面实施，区域

---

① 党的十九大报告及《中华人民共和国国民经济和社会发展第十四个五年规划和二〇三五年远景目标纲要》提出，到2035年人均国内生产总值达到中等发达国家水平。按此计算，我国需在未来5年内保持5%～5.5%的经济增速，在未来15年内保持4%～5.5%的增速水平，到2035年才能够实现此目标。以此计算，到2025年我国GDP总量预计在129.7万亿～132.8万亿元，大体上为130万亿元。

统一市场初步形成，国内统一市场建设加快推进，国际贸易综合实力进一步增强，国际市场比重显著提高，国内国际一体化市场水平明显提升。

（8）基础设施更加完善。现代化高质量国家综合立体交通网建设取得较大进展，实现国际国内互联互通水平显著提升，“全球 123 快货物流圈”初步形成，交通基础设施质量、智能化与绿色化水平显著提升。以“干线运输 + 区域分拨”为主要特征的现代化多式联运网络基本建立，高效物流运行网络基本形成，物流枢纽组织效率大幅度提升，物流综合服务能力显著增强。

（9）发展环境更加优化。基本建成现代流通法律制度体系，形成适应现代流通体系健康稳定发展的市场化、法治化、国际化营商环境。

到 2035 年，全面建成现代流通体系。消费大国地位进一步稳固，全国统一市场体系逐步构建。基本建成便捷顺畅、经济高效、绿色集约、智能先进、安全可靠的现代化高质量国家综合立体交通网，实现国际国内互联互通，“全球 123 快货物流圈”基本建成，基本形成与现代化经济体系相适应的国家物流枢纽网络，依托国家物流枢纽建设形成一批具有国际影响力的枢纽经济增长极，打造一批国际物流枢纽中心。商贸流通现代化水平显著提升，全面建成高质量的现代流通体系，支撑我国建成现代经济体系，流通体系国际竞争力进入前列。推进货物贸易、服务贸易和境外投资贸易并重、线上和线下并行、进出口和转口顺畅同步发展的现代国际贸易体系，推动我国成为全球性的贸易中心。以建成具有国际竞争力、影响力的综合性国际消费中心城市为引领，带动形成一批辐射周边国家和地区的专业化、特色化、区域性国际消费中心城市，打造京津冀、长三角、珠三角、成渝、长江中游、中原、关中平原城市群等世界级消费中心城市群，形成全球性的国际消费资源集聚地和全球消费市场制高点。依托国际展会和大型市场建设，打造国际化市场平台，加快推动我国形成全球性的国际消费大市场。

到2050年，全面建成现代流通强国。全面建成现代化高质量国家综合立体交通网，拥有世界一流的交通基础设施体系，全面建成交通强国。国际国内市场流通效率、国际贸易投资实力进入世界前列，全面建成国际贸易中心和国际消费中心，建成高质量发展的贸易强国。提升流通科技及流通主体国际核心竞争力，打造一批国际性流通科技中心，全面建成现代高质量流通体系，使流通经济成为国民经济的重要组成部分，全面建成流通强国，服务我国现代经济体系建设，支撑我国建成社会主义现代化强国。

四、指标体系

为充分发挥我国“十四五”规划及远景目标纲要提出的要“强化流通体系支撑作用”的新要求，必须深化流通体系供给侧结构性改革，强化流通体系创新发展，构建基于新发展格局的现代流通体系发展指标体系，推进实现流通体系高质量发展。按照《“十四五”现代流通体系建设规划》提出的加快形成“一市场、两体系、三支撑”的现代流通发展架构①的要求，从流通体系的总体发展质量、创新发展、绿色发展、开放发展、发展环境等几个方面，构建基于新发展格局的现代流通发展指标体系，指标体系包括总体发展、创新发展、绿色发展、开放发展、发展环境共5个一级指标，其中，总体发展指标包括规模、效率和结构3个二级指标；开放发展包括贸易、投资2个二级指标；发展环境包括交通基础设施、科技水平、市场环境、制度环境4个二级指标。每个二级指标又包括若干个三级指标，共计47项三级指标。如表5.1所示。

① “一市场”:深化现代流通市场化改革;“两体系”:发展现代商贸流通体系、现代物流体系;“三支撑”:强化交通运输、金融、信用支撑。

表 5.1　基于新发展格局的现代流通发展指标体系

一级指标	二级指标	三级指标	备注
总体发展	规模指标	社会消费品零售总额	
		人均社会消费品零售总额	
		流通业增加值	
		流通业固定资产投资	
		全社会物流总额	
	效率指标	流通业增加值占 GDP 比重	
		流通业增加值年均增速	
		流通业全要素生产率	
		流通费用率（费用总额与销售总额比）	
		流通业固定资产投资占社会资产总投资比重	
		流通业固定资产投资增长率	
		流通从业人员占总社会就业人员比重	
	结构指标	生活性消费品销售额规模及占比	
		生产性资料销售额规模及占比	
		农村流通产值规模及占比	
		中西部流通产值及占比	
		非国有流通业销售额占比	
创新发展		电子商务交易额	
		电子商务交易额年均增长率	
		跨境电子商务交易额	
		跨境电子商务交易额年均增长率	
		全国网上零售总额	
		流通体系数字化平台数量	
绿色发展		流通业单位增加值能耗	
		物流费用占 GDP 比重	
		新能源物流设施装备率	
		再生资源回收总量增长率	
开放发展	贸易指标	进出口货物贸易额及年均增长率	
		进出口货物贸易额占 GDP 比重	
		外资流通业销售额占比	
	投资指标	对外投资（非金融类投资）规模及年均增长率	

续表

一级指标	二级指标	三级指标	备注
开放发展	投资指标	实际吸收外资规模和年均增长率	
		流通业外商直接投资占流通业固定资产投资比重	
		流通业海外产值占比	
		流通业在海外固定资产投资及增长率	
		跨国流通企业数量	
发展环境	交通基础设施	单位面积公路里程数	
		单位面积铁路里程数	
		航空货运场站数量（国内、国际）	
		港口规模与数量（国内、国际）	
		物流枢纽建设	
		（亿元或10亿元）规模以上交易市场数量	
	科技水平	宽带入户率	
		互联网入户率	
		流通行业科技创新水平	定性
	市场环境	城乡居民人均可支配收入	
	制度环境	流通体系制度建设完善程度	定性

（一）总体发展

2021年，我国开启了建设社会主义现代化国家新征程，流通业高质量发展是时代的主题，流通行业将由比较注重追求高速增长、规模扩张转向高质量发展、集约化发展新阶段，更加注重质量效益、品质品牌和适当的速度、必要的规模之间的协调统一。因此，应重点从总体上衡量现代流通高质量发展的规模、效率和结构，以体现现代流通总体规模潜力、质量水平、发展效益水平。

（二）创新发展

目前，信息化技术和数字化技术日新月异、迅猛发展，数字化技术已经快速融入商业和生活服务业的方方面面，对未来流通业进行新的赋能、提供新的机会。流通创新主要包括流通制度、流通技术、流通组织和流通模式等方面，智慧商业、智慧物流、智慧零售、智慧厨房与餐饮等已经成为行业未来创新发展的主要方向。现代流通创新指标重点衡量在当前新一代信息技术变革的背景下，通过数字化科技创新提升现代物流体系发展质量和水平，以电子商务、跨境电子商务和网上交易作为主要衡量指标。

（三）绿色发展

绿色发展是我国五大新发展理念的重要内容之一，可持续发展不仅是国家民族未来发展的必然要求，也是现代流通自身发展的客观要求。绿色发展将为流通业，包括批发、零售、餐饮、生活服务业、商业地产、商贸物流等流通领域带来全新变化。为全面贯彻绿色发展理念，支撑我国实现“双碳”目标，需要加强绿色流通产业发展。绿色发展指标重点衡量流通行业能耗水平、绿色低碳流通方式、再生资源利用等发展水平。绿色流通是连接绿色生产和绿色消费的桥梁，旨在提高资源的利用率，降低社会物流成本，其发展可以加快现代流通走上资源节约和环境友好的道路。流通高质量发展在内涵上充分考虑了资源和能源的节约以及环境的改善，是一种基于经济、能源、环境和谐发展的现代流通方式。因此，绿色发展重点包括流通业单位增加值能耗、物流费用占 GDP 比重、新能源物流设施装备率、再生资源回收总量增长率等指标。

（四）开放发展

开放发展是现代流通高质量发展的必经之路，以更高水平的开放，实现国际贸易的互利共赢，促进内外贸协同发展，是流通高质量发展的基本特征，发达的对外贸易是高水平对外开放的重要标志，所以需要持续扩展对外贸易，进行业态和模式的创新，通过流通开放发展衡量我国构建双循环的新发展格局中内外流通互联互通水平，以对外贸易和投资强化国际国内流通畅通。其中，贸易指标包括进出口货物贸易额及年均增长率、进出口货物贸易额占 GDP 比重、外资流通业销售额占比等指标；投资指标包括对外投资（非金融类投资）规模及年均增长率、实际吸收外资规模和年均增长率、流通业外商直接投资占流通业固定资产投资比重、流通业海外产值占比、流通业在海外固定资产投资及增长率、跨国流通企业数量等指标。

（五）发展环境

流通环境是现代流通体系构建的重要保障，是影响和制约流通运行的外部条件和外部因素，主要包括经济、政治法律和社会文化环境等。发展环境指标重点衡量现代流通的软硬件环境，具体包括交通基础设施建设、科技水平、市场环境、制度环境等，体现了现代流通发展环境质量。

执笔人：元利兴

第六章

加快构建现代市场体系

建立统一开放、竞争有序的现代市场体系是当前我国经济高质量发展的重要保障，也是现代流通体系建设的重要内容和目标。《中共中央 国务院关于加快建设全国统一大市场的意见》提出要立破并举，加快建立全国统一的市场制度规则，打破地方保护和市场分割，打通制约经济循环的关键堵点，促进商品要素资源在更大范围内畅通流动，全面推动我国市场由大到强转变。应充分发挥我国具有建设超大规模市场的基础优势，加快推动国内市场一体化，形成国内统一大市场，培育构建超大规模市场。着力完善现代商贸流通体系建设，提升市场流通和运行效率。不断丰富现代市场内涵，大力发展金融、数据等要素市场。加快培育和重构现代市场主体，推进市场主体创新转型发展，形成现代批发市场、社区商业、商业超市、电子商务、跨国公司等多层次市场主体。加快现代会展业发展，发挥国家重大会展平台作用，提升国际会展影响力和拉动力，推动国内国际市场双循环。

一、加快构建形成国内超大规模市场

我国拥有 14 亿多人口、4 亿多中等收入群体、960 万平方千米国土面积，是全球最具成长性的内需市场，目前已经成为并将稳居全球第二大消费国，2020 年社会消费品零售总额为 39. 2 万亿元（见图 6. 1），最终消费占 GDP 比重达到 54. 3% 。其中，实物商品网上零售额同比增长 14. 8% ，连续 8 年成为全球第一大网络零售市场。2020 年尽管受到新冠疫情影响，但我国对外贸易再创新高，全年货物进出口 32. 2 万亿元，增长 1. 9% ，总量规模和国际市场份额双双创历史新高。其中，出口 179326 亿元，增长 4. 0% ；进口 142231 亿元，下降 0. 7% 。货物进出口顺差37096亿元，比2019年增加7976亿元。根据海关总署发布的数据，2021年前三季度我国货物贸易进出口总值28.33万亿元，比2020年同期增长22.7%，货物进出口贸易保持连续五个季度的正增长。其中，出口15.55万亿元，增长22.7%；进口12.78万亿元，增长22.6%。与2019年同期相比，我国外贸进出口、出口、进口分别增长23.4%、24.5%和22.0%（见图6.2）。服务进出口近年来保持较快增长，到2019年达到5.42万亿元。受新冠疫情影响，2020年我国服务进出口总额达到45642亿元，同比降低15.7%。其中，进口19356亿元，同比降低1.0%；出口26286亿元，同比降低24.0%。2021年1—8月，我国服务进出口总额32716.6亿元，同比增长9.4%。其中，服务出口15499.9亿元，增长25.3%；进口17216.6亿元，下降1.8%（见图6.3）。我国服务贸易保持良好增长态势。预计未来我国零售市场消费、货物进出口和服务进出口规模还将保持继续增长，中国市场作为全球超大规模市场的优势进一步凸显。

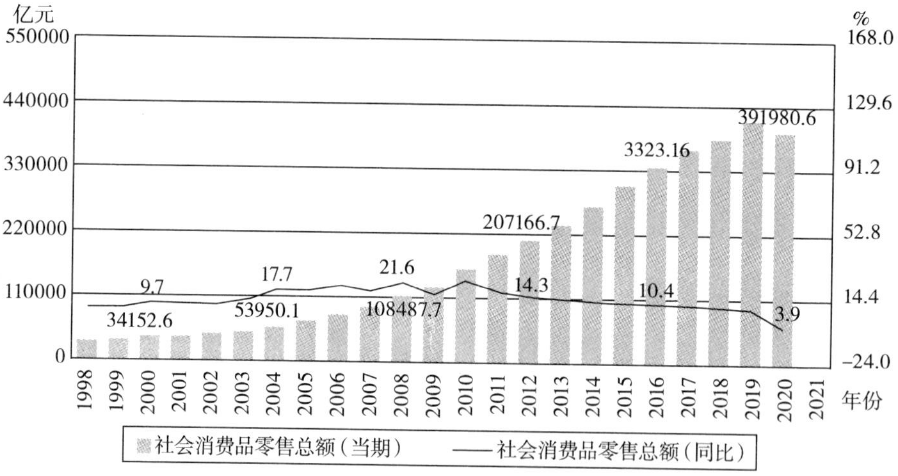

图6.1 1998—2021年我国社会消费品零售总额

资料来源：国家统计局。

尽管我国具有超大规模市场的基础和优势，但是在构建全球市场、国内统一大市场及开放型经济水平等方面仍面临区域和城乡市场壁垒、

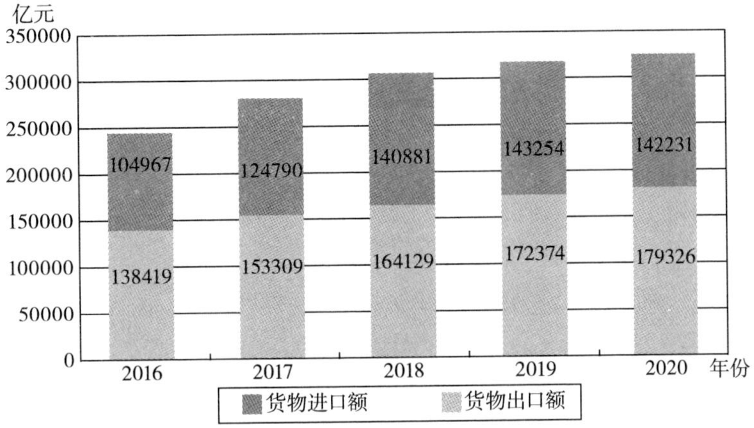

图 6.2　2016—2020 年我国货物进出口总额

资料来源：国家统计局。

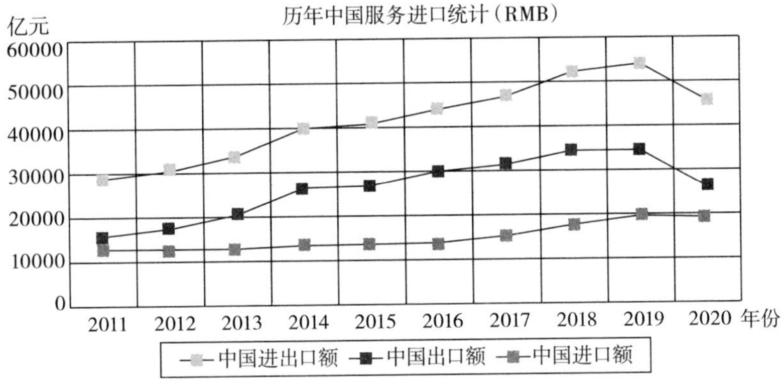

图 6.3　2011—2020 年我国服务进出口总额

资料来源：国家统计局。

内外贸市场分割、基础性服务行业垄断、要素流动受阻、城乡二元分割体制、流通基础设施供给不足、营商环境不完善、收入分配失衡等问题。

因此，为加快充分发挥国内超大规模市场优势，以强大国内市场推动构建高水平的现代市场体系，应重点加强构建全球有影响力的世界市场、推进市场一体化以构建国内统一大市场等方面的工作：

一是构建具有全球影响力的世界市场。充分发挥我国超大规模市场优势，加快培育完整的内需体系，着力贯通生产、分配、流通、消费各环节，畅通国内大循环，不断培育和拓展国内大市场，更多地为国内消费者生产高品质产品，形成需求牵引供给、供给创造需求的更高水平动态平衡，依托畅通的国内大循环实现高质量发展。提高就业水平，优化完善收入分配结构改革，提升人民群众对高品质生活的消费能力，推动消费升级和扩容。提升全社会投资动能和水平，发挥财政投资的引导作用，提升全社会投资规模和质量。以畅通的国内大循环吸引全球资源要素，充分利用国内国际两个市场、两种资源，积极促进内需和外需、进口和出口、引进外资和对外投资协调发展，推动形成供需衔接、城乡和区域一体、内外贸互联的全球大市场。通过继续深化对外开放，对标国际先进规则，加大国内市场特别是服务市场的开放力度，促进国内外要素资源的自由流动和高效配置，建立适应在全球范围配置和利用资源的高水平规则体系，提高国内国际市场的接轨程度，努力成为具有全球影响力的世界市场。

二是加快完善国内统一大市场。发挥消费的基础和引领作用、投资的关键和支撑作用，通过增加收入和改善分配，培育壮大中等收入群体，鼓励消费创新和培育消费新增长点，开辟投资新空间，加快构建规模巨大、层次完善和创新活跃的强大内需市场。充分发挥国内强大的消费能力和规模优势，以扩大内需为基点，坚持平等准入、公正监管、开放有序、诚信守法，畅通市场循环，疏通政策堵点，打通流通大动脉，建设国内统一开放、竞争有序、制度完备、治理完善的高标准市场体系，加快推动构建强大国内统一市场。深化区域市场一体化制度改革，破解影响区域市场一体化的体制机制，实现市场一体化和流通一体化相互促进。加快建立全国统一市场的制度安排，促进中央与地方事权、财权调整和合理匹配，全面深化财税体制改革，完善地方政府考核机制。构建统一的市场准入制度，打破和消除限制市场和流通一体化的显性和隐性行政区划壁垒，打破条块分割的管理体制，建立跨区域一体化、统筹协调监管、有力有效的多层次市场监管体系。围绕国内统一市场建设，以市场化手段打通流通堵点、打破渠道“瓶颈”，构建全方位的流通平台，减少人为因素形成的“区域分割”，以流通一体化推动区域市场一体化。

三是以重大区域战略推动区域市场一体化。充分发挥区域内各类合作园区、新区、试验区、示范区等功能平台的辐射带动作用，提升区域统一市场合作水平。加快推进京津冀、长江经济带、粤港澳大湾区、中部崛起、西部大开发、东北振兴等重大区域战略，以京津冀、长三角、粤港澳大湾区和成渝地区双城经济圈发展极，长江中游、山东半岛、海峡西岸、中原地区等跨区域发展组群，呼包鄂榆、黔中、滇中等发展组团，西部陆海新通道等交通走廊建设和“一带一路”倡议，推动区域和跨区域市场流通一体化，推动构建全国统一大市场。

四是打造世界级消费中心城市群。以世界级城市群建设支撑推进国际消费中心城市建设，加快消费转型升级，提升国际城市消费功能，加快培育建设国际消费中心城市，带动一批大中城市提升国际化水平，建设若干立足国内、辐射周边、面向世界的具有全球影响力和吸引力的综合性国际消费中心城市，带动北京、天津、上海、南京、广州、深圳、重庆、成都、武汉、郑州、西安等城市形成若干具有国际竞争力和影响力的综合性国际消费中心城市，带动形成一批辐射周边国家和地区的专业化、特色化、区域性国际消费中心城市，打造京津冀、长三角、珠三角、成渝、长江中游、中原、关中平原城市群等世界级消费中心城市群，打造形成国际消费资源集聚地和全球消费市场制高点。充分考虑遵循区域和城市发展基本规律，加强统筹谋划、多点布局、错位发展、有序推进，发挥省会城市在区域城市群、省级都市圈中的“领头雁”作用，形成区域性消费中心城市，引领带动周边城市消费发展。

二、着力完善现代商贸流通体系

习近平总书记在中央财经委员会第八次会议上明确提出“要完善现

代商贸流通体系”，现代商贸流通体系既是国内大循环的基础骨架和国内国际双循环的有力依托，也是构建新发展格局的重要战略任务。当前，我国商贸流通体系存在诸多短板：一是成本高。2020 年我国社会物流总费用与 GDP 的比例约为 14.7%，比发达国家高 6 个百分点左右，物流成本相对较高。二是功能弱。在一些专业流通领域服务能力较弱，如冷链物流短板造成我国鲜活食品、医药等领域流通能力较弱。三是国内国际流通衔接不通畅。缺乏跨国商贸流通企业和基础设施建设不完善等，限制了国内国际循环流通效率和水平。四是绿色化智能化程度较低。因此，应进一步推动国际国内互联的现代商贸流通体系建设，加强现代流通基础设施建设和绿色化智能化转型发展等方面的工作。

第一，创新和完善国内国际互联互通的现代商贸体系。强化多边及双边合作机制，充分发挥中国—东盟自由贸易区（CAFTA）、区域全面经济伙伴关系协定（RCEP）、中韩自由贸易区及中国与其他国家已经签订的自由贸易协定和建立的自由贸易区等多边和双边经贸合作机制作用，积极推进中日韩自由贸易区、全面与进步跨太平洋伙伴关系协定（CPTPP）、中欧自由贸易协定、亚太贸易协定等国际经贸合作机制建设，推动跨境流通市场发展。通过双边或多边经贸投资保护协定，建立政府间商贸流通协调机制，完善服务支持政策体系，为流通企业境外投资和运营提供全方位服务，加快推动国内统一市场与双边、多边贸易协定等的耦合，在全球范围复制并形成中国市场网络体系，逐步形成贯通国内外的产业链体系、供应链体系、价值链体系和大市场。统筹推进现代市场体系建设和对外开放，推动国内各区域市场的融合、国内国际市场融合，加快推进国内市场与国际市场融合发展，形成以国内市场为主体、国内国际市场相互促进的市场格局。用好国内国际两个市场、两种资源，实施内外销产品同线同标同质工程，推动内需和外需、进口和出口、引进外资和对外投资协调发展，构建国内国际互联互通的大市场。

第二，加强商贸流通标准化建设和绿色发展。加强商贸流通行业标准建设，完善流通领域标准体系，推进企业之间、监管部门与企业之间的数据共享，为标准化建设和绿色发展提供强有力的基础设施保障。推进流通领域标准化建设，加快物流信息、物流设施、物流装备等的标准对接，大力推广标准化单元配送载体和货运车辆，促进仓储设施设备标准化改造升级。引导企业加强检验检测、质量分级、标识包装及冷链物流等各流通环节的标准应用。推动现代流通绿色化发展，加快车用LNG加气站、充电桩设施布局，支持新能源车辆在邮政、快递领域的应用，鼓励企业使用符合标准的低碳环保配送车型。鼓励在物流园区、大型仓储设施应用绿色建筑材料、节能技术与装备以及能源合同管理等节能管理模式，抑制一次性用品使用、商品过度包装和二次包装，推广使用绿色包材和循环包装。开展绿色商场和绿色饭店创建活动，加强设施设备绿色低碳化改造，推行绿色采购，引导消费者优先采用环保购物袋。调整优化运输结构，加快“公转铁”工作，大力实施全国绿色货运配送示范工程。落实新能源货车差别化通行管理政策，扩大通行便利适用范围，实行纯电轻型货车不限行。

第三，加快推动现代商贸流通设施建设。有效促进各类流通市场协调发展。推进现代流通期货市场、现货市场、中央批发市场、区域批发市场、地方批发市场、零售市场、农产品批发市场、小百货批发市场、药材批发市场、集贸市场、农贸市场等协调发展。统筹推进现代流通软硬件设施建设，积极布局和建设物流枢纽、配送中心、储备库、冷链基地、公共信息服务平台等硬件建设，同时不断提升流通领域研发、供应链优化、人才培养、业态创新、标准制定、新技术推广、市场营销等方面的能力。推进流通领域新型基础设施建设，以新基建为契机，夯实流通领域新型业态发展的基础。引导各类资本投向服务器、5G、超高清视频终端等新型流通基础设施建设领域，加快社区和写字楼布局快递、外卖无接触取货点或智能取货柜。支持关系居民日常生活的商贸流通设施改造升级，着眼以供给侧结构性改革带动消费增长，有序推进现代中央商务区、大型商业综合体和商业步行街布局建设。完善城乡物流快递末端设施建设，统筹做好主城区农贸市场、生鲜超市、社区菜店、生鲜电商前置仓等终端网点规划布局，持续推进便民市场改造升级。实施“邮政在乡”“快递下乡”“快递入区”工程，加快布局县级分拨和快件处理中心、乡镇级递送节点和村级公共服务站点，推动邮政快递企业、物流企业与智能快件箱运营企业合作开展智能快件箱（信包箱）共建共享。加快供销系统农产品、农业生产资料流通网络数字化改造。推动城市流通连锁经营企业、快递企业完善网点布局，老旧小区改造要增设流通设施，新建住宅区要规划配建一定面积的社区菜店、便利店、快件寄递点等流通网点，打造“15 分钟便民生活圈”。

三、充分拓展和丰富现代市场内涵

近年来，我国商品市场发展较快，但是与之紧密相关的要素市场发展依然较慢，为构建现代市场体系，必须发展与之相匹配的要素市场体系，以此丰富和拓展现代市场体系内涵。当前，我国要素市场体系还不健全、要素市场发育还不充分，政府和市场的关系没有完全理顺，在众多领域还存在市场激励不足、资源配置效率不高、微观经济活力不强等问题，其中最核心的因素是要素流动不畅问题。资本、数据等要素流动受到阻碍，影响现代市场体系建设。为进一步丰富和拓展现代市场体系，当前应加快金融资本市场、数据等市场建设和高质量发展。

一是推动金融市场高质量发展。完善金融支持创新体系。构建金融有效支持实体经济的体制机制，提升金融科技水平，增强金融普惠性，强化提升金融支持实体经济发展的功能作用。完善绿色金融的政策体系框架，积极加快发展绿色金融，引导资金流向节约资源技术开发和生态环境保护产业，引导企业生产更加关注绿色环保，引导消费者形成绿色消费的理念，推动绿色金融的可持续发展。持续稳定推动金融市场对外开放，进一步建设和推动中国香港、新加坡等离岸人民币市场发展，为境内外市场主体提供“两个市场、两种资源”服务，引导离岸中资银行提升人民币的流动性，完善结算、兑换、融资等业务服务水平，丰富人民币离岸市场股票、债券、期货等金融产品，增加境外投资者持有人民币资产的途径。利用区块链理念和技术，推动建设面向东盟的跨境支付试点，逐步向区域全面经济伙伴关系协定（RCEP）成员国银行扩展，逐步构建 RCEP 范围内跨境结算体系。有序推动资本市场制度型对外开放，稳妥推进银行、证券、保险、基金、期货等金融领域开放，深化境内外资本市场互联互通，健全合格境外投资者制度。

二是推动培育数据要素市场快速发展。推动全社会各类数据融合流动，建立完善数据资源化、数据资产化、数据资本化机制，加快培育发展数据要素市场，促进数据流通交易。研究制定加快培育数据要素市场的意见，建立数据资源产权、交易流通、跨境传输和安全等基础制度和标准规范，推动数据资源开发利用。建立数据产权确权体系，明确可交易数据的范围；确立透明的数据定价机制，保障数据交易主体利益。构建“供给、需求、监管”多方协同的数据交易体系。在京津冀、粤港澳、长三角、成渝等基础条件较好的地区建设一批区域大数据中心，加快推动数据交易机构建设，逐步完善和提升上海数据交易所、北京国际大数据交易所、贵阳大数据交易所、西咸新区大数据交易所、武汉东湖大数据交易中心、华东江苏大数据交易平台、哈尔滨数据交易中心、中国工信数据、华中大数据交易所、重庆大数据交易市场、浙江大数据交易中心等数据交易机构功能。建立数据交易市场生态，推动数据生产商、服务商、交易商与政府监管机构、交易机构和谐互动，推动数据市场良性发展。强化跨区域数据交易体制机制创新，制定出台数据共享责任清单，加强跨区域、跨部门数据共享交换探索，以长三角、粤港澳大湾区、京津冀等区域为试点探索建立跨区域大数据交易示范区。积极参与数字领域国际规则和标准制定，推动跨境数据交易市场发展，积极探索建设“一带一路”国际大数据交易示范区、海南自贸区（港）跨境数据港，加快离岸数据中心和全球数据港建设，培育形成全球数据要素生态体系。

三是加快构建统一的碳交易市场体系。加强各地区碳交易市场跨区域合作，从试点到统一，需要打破区域差异，强化不同地区间的合作，强化跨区域碳产品交易市场发展。优化完善碳交易市场试点布局，强化北京环境交易所、上海环境能源交易所、广东碳排放权交易所等碳交易试点建设，提升跨区域市场交易功能和作用，推动构建全国碳排放交易体系，逐步建立全国性碳交易市场。提升碳市场金融属性，加大碳金融培育力度，创新碳金融交易产品，拓展碳市场现货交易、衍生品及其他碳金融产品，丰富碳衍生品等碳市场交易品种，推动碳市场交易产品多元化发展。健全碳市场监管机制，明确碳排放权的总量标准、分配方式、交易规则及市场参与者等相关法律法规，营造良好的碳交易市场环境，推动构建统一的碳交易市场体系，保障我国“双碳”目标的顺利实现。

四、加快重构多层次现代市场主体

近年来，我国各类交易市场稳步发展，商品交易市场主体数量和经营面积虽然下降，但是成交额稳步增长。据《中国商务年鉴 2020》统计数据，2019 年全国亿元以上商品交易市场数量为 4037 个，同比下降 6.03%（见图 6.4）；2019 年全国亿元以上商品交易市场总摊位数为 3045931 个，同比下降 4.17%（见表 6.1）；2019 年全国亿元以上商品交易市场营业面积为 28447.37 万平方米，同比下降 2.55%（见图 6.5）；2019 年全国亿元以上商品交易市场成交额为 112016.78 亿元，同比增长 2.42%，其中亿元以上批发市场成交额为 98733.41 亿元，同比增长 3.58%，亿元以上零售市场成交额为 13283.37 亿元，同比下降 5.46%（见图 6.6）。

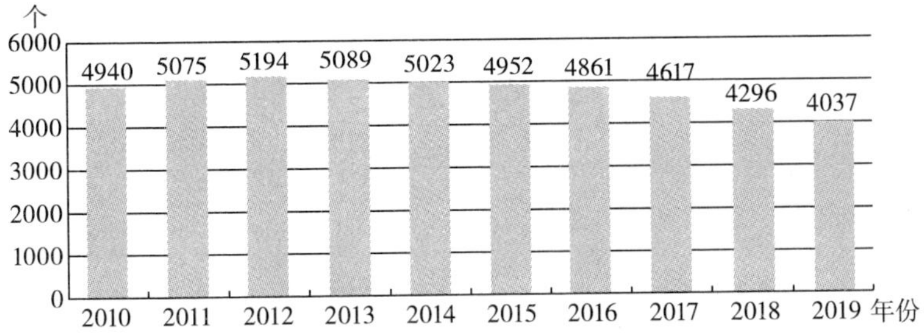

图6.4　2010—2019年亿元以上商品交易市场数量

资料来源：历年《中国商务年鉴》。

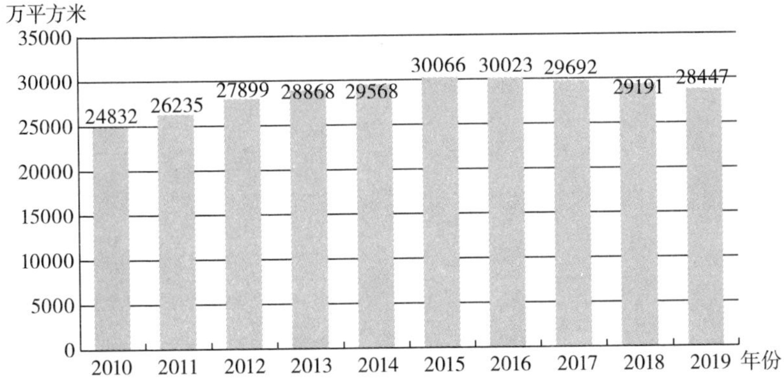

图6.5　2010—2019年亿元以上商品交易市场营业面积

资料来源：历年《中国商务年鉴》。

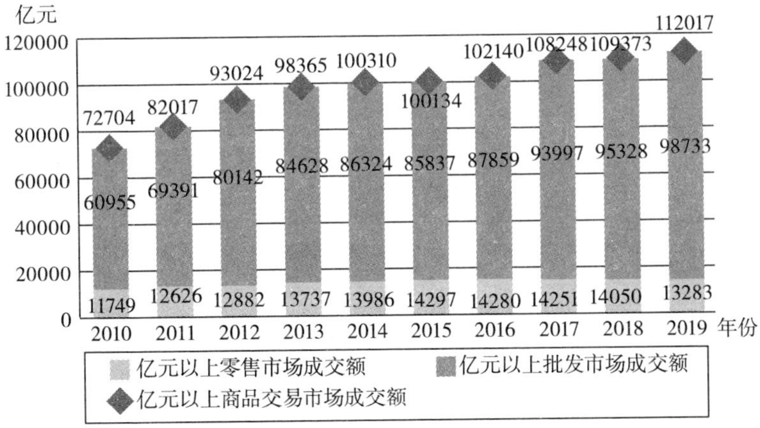

图6.6　2010—2019年亿元以上商品交易市场成交情况

资料来源：历年《中国商务年鉴》。

表 6.1　2019 年亿元以上商品交易市场情况统计

市场	市场数量/个	摊位数/个	营业面积/平方米	成交额/万元		
				总额	批发	零售
全国	4037	3045931	284473664	1120167763	987334091	132833672
1. 综合市场	1194	1118787	79328702	268952092	232308621	36643471
生产资料综合市场	40	54824	8005950	15718620	15100990	617630
工业消费品综合市场	217	370927	25227917	72577429	62853696	9723733
农产品综合市场	634	369241	24849707	113264818	130985719	17720901
其他综合市场	303	323795	21245128	49670324	41089117	8581207
2. 专业市场	2843	1927144	205144962	851215671	755025470	96190201
生产资料市场	510	250752	55233490	306343525	303864982	2478543
农业生产用具市场	11	3986	1198408	1774702	1774702	
农用生产资料市场	16	2912	464242	1058061	1058061	
煤炭市场	3	2748	406400	1589615	1589615	
木材市场	32	10818	3027952	3566767	3566767	
建材市场	191	106206	23312410	18960786	16482243	2478543
化工材料及制品市场	22	14787	1928918	43132833	43132833	
金属材料市场	161	71422	19551401	211372587	211372587	
机械设备市场	40	20898	2887339	8412707	8412707	
其他生产资料市场	34	16975	2456420	16475467	16475467	
3. 农产品市场	796	470632	39493911	197853127	187873421	9979706
粮油市场	81	22327	3256617	19172947	18854271	318676
肉禽蛋市场	93	39955	3754837	21042384	18827471	2214913
水产品市场	127	65105	4583142	42581853	41309943	1271910
蔬菜市场	224	172658	14928770	38797972	37429656	1368316
干鲜果品市场	105	62521	5894785	38711458	38683334	28124
棉麻土畜、烟叶市场	11	18112	1213041	4729954	4630954	99000
其他农产品市场	155	89954	5862719	32816559	28137792	4678767
4. 食品饮料及烟酒市场	98	48021	3331993	11524338	10509345	1014993
食品饮料市场	26	13716	666310	2084871	1711655	373216
茶叶市场	29	12684	1256455	3079749	2784486	295263
烟酒市场	8	2310	226268	1050323	1016280	34043
其他食品饮料及烟酒市场	35	19311	1182960	5309395	4996924	312471

续表

市场	市场数量/个	摊位数/个	营业面积/平方米	成交额/万元		
				总额	批发	零售
5. 纺织服装鞋帽市场	421	591446	34025416	157448566	148063400	9385166
布料及纺织品市场	54	98056	10483707	71808380	71356744	451636
服装市场	274	374842	19190409	62784990	55686347	7098643
鞋帽市场	33	19646	1191147	4890653	4812746	77907
其他纺织服装鞋帽市场	60	98902	3160153	17964543	16207563	1756980
6. 日用品及文化用品市场	74	58521	3647087	18961742	18311902	649840
7. 小商品市场	35	25728	1466273	5798840	5578178	220662
8. 箱包市场	5	11354	700740	7055163	7055163	
9. 玩具市场	3	1350	322750	309118	309118	

电商主体发展迅猛，网上零售总额持续快速增长。企查查数据显示，近10年来我国电商相关市场主体年注册基本呈上升趋势。2019年注册量达到最高的73.34万家，2020年新注册市场主体66.38万家，其中，企业注册量41.46万家，个体户注册量24.92万家（见图6.7）。2013—2015年，是我国电商市场第一段高速增长期，相关市场主体年注册量同比增长率均在70%以上。2019年为第二个高速增长期，市场主体注册量同比增长42.6%，其中，企业增长27.0%，个体户增长85.6%。受新冠疫情影响，2020年电商相关市场主体注册量同比下降9.5%（见图6.8）。据国家统计局统计，全国网上零售总额为106324.2亿元，同比增长18.05%（见图6.9）；全国实物商品网上零售总额为85239.5亿元，同比增长21.43%，占网上零售总额的比重为80.17%（见图6.10）。2020年全年实物商品网上零售额为97590亿元，增长14.8%，占社会消费品零售总额的比重为24.9%。

近年来，我国跨境电商规模快速增长。根据中国海关的数据，2020年通过海关跨境电子商务管理平台验放的进出口清单达到24.5亿票，同比增长63.3%，进出口额达1.7万亿元，同比增长31.1%，与2015

年相比，5年间增长了10倍。2020年1—6月，我国跨境电商进出口额达8867亿元，同比增长28.6%，其中，出口6036亿元，同比增长44.1%，高于同期全国货物贸易出口额增速5.5个百分点。相较于其他国家，我国跨境电商企业在政策、供应链、人才方面享有天时地利人和的独特优势。

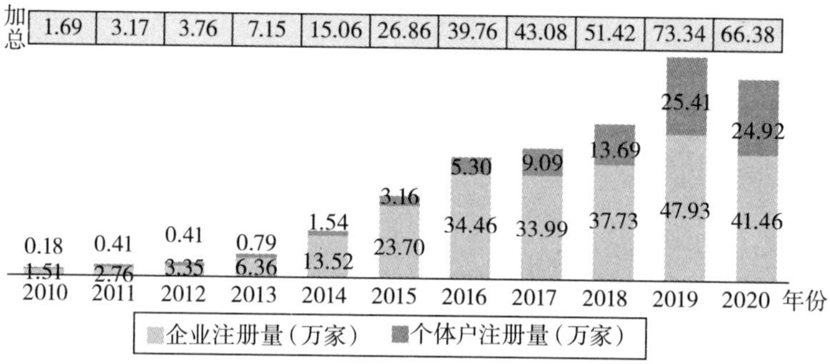

图6.7　2010—2020年我国电商主体数量

注：企业名称，品牌/产品、经营范围带有“电子商务”。

资料来源：企查查。

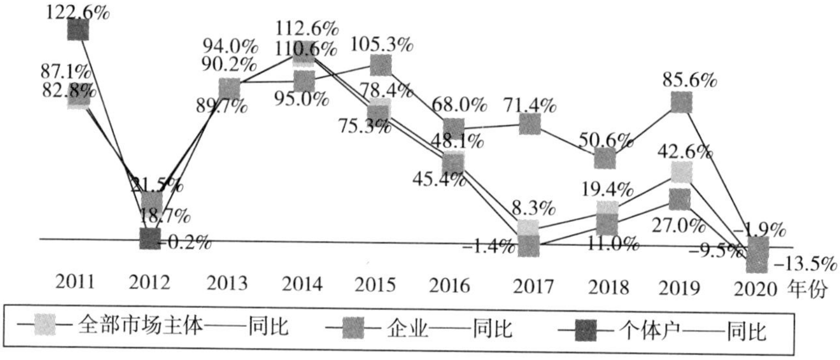

图6.8　2011—2020年我国电商主体数量增长率

注：企业名称，品牌/产品、经营范围带有“电子商务”。

资料来源：企查查。

同时也应该看到，我国尚缺乏具有国际竞争力的跨国零售企业，缺少像沃尔玛、家乐福、永旺株式会社等的大型跨国零售企业，在全球范围内运营能力相对较弱。我国批发市场经营方式相对落后、服务功能单

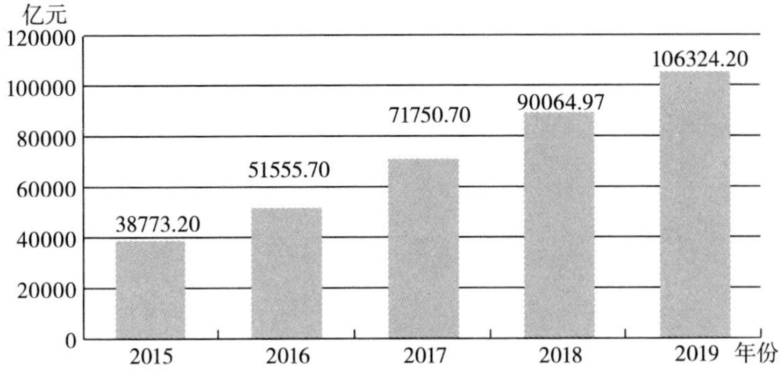

图 6.9　2015—2019 年全国网上零售总额

资料来源：国家统计局。

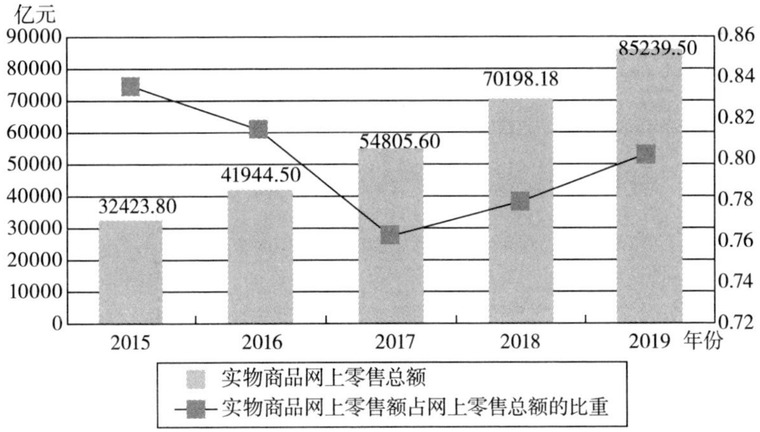

图 6.10　2015—2019 年全国实物商品网上零售总额及占比

资料来源：国家统计局。

一、经营规模较小、经营环境较差、效率较低，亟待建设一批标准化、绿色化、智慧化批发市场。

应进一步加快推动我国现代市场主体创新发展，培育多层次现代市场主体：

一是加快推动批发市场主体创新发展。加快支持推进义乌小商品市场、临沂批发市场、郑州纺织大世界、湖南常德桥南市场、江苏东方丝绸市场、石家庄市南三条集贸批发市场、重庆朝天门批发市场、沈阳五爱市场、湖北武汉汉正街、株洲市芦淞批发市场等国内重要发展模式创新，通过培育多元批发市场主体、发展跨境电商、整合国际国内市场、上下产业链整合等途径，构建集设计、体验、新批发零售、服务于一体的批发市场新生态，实现国际化、数字化、现代化发展。因地制宜，合理规划，统一兴建批发市场，避免“滥建”和“漏建”，实现批发市场向现代规划转化。通过促进物流服务升级、减少流通成本和交易环境创新等提高新一线城市零售业态效率，加快推进区域批发市场一体化建设。加强批发市场新老基础设施建设，特别是5G基站建设、大数据中心、人工智能和互联网等新基建建设；建设数字批发市场，建立城郊批发超市，发展家庭式一揽子购物、整合配送等业务。积极引导批发市场主体向现代网上购物中心转化，与民营电商企业形成优势互补，加快智慧化、多元化批发市场建设。

二是推动互联网、物联网平台企业规范持续健康发展。制定好商业互联网、物联网平台经济发展的总体战略与规划，明确平台经济的发展方向，界定好不同类型平台在国家发展、行业发展、地区发展中的地位与作用，支持平台创新发展，提升国际竞争力。依托京东、阿里巴巴、淘宝等大型电商平台企业，布局建设电商基地，发展电商总部经济，推进流通新业态新模式发展，重点打造文旅电商平台、跨境电商平台、生鲜电商平台、社交电商平台。推动和规范电商经济发展，布局和打造具有全国影响力的直播电商平台、建设若干特色直播电商基地、培育优质MCN（多频道网络）机构、扶持专业直播服务机构、促进直播电商与各行业融合发展、营造多元化商业应用场景，支持直播电商主体做大做强。

三是培育一批具有全球竞争力的跨国现代流通企业。鼓励优势流通企业通过多种方式组建流通企业集团和商贸联合体，培育壮大惠民连锁企业，争取更多企业进入全国零售百强和连锁百强。积极引进一批国外知名商贸流通企业。鼓励流通企业“走出去”设立海外仓，加快跨境电商零售进口试点。培育壮大具有国际影响力的现代商贸流通企业，提升我国商贸物流企业在全球产业链、供应链、价值链上的竞争优势，推进国际贸易中心、物流枢纽与供应链创新中心建设。

四是加快推动现代市场主体创新转型。进一步加快新一代信息技术的应用和普及，推进现代市场主体数字化、智能化改造和跨界融合，大力提升流通企业对外服务和对内管理的数据化和智能化水平。大力发展智慧物流，开发应用物流管理软件技术，加快建设智能化仓储设施，推广应用智能运载装卸设备。支持大型商贸企业开展直采直供、网络批发零售等新型业务，搭建5G＋VR全景虚拟导购云平台，推进线上消费能力和线下生产能力深度融合。推动商贸流通主体与新型社交媒体、电商平台、在线娱乐服务商合作或拓展C端业务，发展网络视频购物、直播带货、自动下单、自动配送等服务。鼓励大型实体商店向智能化、多样化商务服务综合体转型，由商品销售为主转向“商品＋服务”并重。推动商贸流通企业向现代供应链管理企业发展；引导零售企业积极发展连锁经营，向社区型便民服务商转变；加快推进供销社综合改革，打造服务农业生产、农民生活、农村发展的综合平台。开展电子商务示范基地创建活动，培育一批电商示范企业、示范平台；深入开展农村电子商务示范县创建，畅通农产品进城和工业品下乡网络流通渠道。

五、加快培育和发展智慧型社区商业网络体系

社区商业作为与居民消费最为接近的市场，是推动便利消费及扩大就业的重要平台和载体，能够最大限度地满足居民日常生活基本消费和品质消费，对于促进形成强大国内市场、服务保障民生、扩大内需、畅通国民经济循环、满足人民日益增长的美好生活需要，具有重要意义。

近年来，在国务院及商务部相关部门出台推动社区商业建设政策的推动下（见表6.2），社区商业网点及设施建设迅速增加，社区便利店、菜市场等数量逐步增长。据商务部流通产业促进中心数据，2019年，全国有6923个城市街道、8.7万个城市社区，共有商业网点700多万个，涉及餐饮店、便利店、美容美发店、药店、菜市场、洗衣店、健身

房、维修点等多种业态（见图6.11），消费总额约占社会消费品零售总额的30%。近年来，在商务部及相关部门联合推动“一刻钟便民生活圈”等政策推动下，社区商业快速发展。

表6.2　近年来国家出台的主要社区商业政策

日期	名称	主要内容
2018年6月	商务部《关于加快城乡便民消费服务中心建设的指导意见》	大力推进城乡便民消费服务中心建设工作
2018年9月	《中共中央　国务院关于完善促进消费体制机制进一步激发居民消费潜力的若干意见》	促进社区生活服务集聚式发展，鼓励建设社区生活综合服务中心
2019年4月	商务部《关于进一步推动城乡便民消费服务中心建设的通知》	继续推动城乡便民消费服务中心建设，并进一步扩大建设范围，增加建设数量，将社区便民服务中心和街区生活服务集聚中心建设范围由中心城市扩大到所有城市，有条件的城市进一步加大社区便民服务中心网点密度
2019年7月	商务部《关于推动便利店品牌化连锁化发展的工作通知》	全国推进品牌连锁便利店建设工作
2019年8月	国务院办公厅《关于加快发展流通促进商业消费的意见》	将智能化、品牌化连锁便利店纳入城市公共服务基础设施体系建设
2019年12月	商务部印发《关于开展便利店品牌化连锁化三年行动的通知》	健全城市公共服务基础设施，织密便民消费网络，优化便利店营商环境
2020年1月	商务部等13部门联合印发《关于推动品牌连锁便利店发展的指导意见》	在加强规划政策引导、深化“放管服”改革、推动品牌化发展、创新智能化经营、提升连锁化水平五个方面提出了18项政策措施
2020年8月	商务部《关于开展便利店品牌化连锁化三年行动的通知》	进一步提升便利店品牌化、连锁化水平，织密便民消费网络，提高便民服务质量，激发消费潜力
2021年5月	商务部等12部门《关于推进城市一刻钟便民生活圈建设的意见》	便民生活圈打造成为促进形成强大国内市场、服务保障民生、推动便利消费及扩大就业的重要平台和载体
2021年7月	商务部等11部门关于印发《城市一刻钟便民生活圈建设指南》的通知	通过打造“百城千圈”，建设一批布局合理、业态齐全、功能完善、智慧便捷、规范有序、服务优质、商居和谐的城市便民生活圈

资料来源：笔者整理。

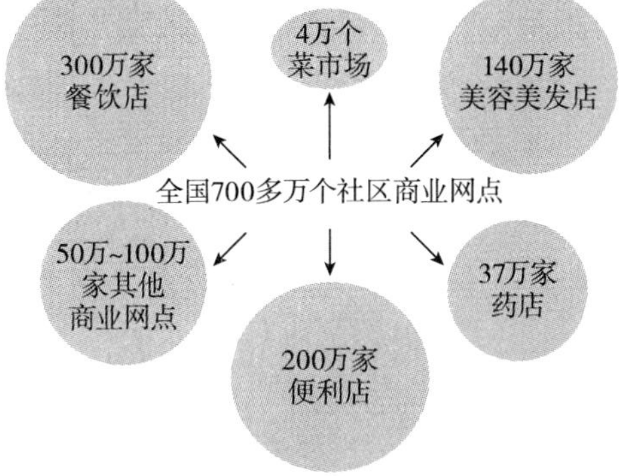

图 6.11　全国社区商业网点类型分布

资料来源：商务部流通产业促进中心。

据统计，2020 年我国便利店门店规模达到 19.3 万家，其中，传统便利店 14.4 万家，增速约 9%，基本维持 2019 年水平，规模门店增速放缓，其余门店贡献更高增速。2020 年超市或便利店数量依然增长，社区门店扩张最快。2020 年中国百强超市企业门店总数为 3.1 万个，同比增长 7.4%。其中，大型超市（6000 平方米及以上）约占总门店数的 14.4%，超市（2000 ~ 6000 平方米）约占 12.3%，社区超市（小于 2000 平方米）约占 73.3%。超市百强净增的 2095 个门店，绝大部分是贴近社区、以经营生鲜食品为主的社区型门店。另外，近年来社区购物中心成为便民生活圈的热点，数量和体量持续增长。2010—2019 年项目数量年均复合增长率为 30%、体量增长率为 31%，截至 2019 年 10 月，全国社区型购物中心共计 1600 个，总存量超过 9000 万平方米。2020 年菜市场数量近 4 万家，同比增加 11.7%，零售规模 30810 亿元，同比增长 2.9%。菜市场主体数量和交易规模实现“双升”。

社区商业出现新的发展趋势特点。一是社区商业业态功能多元化发展趋势明显。随着社区居民消费需求的品质化、个性化发展，便民生活圈的业态功能也日益多元，便利店、综合超市、菜市场、生鲜超市（菜店）、早餐店、美容美发店、药店等基本保障类业态不断完善，运动健身、老年康护、特色餐饮、新式书店、幼儿托管等品质提升类业态增加趋势明显。二是大数据、网络、5G等新技术推动社区商业变革。近年来便利店线上业务迅速增加，尤其受新冠疫情影响，网络直播、社区团购等模式的普及，便利店线上业务发展进一步加速，社区商业线上线下融合发展趋势凸显，未来将形成数字化、智慧化的社区商业网络（见图6.12）。三是品牌化、连锁化趋势明显。便利店、超市、专业店、餐饮、社区服务将逐步品牌化、连锁化、标准化，不但提高了商品和服务的质量，也提高了社区商业的效率。

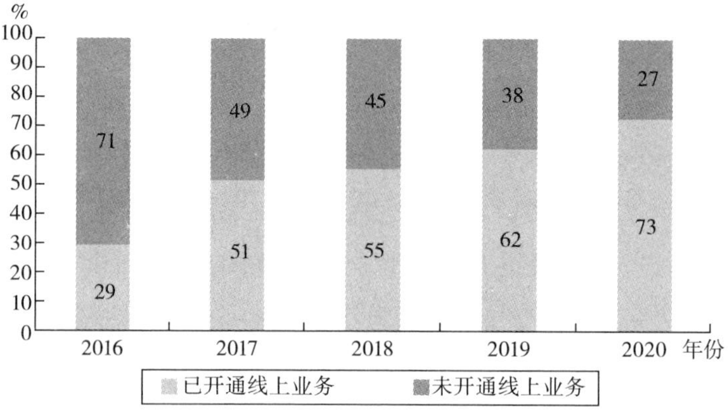

图6.12　2016—2020年便利店开通线上业务比例

资料来源：根据中国连锁经营协会、华经产业研究院整理。

但目前仍存在社区商业设施建设不完善、网点布局不够合理、业态配置尚需进一步丰富、智慧化建设程度低、服务能力弱、政策支持力度不够突出等问题，阻碍了社区商业主体和市场发展。为进一步推动社区商业网络体系建设，应重点加强以下几个方面的工作：

一是构建全业态社会商业网络体系。因地制宜地科学布局社区便民服务网络，不断补充生活保障类业态，日益丰富品质提升类业态，有效解决便民生活圈商业网点布局不均衡、业态不完善等问题。进一步完善社区商业政策措施，创新监管理念，加快发展新业态、新模式，培育现代社区消费文化，建设便民惠民智慧服务圈。强化社会商业、养老、医疗、教育、交通、文体等基本公共服务设施建设，加快推进支持与居民日常生活密切相关的便利店、综合超市、菜市场、生鲜超市（菜店）、早餐店、美容美发店、洗染店、药店、照相文印店、家政服务点、维修点、再生资源回收点、邮政快递综合服务点、前置仓、托儿所等进社区，形成集社区商贸零售、文化、休闲娱乐、医疗健康、餐饮等多场景于一体的社区商贸服务综合体，打造“15 分钟社区生活圈”。

二是加快推动智慧型社区商业网络建设。推进“智慧社区商业”建设，推进“互联网＋社区商业”，依托社区微信群、微信公众号、小程序、社区 APP 等信息媒介，搭建社区综合服务线上平台。支持依托智慧社区信息系统以及搭建城市便民生活圈智慧服务平台（小程序或 APP），整合本地商户资源，接入购物、餐饮、休闲、文化、养老、托育、家政等线上功能，提供周边商品服务搜索、信息查询、生活缴费、地理导航及线上发券、线下兑换等免费服务，打造集约式社会商业生态圈，推动接入智慧城市和基层管理服务平台。鼓励企业创新应用 5G、大数据、人工智能、物联网等先进信息技术，支持发展无接触交易、网订店取（送）、自助售卖、无人零售等创新模式，不断拓展便民生活圈应用场景。加快布局智能柜、智慧餐厅、智慧门店、自助洗衣房等服务终端。

三是强化社区商业基础设施建设改造。抓好顶层设计，制定与城市中心商圈建设、老旧小区改造计划、城市更新规划等相衔接的社区商业设施。加大对社区商业建设政策支持，制定房租减免、补贴等政策，加大财政、金融、土地等方面的政策扶持力度。对新建社区提前规划和建设相应社区商业设施，加快对老旧社区商业设施进行提升改造，强化科技型园区及大学等的社区化商业功能，推进乡村镇社区商业网点布局建设，培育形成一批业态多元化、集聚化、智慧化社区商业中心和网点。引导鼓励第三方技术服务商和平台企业为社区商户提供营销、信息、流量、数字化工具等服务，持续推动线下实体店与线上资源深度融合、双轨并进，普及自助结算、扫码支付、刷脸支付等支付技术，推广数字货架、电子价签、无线射频等商品管理技术，优化消费体验。

四是培育壮大社区商业市场主体。加快培育新型社区商业主体，进一步推动社区商业优化供给、转型升级，逐步构建功能完备、服务完善、层次多样的社区商业体系。支持引导品牌连锁经营企业向社区下沉布局，提高商品服务档次。鼓励组织化程度高、供应链齐全、商品种类丰富的知名品牌连锁企业输出品牌、标准、管理和服务，发展多元直营连锁业态，开放供应链、物流及门店资源，通过商业特许经营方式实现品牌化、规范化发展，引导品牌企业整合社区小型门店，为传统便利店提供集采集配等“一站式”服务，提高从生产、加工到包装、分拣的供给端效率。积极培育为社区服务的骨干企业，鼓励规模大、实力强、积极性高的企业更多参与社区商业建设和运营。

六、加快推动现代会展业高质量发展

随着我国商贸流通经济和国际贸易快速发展，我国会展业的现代化水平迅速提高，结构持续优化、产业规模不断扩大、产业主体多元化、空间聚集度不断提高、产业集聚效应明显加大等特点凸显，同时，我国会展业对国内国际市场流通起到了明显的助力作用，北京、上海、深圳、广州、成都、青岛、济南、南京、杭州、重庆等成为会展比较发达的城市，对扩大国内市场和进出口贸易发挥了重要作用。

近年来，我国会展展览数量和水平快速提升。中国会展经济研究会发布的《中国展览数据统计报告》数据显示，全国展览总数从 2011 年的 7333 场增长到 2019 年的 11033 场，展览总面积由 8173 万平方米增长到 14874.38 万平方米，2011—2019 年，展览数量和总面积数平均增长率为 5.61% 和 9.11%。其中，2019 年比 2018 年分别增长 0.6% 和 2%，全年净增长 65 场，展览总面积增长 301.65 万平方米。受新冠疫情影响，2020 年全国境内展览共 5408 场，比 2019 年减少 5625 场，降幅达 50.98%；2020 年全国境内展览总面积为 7726.61 万平方米，比 2019 年减少 7147.77 万平方米，降幅达 48.05%（见图 6.13）；2020 年全国展览馆共298个，比2019年增加6个；2020年正在建设的场馆24个；展馆待建计划比2019年减少10个（见图6.14）；2020年会展业相关公众公司总数23家，其中，A股公众公司5家；2020年办展主体共1971家，比2019年减少了29.71%；2020年独立线上展119场（19%），线下+线上展共509场（81%）；城市展览业发展指数前10强：上海、广州、深圳、北京、成都、青岛、济南、南京、杭州、重庆。总体上来看，受新冠疫情影响，近两年各项指标有所下降，但从近10年来看，仍呈现出快速增长态势，会展业快速发展给地区经济社会发展带来巨大效益。

图6.13　2011—2020年我国展览数量及面积统计

资料来源：中国会展经济研究会。

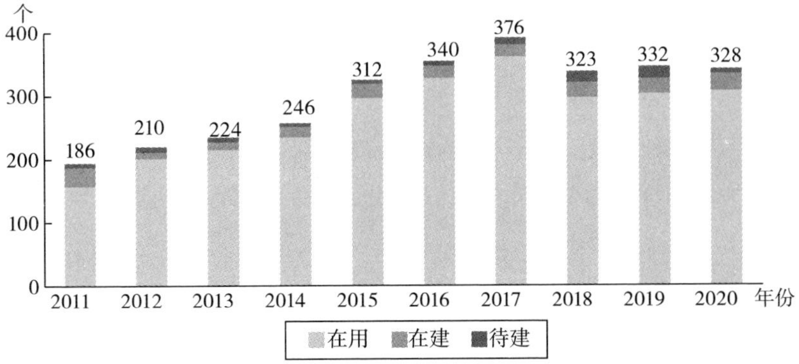

图6.14　2011—2020年我国展览馆数量

资料来源：中国会展经济研究会。

我国会展国际影响力快速提升，有效提升了进出口贸易和引进投资规模和空间。如2018年第一届进口博览会有来自172个国家、地区和国际组织的3600多家企业参展，超过40万名境内外采购商到会洽谈采购，累计意向成交578.3亿美元；2019年第二届进博会期间，共有181个国家、地区和国际组织参会，3800多家企业参加企业展，超过50万名境内外专业采购商到会洽谈采购，累计意向成交711.3亿美元；2020年第三届中国国际进口博览会累计意向成交726.2亿美元。前三届累计意向成交额超2000亿美元，融国际采购、投资促进、人文交流、开放合作四大平台为一体，成为全球共享的国际公共产品。2021年第四届进博会吸引了127个国家和地区近3000家参展商，总展览面积36.6万平方米，世界500强和行业龙头企业参展回头率超八成，累计意向成交707.2亿美元。其他如中国进出口商品交易会（广州）、中国国际消费品博览会（海南）、中国国际投资贸易洽谈会（厦门）、中国国际高新技术成果交易会（深圳）等中国几大展会带动效应也非常巨大。

为进一步加快我国现代会展业高质量发展，发挥现代会展对我国构建强大市场的推动作用，应加强以下几个方面的工作：

一是提升四大国家级展会平台功能和影响力。进一步提升中国国际进口博览会（上海）、中国国际服务贸易交易会（北京）、中国进出口商品交易会（广州）、中国国际消费品博览会（海南）四大国家重要展会功能和全球影响力，带动提升国际市场规模，充分发挥“四大展会”全球采购平台、投资促进平台、人文交流平台和开放合作平台的作用，强化平台的全球资本、技术、商品、信息、人才等资源要素集聚配置功能，推动形成国内国际双循环的市场发展格局，辐射带动区域经济高质量发展。

二是强化产业集聚发展，打造国际会展之都。鼓励支持展览业市场化发展，加快提升中国国际投资贸易洽谈会（厦门）、中国国际高新技术成果交易会（深圳）、中国（深圳）国际文化产业博览交易会、中国国际消费品博览会（海南）、中国—东盟博览会、中国国际大数据产业博览会、中国义乌国际小商品（标准）博览会、中国—亚欧博览会、中国—南亚博览会、中国—阿拉伯博览会、中国西部国际博览会、中国—俄罗斯博览会、中国—蒙古国博览会、中国国际智能产业博览会等重大国际展会，以及“一带一路”国际合作高峰论坛、“一带一路”贸易投资论坛、中国—东盟“10+1”、亚太经合组织、亚洲博鳌论坛、亚欧会议、亚信合作论坛、中阿合作论坛、欧亚经济论坛、中国—加勒比经贸合作论坛、中国—太平洋岛国经济发展合作论坛、中拉基础设施合作论坛等重要国际论坛的全球影响力，带动提升国际区域市场发展规模和水平。着力提升重大展会的国际化、专业化水平，拓展提升其对商贸零售、生产制造、休闲娱乐、现代服务等生活生产多元市场的辐射拉动功能，打造北京、上海、深圳、广州等国际会展之都。

三是推动“会展+”融合发展，实现会展业创新提升。树立“会展+”经济的发展理念，拓展多业态融合，实现会议、展览、演艺、赛事、节事、庆典多业态全面发展，赋能会展业高质量发展。创新办展模式，充分运用第五代移动通信（5G）、虚拟现实（VR）、增强现实（AR）、大数据等现代信息技术，积极打造线上展会新平台，举办“云展览”，开展“云展示”“云对接”“云洽谈”“云签约”，支持企业利用线上展会、电商平台等渠道开展线上推介、在线洽谈和线上签约等。推进展会模式创新，探索线上线下同步互动、有机融合的办展新模式。以国际化、品牌化、高端化、市场化、专业化、智能化为发展方向，大力实施会展业创新提升行动，着力构建环境优越、配套齐全、品牌响亮、人才聚集的会展经济体系，高质量推动我国从展览业大国向展览业强国发展。

四是打造全新会展模式，带动消费市场发展。探索推进打造“会展+产业”“产业+会展”全新模式，打造现代制造业特色专业展会，以会展经济拉动生产高端装备制造、新能源新材料、生物医药、新一代信息技术、环保等战略性新兴产业和现代农业、现代物流业等产业发展。着力培育一批具有先进办展理念、运营规范、模式创新成效显著的龙头展览企业，支持打造市场竞争力强、带动作用大的区域性或国际性品牌展会。通过发展国际会展经济，聚集全球资源要素，拉动住宿、旅游、商贸购物、消费零售、文化体育、健康养生等生活性服务业发展，积极利用国际展会开拓国际市场。

执笔人：元利兴

第七章

加快构建现代物流体系

服务构建新发展格局，高质量推进现代流通体系建设研究

物流是我国国民经济运行的重要基础和先导性产业，是我国现代流通的基本支撑。多年来，我国高度重视现代物流发展，现代物流从规模到质量均实现了长足进步，但面对推动我国经济高质量发展的新要求和人民日益增长的美好生活需要，面对信息化、数字化技术引领现代流通变革的新要求，我国现代物流发展也需要与时俱进，调整发展理念和建设思路，更加聚焦质量效益、结构优化、创新引领、全面协调、绿色生态，稳步推进我国由物流大国向物流强国转变。

一、着力降低物流总成本

物流总成本偏高是我国物流业一直存在的突出问题，长期以来，我国物流总成本占 GDP 的比例一直维持在 18% 左右，2015 年后，该比例开始大幅下滑，近几年一直维持在 14% 左右，这不仅远高于美国、日本等发达国家 8 ~ 8.5% 的水平，也远高于全球 10 ~ 11% 的平均水平（见图 7.1）。我国物流成本偏高的原因是多方面的：一是我国产业结构以制造业为主，而发达国家产业结构以服务业为主，我国单位 GDP 的物流量高于发达国家，因此物流总成本占 GDP 的比例也必然高于发达国家，随着我国产业结构不断转型升级，服务业、高附加值制造业占国民经济比重上升，物流总成本占 GDP 的比例将会趋势性下降；二是我国物流结构中，成本较高的为公路物流，成本较低的为铁路物流，水运物流较少，而公路物流中高速公路过路费占较大比重，占公路物流运输总成本的 1/3 左右，高速公路过路费又用于贷款修路的还贷，这相当于将我国公路交通基础设施的建设成本分摊到物流成本上；三是我国多式联运仍存在较大的优化空间，各种交通方式没有有机衔接和协调，增加了转运成本；四是信息化、数字化的物流技术还有较大应用空间，先进的物流业态有待培育。

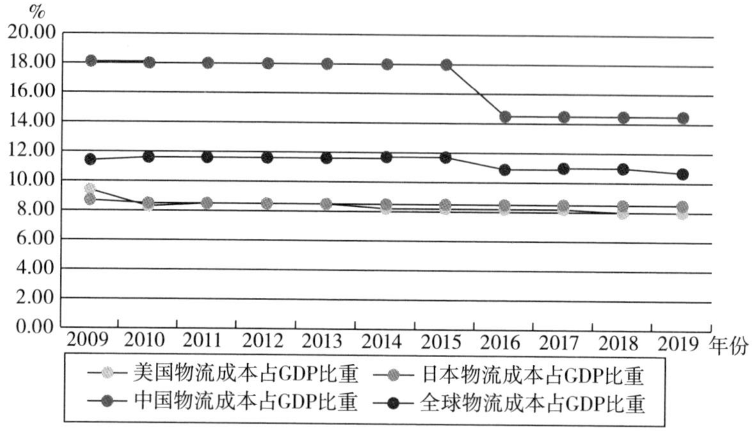

图 7.1 我国物流总成本占 GDP 比重与世界及其他国家比较情况

资料来源：Wind 数据库。

未来我国要着力降低物流总成本，把降低物流总成本作为推动现代流通体制改革的一项中心工作。降低物流总成本要坚持顶层设计和统筹兼顾，以系统性思维来整体谋划。重点应做好几方面工作：一是要推动物流运输结构调整，着力推动物流运输成本相对较低的铁路和水运发展，提高铁路和水运在我国物流运输中的占比；二是要推动多式联运发展，提高多式联运运行效率，实现各种交通方式的无缝衔接；三是要用信息化、数字化、智能化的方式，提升我国物流业的信息数字水平和智能化程度，优化物流组织，提高物流效率。

二、继续推进物流基础设施建设

经过长期持续不懈建设，我国物流基础设施规模不断扩大、服务能力不断增强，已基本形成了以高速铁路、普速铁路、高速公路、国道省道、农村公路、民航机场、沿海港口、内河港口、内河航道等配套衔接的交通物流基础设施网络体系，以及横贯东西、纵贯南北、内畅外通的物流大通道，在我国经济发展、区域协调、改善民生等方面发挥了重要的保障支撑作用。

从具体领域来看，铁路方面，我国是仅次于美国的世界第二铁路大国，覆盖全国的铁路网络基本形成，铁路旅客周转量及货运量均位列世界第一；公路方面，我国公路通车里程及高速公路通车里程均位列世界第一，公路客货运输量及周转量位列世界第一；航运方面，目前我国沿海港口万吨级及以上泊位 2366 个，全国港口货物吞吐量和集装箱吞吐量位列世界第一，全球货物吞吐量和集装箱吞吐量排名前 10 的港口中我国独占 7 席，内河航道里程位列世界第一；民航方面，目前我国民用运输机场总数量已达到 226 个，航空服务覆盖面不断扩大，民航货邮周转量均位列世界第二，目前在建和开展前期工作的新建机场项目约 60 个。

我国物流基础设施建设不仅有量的不断增长，也有质的快速提升，突出表现为物流基础设施技术水平快速提高。我国通过自主研发和引进、吸收、集成创新，在重大工程项目建设技术上不断逼近甚至超越世界先进水平，涌现出一批世界顶尖水平的物流基建项目。以港珠澳大桥、杭州湾跨海大桥、胶州湾跨海大桥、舟山大陆连岛工程等项目为代表，我国跨海大桥建设技术达到世界顶尖水平。以秦岭终南山公路隧道、青藏铁路新关角隧道、港珠澳大桥拱北隧道、广深港铁路客运专线狮子洋隧道等项目为代表，我国隧道设计施工能力已经站在世界前列。以上海洋山深水港、洋山四期自动化码头、青岛港全自动化集装箱码头、长江南京以下 12.5 米深水航道贯通、南海岛礁建设等为代表，我国港口、码头、航道、造岛建设能力取得世界性突破。

我国物流基础设施建设推动了物流装备制造技术的发展，物流装备制造技术创新也推动了物流基础设施建设取得更大跨越，二者形成了相互促进、相互支撑的密切关系。国产大飞机、通用航空器、北斗导航系统、大型和特种船舶、工程机械、铁路轨道、重载货车、港口机械等高技术水准的交通物流设施设备有力推动了我国物流基础设施的建设和发展，在全球物流基建领域助力打造了“中国速度”“中国长度”“中国高度”“中国精度”等举世知名的中国品牌。

尽管我国物流基础设施建设取得了突出进展，但着眼未来，在先进化、数字化、智慧化物流基础设施方面仍有较大短板。一是要继续加强物流大通道建设，进一步完善国家铁路网、公路网覆盖范围，着力建设“八纵八横”高速铁路大通道，完善包括港口、远洋航运、内河航运在内的水运体系。二是要加强物流分拨中心和中转中心建设，目前我国物流干线大通道基础设施已较为完善，但在物流毛细血管中，物流设施依然较为薄弱，特别是距离终端市场较近的分拨中心、中转中心、配送站、物流服务基地等还需加强建设和布局。三是要加强数字化、智能化物流基础设施建设，推动5G、北斗等先进数字和信息传输技术在物流领域的应用。四是要在智能化、智慧化仓库建设方面，着力推动我国物流仓储体系从传统仓储向现代智能化仓储转型。

三、深入推进与周边国家互联互通物流大通道建设

近年来，我国“走出去”步伐不断加快，特别是“一带一路”倡议提出以来，我国物流也正在积极“走出去”，实现全球布局。以亚吉铁路、中老铁路、雅万高铁、匈塞铁路、蒙内铁路、瓜达尔港、比雷埃夫斯港等一批大型物流基础设施项目为引领，我国物流基础设施正在海外由点及面的开展布局。

从与周边互联互通看，我国正在沿“一带一路”六大经济走廊方向开展物流大通道建设布局：新亚欧大陆桥经济走廊方向，以亚欧大陆桥铁路通道为依托的中欧班列发展迅猛，中欧班列主要线路基本情况如表7.1所示；中国—中南半岛经济走廊方向，中老铁路、中泰铁路一期工程已开工建设，广西南宁经凭祥口岸至越南河内的铁路运行稳定，正在研究中越轻轨铁路建设，中国、新加坡两国正在中新战略性互联互通

示范项目框架下构建“陆海新通道”；中巴经济走廊方向，瓜达尔港疏港公路和国际机场、拉合尔至卡拉奇高速公路（苏库尔至木尔坦段）、喀喇昆仑公路升级改造二期（哈维连—塔科特段）、拉合尔轨道交通橙线等一批重大项目已经启动；孟中印缅经济走廊方向，皎漂经济特区深水港项目框架协议已正式签署，中缅“人字形”通道正在启动，未来将形成北起云南，向南经曼德勒，再向东南至仰光、西南至皎漂的陆路物流大通道；中俄蒙经济走廊方向，已基本建成了通过满洲里、绥芬河、二连浩特等口岸，以铁路、公路为主体的跨境通道；中国—中亚—西亚经济走廊方向，中国与中亚国家公路联通更加顺畅，中吉乌跨国道路货运完成试运行。

表 7.1 中欧班列主要线路基本情况

线路	出境口岸	目的站	全程距离	时间
重庆—杜伊斯堡	阿拉山口	德国杜伊斯堡	约 11000 公里	约 15 天
成都—罗兹	阿拉山口	波兰罗兹	9965 公里	约 14 天
成都—维也纳	阿拉山口	奥地利维也纳	约 9800 公里	约 13 天
西安—华沙	阿拉山口	波兰华沙	9048 公里	约 12 天
西安—斯瓦夫库夫	阿拉山口	波兰斯瓦夫库夫	9478 公里	约 10 天
西安—安卡拉	霍尔果斯	土耳其安卡拉	约 12000 公里	约 12 天
郑州—汉堡	阿拉山口	德国汉堡	10245 公里	约 15 天
郑州—列日	阿拉山口	比利时列日	约 1.1 万公里	约 15 天
苏州—华沙	满洲里	波兰华沙	约 11200 公里	约 15 天
武汉—捷克、波兰	阿拉山口	捷克、波兰	约 10700 公里	约 15 天
长沙—杜伊斯堡	阿拉山口	德国杜伊斯堡	11808 公里	约 18 天
义乌—马德里	阿拉山口	西班牙马德里	13052 公里	约 21 天
哈尔滨—汉堡	满洲里	德国汉堡	9820 公里	约 17 天
兰州—汉堡	阿拉山口	德国汉堡	8027 公里	15 天
保定—明斯克	满洲里	白俄罗斯明斯克	约 9500 公里	12 ~ 14 天
西安—安特卫普	阿拉山口	比利时安特卫普	9838 公里	约 12 天
广州—沃尔西诺	满洲里	俄罗斯卡卢加州	11500 公里	15 天
青岛—莫斯科	满洲里	俄罗斯莫斯科	7900 公里	约 22 天

续表

线路	出境口岸	目的站	全程距离	时间
长春—汉堡	满洲里	德国汉堡	近万公里	12～15 天
南昌—莫斯科	二连浩特	俄罗斯莫斯科	约 1 万公里	15 天
唐山—安特卫普	阿拉山口	比利时安特卫普	11000 公里	约 16 天
内蒙古—巴姆	阿拉山口	伊朗巴姆	9000 公里	约 15 天
乌鲁木齐—杜伊斯堡	阿拉山口	德国杜伊斯堡	8000 公里	约 10 天
合肥—汉堡	阿拉山口	德国汉堡	11000 公里	15 天
合肥—阿拉木图	阿拉山口	哈萨克斯坦阿拉木图	4954 公里	9 天
临沂—莫斯科	满洲里	俄罗斯莫斯科	9922 公里	16 天
东莞—杜伊斯堡	阿拉山口	德国杜伊斯堡、汉堡	13650 公里	约 15 天

长期以来，我国一直较为重视国内物流大通道建设，现已建成横贯东西、纵横南北、通江达海、高效畅通的物流大通道，“一带一路”重大倡议提出以后，我国需要加强与周边国家的互联互通，受制于资金筹措、自然条件、工程技术、国际关系等各种条件，部分项目推进难度较大。如考虑到印度激烈反应，中巴铁路仍停留在可行性研究层面；由于相关建设主体在工程方案上未能达成共识，中吉乌铁路一直没能得到较快推进；等等。

要积极顺应我国“走出去”发展大趋势和“一带一路”建设重大倡议，推动我国与沿线国家互联互通，构建与周边国家物流联通大通道，推动我国与沿线国家共同形成货畅其通、物畅其流的一体化大市场。西北方向，继续做大做强“中欧班列”品牌，规划建立一批中欧班列物流中转集运枢纽。加强与吉尔吉斯斯坦、乌兹别克斯坦两国沟通对接，稳妥推进中吉乌铁路建设。西南方向，完成中老铁路建设，研究推动中老铁路进一步向泰国曼谷、柬埔寨金边和西哈努克港两个方向延伸，形成我国联通东南亚的陆路新通道。稳步推进中缅“人字形”通道建设，加快建设通往缅甸曼德勒、仰光、皎漂的公路、铁路，形成我国西南地区出海新通道。东北方向，进一步推动我国至蒙古国、俄罗斯的公路、铁路、口岸等设施建设，视局势变化适时开展我国东北通往朝鲜半岛的陆路通道建设，力争形成覆盖我国东北、俄罗斯远东地区、蒙古国、朝鲜半岛的东北亚国际运输大通道。沿海方向，以我国环渤海、长三角、东南沿海、珠三角、西南沿海五大港口群建设为重点，着力提升港口基础设施发展水平，增强对外辐射能力。沿“21 世纪海上丝绸之路”开展一批港口或码头重大项目建设，完善海外战略支点布局，密切关注北极航道沿线建设发展，增强国内港口与国外重要港口的国际联通能力。

四、培育数字化、智能化物流新业态

随着新一代信息技术、通信技术、数据技术的发展，信息数据等新的生产要素不断融入现代物流产业，传统物流业日益向更加精准快捷的数字物流、智能物流转型，物流新业态不断涌现。突出表现为：一是现代物流与先进通信技术结合越来越紧密，北斗卫星导航系统在交通行业的前装率和使用率显著提高，5G 在现代物流领域获得广泛应用。二是依托数字化、智能化平台的先进物流组织方式不断涌现，现代物流与人工智能融合初步实现，广州、深圳、上海、杭州、雄安等一批城市正在着力打造智能交通示范城市，辅助自动驾驶系统、智能分拣机器人、无人仓、无人机物流、无人车物流等在现代物流中的应用越来越普遍。三是依托互联网、物联网、人工智能等的新经济业态正在蓬勃涌现，智能配送、共享交通等物流新业态的市场规模急剧扩大，物流服务的定制化、精细化、精益化水平不断提升。

以互联网、物联网、大数据、云计算、人工智能等为引领的新一代科技革命和产业革命正在蓬勃发展，并与物流产业相融合，形成了多种多样的物流新业态，物流产业和信息产业、数据产业呈深度融合发展趋势，这也对现代物流发展提出了新的要求。必须把握好科技革命作用于物流业发展的客观规律，瞄准世界科技前沿，聚焦可能引发物流业态变革的引领性技术和颠覆性技术，提早谋划具有全球竞争力的新一代物流基础设施，着力培育数字化、智能化物流新业态。

信息化、数字化是智能化的基础，当前，必须提高物流与互联网、物联网等技术的融合水平，为未来推进智能化物流夯实基础。要进一步推广互联网在物流领域的应用，在相关行业、领域建立大数据平台，综合地理、气象、交通流向、流量等各类数据，为物流发展提供支持。加快推动北斗系统在物流行业的应用，通过提供全天候、高精度的定位导航服务，为车联网、船联网、自动驾驶等发挥基础支撑作用。要积极培育智能化物流业态，以大数据、云计算、车联网等技术为基础，探索构建智慧公路、智慧港口、智慧机场等智能物流业态，为无人驾驶、无人机等智能交通工具发展提供支撑。

“十四五”数字物流建设重点任务如表7.2所示。

表7.2 “十四五”数字物流建设重点任务

重点任务	主要内容
打造综合交通运输数据大脑	部署两级平台架构，全国一体化协同综合平台，数据资源共享共用与有效流动等
构建交通新型融合基础设施网络	智慧公路：完善公路感知网络；基础设施全要素全周期数字化；发展车路协同自动驾驶；重点路段恶劣天气行车诱导；深化ETC应用；建设监测调度管控应急服务一体化智慧路网平台；施工及养护智能化；智慧服务区建设
部署北斗、5G等信息基础设施网络	北斗高精度导航定位服务；车用无线通信；高分辨对地观测；天地一体行业通信网络
建设一体衔接数字出行网络	综合客运枢纽智能化；城市客运智能化
建设多式联运智慧物流网络	物流枢纽智能化；码头堆场自动化；港口自动驾驶应用；船岸智能导助航系统
升级现代化行业管理信息网络	基础设施结构健康及安全风险监测
培育数字交通创新发展体系	团体标准前瞻探索；新基建建设标准；大数据AI区块链行业应用；自动驾驶智能航运测试基地和先导应用试点建设；数字交通研发中心布局
构建网络安全综合防范体系	全链条全要素全周期，事前防范监测预警应急处置三位一体网络安全防护体系。网络安全检测评估；网络模拟仿真平台和攻防训练靶场；网络安全态势感知体系

五、积极推进多式联运发展

目前我国公路、铁路、民航、航运等各领域均各自形成了相对完备的物流网络体系，但受制于部门分散管理、地方利益不一致等原因，各种物流方式相互衔接仍存在一定不足，我国综合物流集疏运体系仍然存在通而不畅的问题。如一些港口、园区、枢纽、场站和铁路、公路没有有效衔接，货物难以快速集散，规划不统一、布局不合理、衔接不顺畅，特别是“最先一公里”和“最后一公里”物流存在短板。集疏运体系不畅制约公铁联运、铁水联运、铁海联运、公水联运等高效率多式联运物流方式的发展。如目前我国铁路集装箱运量仅占铁路全部货运量的5.4%，远低于发达国家30%~40%的水平。目前我国交通运输物流成本占GDP比重较高，集疏运体系不畅导致的运输效率低、费用较高、运输时效长、结构不合理是一个重要因素。我国各类物流基础设施不衔接、不配套的现象普遍存在，制约了多种运输方式集成效应的高效发挥，必须统筹推进各类物流基础设施相衔接、相协调，提升物流服务的质量和效率。

一是要加强既有各类物流基础设施联通。统筹推进铁路场站与高等级公路相衔接，铁路货运站应配套建设能力匹配、衔接顺畅的公路集疏运网络，积极建设铁路货运站的公路集运和分拨点、换装设施，将铁路和公路两大交通系统整合形成更加紧密高效的一体化综合交通系统。在民用运输机场应同步建设高等级公路及货运设施，强化大型机场内部客货分设的货运通道建设。要统筹推进铁路、公路与港口、园区相衔接，完善疏港铁路、疏港公路建设，推动铁路、公路进园区，解决港口、园区“最先一公里”和“最后一公里”的货物集散难问题。

二是要重点打造一批综合交通枢纽。应在全国范围统筹打造一批物流基地、物流中心、物流园区、快递中转站、内陆港等国际性和全国性综合物流枢纽，推进铁路支线、高等级公路、内河航道、沿海港口、货运机场等多种交通基础设施在交通枢纽形成顺畅连接，实施一批枢纽联络线、疏解线工程，围绕综合物流枢纽形成多种交通方式结合、干线支线结合、线上线下结合的综合物流枢纽网络（见表7.3）。

三是要重点完善集装箱多式联运基础设施建设。集装箱多式联运具有高效便捷、集约经济、安全可靠等优势，是货物运输发展的重要方向。要围绕国家“十纵十横”综合运输大通道建设，重点畅通瓶颈路段，着力构建衔接紧密、运输高效的集装箱多式联运通道体系。加强铁路和公路集装箱运输设施对接，选择适合线路发展驮背运输；在具备条件的物流枢纽建立“公共挂车池”，发展甩挂运输；推进港口滚装设施建设，发展滚装运输，进一步提升集装箱多式联运的效率水平。

表7.3　“十四五”期间国家重点建设的物流枢纽

所在地	国家物流枢纽名称
天津市	天津空港型国家物流枢纽
河北省	石家庄陆港型国家物流枢纽
内蒙古自治区	呼和浩特商贸服务型国家物流枢纽
辽宁省	沈阳生产服务型国家物流枢纽
吉林省	珲春陆上边境口岸型国家物流枢纽
黑龙江省	黑河陆上边境口岸型国家物流枢纽
江苏省	连云港港口型国家物流枢纽
浙江省	温州商贸服务型国家物流枢纽
	金华生产服务型国家物流枢纽
安徽省	合肥陆港型国家物流枢纽
福建省	福州商贸服务型国家物流枢纽
江西省	南昌陆港型国家物流枢纽
山东省	日照港口型国家物流枢纽
河南省	安阳陆港型国家物流枢纽
	商丘商贸服务型国家物流枢纽
湖北省	武汉陆港型国家物流枢纽
湖南省	衡阳陆港型国家物流枢纽

续表

所在地	国家物流枢纽名称
广西壮族自治区	柳州生产服务型国家物流枢纽
重庆市	重庆空港型国家物流枢纽
四川省	达州商贸服务型国家物流枢纽
西藏自治区	拉萨陆港型国家物流枢纽
陕西省	西安空港型国家物流枢纽
新疆维吾尔自治区	霍尔果斯陆上边境口岸型国家物流枢纽
新疆生产建设兵团	石河子生产服务型国家物流枢纽
深圳市	深圳港口型国家物流枢纽

六、加快补齐部分地区现代物流短板

尽管我国现代物流体系建设已经取得了较大进展，总体形成了较为完善的全国物流网络体系、多样化的物流业态和较高的物流服务水平，但部分地区现代物流产业发展仍存在短板，存在较为突出的区域不平衡问题，特别是中西部和东北地区现代物流短板较为明显。一方面，中西部和东北地区物流基础设施较东部地区还有一定差距，公路、铁路密度仍然偏低，民航机场建设速度慢于东部地区。其主要原因在于资金瓶颈，由于中西部和东北地区财力不如东部充裕，按照中央和地方出资比例，地方财政难以承担交通物流大规模的资本金需求。特别是西部地区地广人稀，交通物流基建投资财务收益低于东部，为降低成本和风险，部分项目采取了提高资本金的方式，这进一步加大了地方财政的资金压力，交通物流基建项目建设经常滞后。另一方面，中西部和东北地区物流企业主体的活跃度不如东部地区，特别是民营物流企业从数量到企业规模均与东部地区有一定差距。

现代物流是地区经济发展的发动机和助推器，应对接国家区域经济发展、乡村振兴等重大战略，着力补好中西部地区、东北地区、农村地区、贫困地区的物流短板，提升物流服务普惠水平，增强物流对地方经济发展的带动能力。一是要补齐中西部和东北地区物流发展短板，要重点提升物流基础设施在这些地区的覆盖能力，强化中西部、东北与东部之间，中西部、东北内部各地区之间的物流联通水平。二是要补齐农村地区和贫困地区物流发展与建设的薄弱短板，要落实好乡村振兴战略，大力提升农村物流基础设施建设发展水平，着力加强农村公路建设，推动农村公路网改善，人口规模较大的村应实现硬化路通达，保障农村地区基本出行条件，要加强农村邮政快递基础设施建设，解决农村生活性和生产性物流发展滞后问题。

七、对接重大国家战略

为提升我国区域经济发展水平，国家相继提出并实施了长江经济带、京津冀协同发展、粤港澳大湾区、长三角一体化、成渝双城经济圈等重大国家战略。现代物流是上述国家战略设计中的重要内容和落实战略的关键环节，应按照国家战略方向，积极推进相关领域建设。比如在长江经济带沿线地区，要以货运铁路和铁水联运为重点，按照“共抓大保护、不搞大开发”的要求，发挥铁路、公路、水运各自优势，整体设计综合物流体系，特别是要突出高效率、低排放的铁路在综合运输中的关键作用，优化运输结构，要加快铁水联运的枢纽、设施、通道建设；比如，在京津冀地区，要按照交通一体化的思路，建设以首都为核心的世界级城市群交通物流体系，要着力建设京津冀地区城际铁路系统，打造“轨道上的京津冀”，要着力打通京津冀地区高速公路、普通国道的“断头路”和“瓶颈路段”，形成更加畅通、一体化的公路设施体系，推动天津港、唐山港、黄骅港等港口建设统筹布局，形成现代化的津冀港口群；比如，在粤港澳大湾区，要重点打造核心城市之间、核心城市与周边节点城市之间 1 ~ 2 小时通达的快速交通物流体系；等等。

八、积极推进绿色物流建设

要坚持国家生态文明建设的重要部署，坚持“绿水青山就是金山银山”的重要理念，积极落实“双碳”、污染防治、生态环境保护等重大战略和中央重要工作部署，着力推动物流领域节能减排、循环经济、资源集约、环境保护、污染防治等方面工作，推动现代物流体系向绿色环保、低碳节能、资源集约方向发展。

一是要建设节能物流，大力推进物流领域节能减排。我国面向全球正式宣布将力争2030年前实现碳达峰、2060年前实现碳中和的重要战略目标，物流是碳排放的重要领域，在“双碳”战略背景下，物流将面临全方位的转型发展，特别是交通物流的能源使用将面临根本性的结构调整。长期以来，交通物流领域大量使用汽油、柴油等高排放能源，未来要积极推进清洁电能、绿色氢能等绿色能源使用。要着力提升物流运输综合效能，加速淘汰落后技术和高耗低效交通装备。要大力开展新能源汽车及新能源电池等技术研发，在科学规划布局充电桩、加氢站等基础设施。要不断提升铁路电气化水平，进一步降低铁路运输碳排放。要大力推广使用大型液化天然气船、新能源船舶，推动沿江沿海主要港口集装箱码头完成“油改电”，提升水运领域能源清洁化、绿色化水平。

二是要建设集约物流，着力提升物流领域利用资源的集约化水平。要牢固树立为国家长远发展负责、为子孙后代负责的理念，着力推动交通物流资源利用方式由粗放型向集约型、节约型转变。要着力提高国土空间利用效率，统筹铁路、公路、水运、民航、邮政等物流运输各领域融合发展，推动物流通道由单一向综合、由平面向立体发展，减少对空间的分割，集约使用土地资源、岸线资源、空域资源、水域资源。着力发展物流领域循环经济，推动废旧路面、沥青、废旧轮胎、建筑废料等材料资源化利用，推进邮件快件包装绿色化、减量化，提高资源再利用和循环利用水平。

三是要建设生态物流，加强物流与生态环境的协调发展。要坚持国家生态文明建设的重要部署，坚持“绿水青山就是金山银山”的重要理念，积极推动物流运输向绿色环保、生态友好方向发展。要继续打好大气与水污染防治攻坚战，严控汽车、船舶等交通工具大气污染物、水污染物排放，重点开展针对柴油车、中小型船舶等的污染排放治理，推动实现蓝天、碧水、净土。严守生态保护红线，严格落实生态保护和修复制度，促进物流基础设施与生态空间协调，优化物流通道选线，最大限度地保护重要生态功能区、避让生态环境敏感区，减少物流基础设施建设对耕地、林地、湿地等具有重要生态功能的国土空间的破坏，加强永久基本农田保护。要降低物流沿线噪声、振动，妥善处理好高速公路、高速铁路、大型机场等交通通道和设施对周边地区的噪声影响。要大力实施交通物流生态修复提升工程，建设绿色交通廊道，构建生态化物流网络。

九、大力推进冷链物流建设

冷链物流是我国现代物流体系中的重要短板，随着人民生活水平的日益提高，对生鲜、药品等产品的冷链物流需要越来越大，大量冷链产品全球性、跨地区运输都需要冷链物流体系的支持。相较于发达国家，我国冷链物流尚处于起步阶段，还未形成全国一体化、覆盖国际国内的冷链物流体系，冷链物流对居民生鲜消费等的支撑能力还不强。

“十四五”期间，要将冷链物流建设摆在我国现代物流体系建设的突出位置，作为我国现代物流体系的重要短板来抓。

一是要着力搭建衔接产地销地、覆盖城市乡村、联通国际国内的国家骨干冷链物流网络，依托农产品优势产区、重要集散地和主要销区，畅通冷链物流骨干通道，打造冷链物流产业走廊，布局建设一批国家骨干冷链物流基地，聚焦“最先一公里”和“最后一公里”，补齐冷链物流基础设施短板，基本建成符合我国基本国情和产业结构特点、适应经济社会发展需要的冷链物流体系，与国家物流网络实现协同建设、融合发展。

二是要健全冷链物流服务体系。聚焦肉类、水果、蔬菜、水产品、乳品、速冻食品等主要生鲜食品以及疫苗等医药产品，分类优化冷链服务流程与规范，提升专业化冷链物流服务能力。完善仓储、运输、流通加工、分拨配送等冷链服务功能，强化一体化服务能力，打造运作顺畅的冷链产业链、供应链、服务链。要着力促进第三方冷链物流企业专业化发展、规模化经营和数字化转型，着力培育具有较强国际竞争力的龙头冷链物流企业。加大冷链物流关键技术和先进装备研发力度，鼓励节能环保技术应用。

三是要提高冷链运输服务能力。要依托国家骨干冷链物流基地等基础设施，开展规模化干线冷链运输，提高冷链物流双向均衡发展水平。大力发展公路冷链专线、铁路冷链班列等干线运输模式，进一步提高铁路、水运、航空在冷链物流中长距离干线运输中的比重。规范平台型企业发展，提高冷链物流信息共享水平，集聚整合货源、运力、仓储等社会冷链资源，提高冷链物流干线运输组织化、规模化水平。大力发展冷链多式联运，积极培育冷链多式联运经营人，统筹公路、铁路、水运、航空等多种运输方式和邮政快递，开展全程冷链运输组织，积极发展冷链集装箱运输。

四是要创新冷链物流服务模式。积极推广分时段配送、无接触配送、无人配送、夜间配送，发展与城市新消费方式融合的冷链配送新业态、新模式。支持生鲜零售、餐饮、体验式消费融合模式创新发展，规范发展社区团购等冷链新业态，满足城市居民个性化、品质化消费需求。

我国冷链物流体系总体布局如表 7.4 所示。

表 7.4　我国冷链物流体系总体布局

主要任务	具体内容
“四横四纵”8 条国家冷链物流骨干通道	“四横”指北部、鲁陕藏、长江、南部四大通道，“四纵”指西部、二广、京鄂闽、东部沿海四大通道
“321”冷链物流运行体系	“3”是完善国家骨干冷链物流基地布局，加强产销冷链集配中心建设，聚焦产地“最先一公里”和城市“最后一公里”，补齐两端冷链物流设施短板，形成高效衔接的三级冷链物流节点；“2”是依托国家综合立体交通网，结合冷链产品国内国际流向流量，构建服务国内产销、国际进出口的两大冷链物流系统；“1”是推进干支线物流和两端配送协同运作，建设设施集约、运输高效、服务优质、安全可靠的国内国际一体化冷链物流网络
冷链物流基地	依托农产品优势产区、重要集散地和主销区，布局建设 100 个左右国家骨干冷链物流基地
重点品类冷链物流	聚焦“6+1”重点品类（肉类、水果、蔬菜、水产品、乳品、速冻食品等主要生鲜食品以及疫苗等医药产品），分类优化冷链服务流程与规范，提升专业化冷链物流服务能力
冷链监管平台	加快建设全国性冷链物流追溯监管平台，完善全链条监管机制，针对冷链物流环境、主要作业环节、设施设备管理等重点，规范实时监测、及时处置、评估反馈等监管过程，逐步分类实现全程可视可控、可溯源、可追查

资料来源：《“十四五”冷链物流发展规划》。

十、深化物流管理体制机制改革

近些年我国现代物流发展之所以取得较大成就，除国家高度重视、政府和社会投入大量资金外，制度改革不断深化、管理能力不断增强、市场活力不断释放也是重要因素。

一是目前我国已建立了从中央到地方、从短期到长期、从综合部门到行业部门的基础设施建设规划体系，顶层设计能力日益加强。2013年以来，国家制定或修订了《中长期铁路网规划》《国家公路网规划》《现代综合交通体系发展规划》《城镇化地区综合交通网规划》《国家物流枢纽布局和建设规划》《“十四五”冷链物流发展规划》等相关规划，为国家统领全国物流发展提供了重要指导。

二是在物流基建领域深入推进“放管服”改革，管理效率不断提升。近年来，从中央到地方各级政府，积极推动简政放权、放管结合、优化服务。交通物流领域，除涉及国务院、中央军委事权外，项目审批最大限度下放，仅保留少部分资金需求大、占用公共资源多、需加强综合协调的重大项目和中央投资为主的项目审批权限，审批事项压减90%以上。同时强调规划约束力，着力提升服务保障能力，协调解决跨部门、跨领域重点难点问题，在简化程序、提高效率、激发市场活力等方面取得了良好效果。

三是物流行政管理改革取得突破，管理格局趋于优化。2008年，为优化交通运输布局、发挥整体优势和组合效率，国务院将交通部、中国民用航空总局、建设部的城市客运职责整合划入交通运输部。2013年，国家实施国务院机构改革，铁道部实行政企分开，中国铁路总公司成立，交通运输部初步具备统筹规划铁路、公路、水运、民航发展职能，交通“大部制”管理格局基本形成，统筹管理、综合管理能力显著增强。

四是物流市场化改革不断取得进展，形成了社会资本竞相涌入物流领域的良好局面。20世纪80年代以来，我国积极推动公路等领域面向社会资本开放。近年来，民航、铁路等领域向民营资本、外资开放力度进一步加大。铁路运输价格市场化改革稳步推进，铁路运价由政府定价改为政府指导价，按照铁路与公路合理比价关系制定，并建立动态调整机制。社会资本通过政府和社会资本合作（PPP）模式大量参与到物流基础设施、物流园区建设中来，形成了物流领域多元化投资格局，显著调动了社会资本的积极性，释放了市场活力。

近年来，我国物流管理的相关制度改革持续推进，开放度、市场化水平不断提高，管理日趋精简高效，但在一些方面还存在体制机制不健全、不完善的问题。如部分规划统筹协调性不足，综合物流体系发展战略、框架规划顶层设计与下位规划、项目建设还存在不衔接之处，综合物流规划和铁路、公路、水运、航空等专项规划还缺乏统筹协调，国家层面规划和地方层面规划还存在脱节现象；如航空运输领域，空域资源依然是影响航空运输发展的突出瓶颈，空域资源闲置较多，通用航空发展还受到制约；如铁路领域对社会资本开放还有待提升，社会资本进入的“玻璃门”仍然存在，行业垄断性障碍还需破解；如各种交通方式分割管理现象仍然存在，铁路、公路与港口、机场的调动指挥、运营管理、技术规范等方面存在诸多矛盾，综合物流“最后一公里”问题亟待破解；等等。

推动我国现代物流向更高质量发展还面临一些体制机制制约，必须进一步深化行政管理、市场开放、竞争引入等领域制度改革，向管理要效益、要发展、要出路。一是继续深化行政体制改革，进一步完善“大物流”管理体制，从中央层面加强对铁路、公路、水运、民航等各种交通方式及多式联通的统筹规划能力，从地方层面加强对各领域的统筹建设、协同监管能力，形成适合现代物流发展的体制机制。二是进一步破除行业垄断，扩大铁路、民航等领域面向社会资本开放力度，扩大该领域国有企业混改范围。三是进一步推进行政审批制度改革，继续转变政府职能，深入推进简政放权，精简审批环节、优化审批流程、提高审批效率。

执笔人：梅冠群

本章参考文献

[1]梅冠群．统筹谋划海外仓建设，维护产业链供应链安全稳定[J]. 中国发展观察，2022(1):12－14.

[2]梅冠群．推动中欧班列高质量发展的若干建议[J]. 中国发展观察，2020(24):31－32.

[3]梅冠群，关羽．推动我国通用航空产业更好发展[J]. 中国发展观察，2020(Z5):94－97，102.

[4]梅冠群．交通基础设施高质量发展研究[J]. 全球化，2019(7):92－105.

第八章 加快科技赋能 现代流通体系建设

高效的现代流通体系是畅通国民经济循环的基石。2020 年 9 月召开的中央财经委员会第八次会议明确提出，要统筹推进现代流通体系建设，其中强调了要注重发展流通新技术新业态新模式和推进流通的数字化、智能化改造与跨界融合等重要内容。科技赋能现代流通体系建设是构建双循环新发展格局的重大举措，也是推动我国经济高质量发展的重要路径，在当前具有重要的战略意义。

一、科技赋能现代流通体系建设的重点领域

（一）5G 通信技术

5G 是第五代移动通信技术的缩写，5G 作为一种新型网络，是继 4G 之后的新一代全球无线标准，旨在提高数据传输速度，降低延迟，支持更多的用户、设备和服务，同时提升网络效率。在技术原理上，5G 具有三大特性：一是毫米波特性，5G 在更高频率（30 ~ 300GHz）的波段工作，频率 × 波长 = 速度（光速恒定），因此相应地其波长更短（毫米波级），同时由于传输速率正比于工作频率，5G 相较于 4G 更是有 10 倍以上的提升。二是波束成形，波束成形的工作原理类似于红绿灯，通过对信号塔的信号进行调控，使其在特定时间内专注于特定用户的单一数据流。这种个性化的信号可以大大降低信号塔之间的干扰，使数据传输更快、更高效。三是网络切片，5G 允许提供商将其网络的虚拟切片专门用于特定用途。例如，用于娱乐、通信和互联网服务的数据将获得一个网络切片，而机器对机器（物联网 IOT）的数据传输也将获得属于自己的独立切片。关键数据也将拥有其他服务所无法使用的专用

5G 访问权限。

基于这些特性，5G 的应用场景相对于前几代通信技术得到了极大的丰富。国际电信联盟（ITU）认为未来 5G 将会被应用于三大类主流场景：即时可靠通信场景（uRLLC）、高能通信宽带场景（eMBB）以及海量机器通信场景（mMTC）。

5G 网络系统结构逻辑视图如图 8.1 所示。

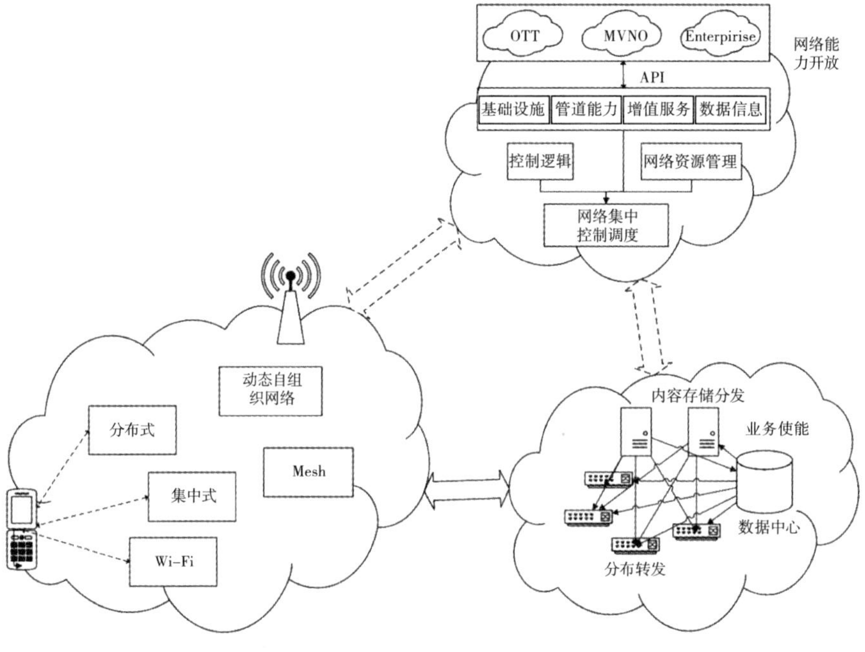

图 8.1　5G 网络系统结构逻辑视图

资料来源：圆通研究院。

5G 是一系列其他技术如物联网、人工智能的底层技术，一般来说，在很多这些“上层技术”应用的场景下，5G 也无时不在地扮演了重要角色，因此也起到了“间接赋能”的作用（见其他小节）。在这一部分我们将讨论大部分集中在 5G 本身带来的革命性变化，即“直接赋能”上。

具体地，在消费领域，5G 技术具有胜于光纤的传输速率、工业级的实时能力及全空间的连接能力，这使得数据资源和计算资源能更迅速地传递到零售产业链的各端。原本碎片化的信息形成具有零售应用价值的“零售数据链”，海量的用户信息、消费行为信息、商品信息在不同的场景下碰撞与融合，使整个零售产业链的智慧化变革具备了更好的条件（见图8.2）。5G技术对零售行业产生的影响不是独立发生的，它与人工智能、边缘计算、增强现实等多种前沿技术有密切的联系，5G技术为其他信息技术提供底层的网络支持，网络性能的飞跃使得上层应用技术的性能随之发生实质性的提升。

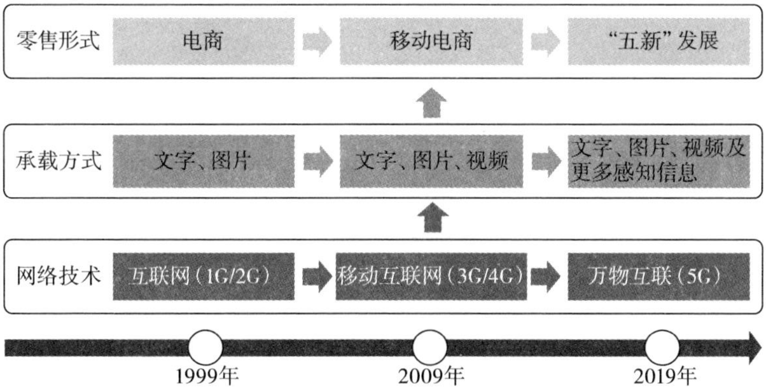

图8.2　通信网络技术对零售行业的推动作用

5G技术的成熟与商用化，将会给智慧零售带来巨大的发展机遇（见图8.3），这势必会加速智慧零售的全面爆发，“高个性、高体验、高智能”的智慧零售时代即将来临。这主要体现在以下几个方面：一是互联网让实物商品变得虚拟化，突破地理距离的限制。移动互联网让人们上网更方便，信息入口随身携带，缩短了与商品的距离。5G作为新一代移动通信技术，让移动互联网的速度、带宽、稳定性发生了质的飞跃。信息的获取将是无感的，对于消费者来说是没有障碍的；同时，5G进一步消除了地理距离的限制，由此带来更周全、更贴心的服务；在数字化门店的运营中，5G网络支持的远程视频监控有利于24小时运营店，5G网络导航的无人驾驶和机器人配送，能够更好地解决“最后一公里”的配送问题；5G 支持一系列增强现实（AR）和虚拟现实（VR）的解决方案，这些解决方案将会带来改变消费者与产品互动方式的沉浸式体验；无收银员商店的实现，即 5G RFID 标签使得各种零售环境将无须再保留大规模的人力资源部署。二是随着通信网络设施的全面升级，5G 将推动产业链的数字化转型。例如，C2M 平台能更快地将消费者需求反馈到制造端。更快的数据传输速度，让消费者能够获取商品全方位的立体、仿真信息；在线的产品宣传将普遍采用高清视频，甚至是全息投影。边缘计算让身边的设备智能化程度加深，消费者能够随时随地购物；在智能家电中，可能将出现新的购物场景，如智能冰箱根据用户习惯自动下单补货。更低的网络延迟，更高的数据质量，将提高用户的感官体验、消费体验；8K 高清视频带来视觉冲击，无人店提供更为便利的服务，顾客也将体验更为便捷的无感支付。

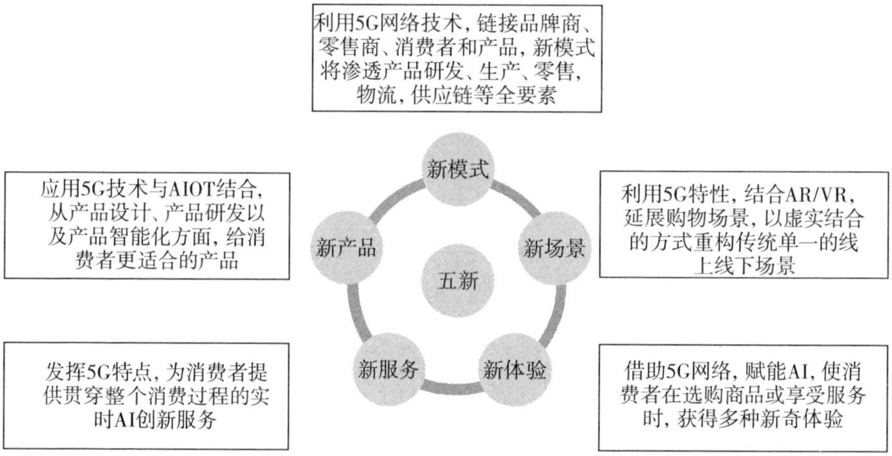

图 8.3　5G 为智慧零售带来“五新”机遇

未来，5G 带来的将是一个无障碍的数字化、信息化世界，消费者可以在任何时候、任何地点、任何终端上获取任意商品的全方位立体信息，并且无感地完成交易。5G 将彻底改变人们对零售的传统思维，它将会重构“商品”“消费者”“场景”的关系，为智慧零售带来全新的发展机遇。

专栏8.1　5G赋能直播电商行业

新基建的“东风”加速了5G的落地与普及。自2019年11月中国正式开启5G商用到2021年11月，共有115.9万个5G基站先后建成，基本实现了地市级的覆盖。5G的高速率、低时延、广连接三大特征成为4K/8K超高清视频与VR/AR应用的底层技术基础。各类技术的优化与融合，为直播电商注入了新动能。

一是告别模糊，拥抱超高清视界。受直播设备与4G网络传输效率的影响，直播页面模糊现象时有发生，影响商品细节的直观与全面性展示。5G使4K/8K超高清直播成为可能，满足消费者对直播优画质与高流畅度的期待，优化消费者的购物体验。

二是随处可播，直播场景趋于多元化。5G的高传输速率与高移动性，有望持续丰富直播场景。特别是随着覆盖广度的提升，5G为处于偏远地区的原产地及工厂直播场景提供了巨大的想象空间，这将拉近商品生产环节与消费者之间的距离，在潜移默化中驱动交易达成。

三是身临其境，强化全息沉浸式购物体验。VR/AR与直播电商的融合，可以为用户带来“身临其境”的沉浸式消费体验。在VR/AR直播场景下，用户在线试妆、试衣已从想象逐渐变为现实。

在物流领域，5G的高联结数、低延时、网络切片等特性带来了真正意义上的万物互联，这使得其能够广泛地应用于物流行业的各个环节中。物流产业对精确数据、高效沟通、正确决策和及时响应有着极高的要求。但在5G时代来临之前，这些关键元素对从业者而言始终是一种“追求”，尽管不断进步却终究难以达成。5G时代的到来为物流产业的“一网知天下”提供了坚实技术保障，让精确掌握、实时决策成为可能。比如，在5G时代，当企业决策者拥有一份精确的实时数据，就可以掌握产品需求和生产效率，掌握原料市场变化和库存底数，并且能得到及时、可靠的物流服务。此外，通过5G，还可以将原料和产品的库

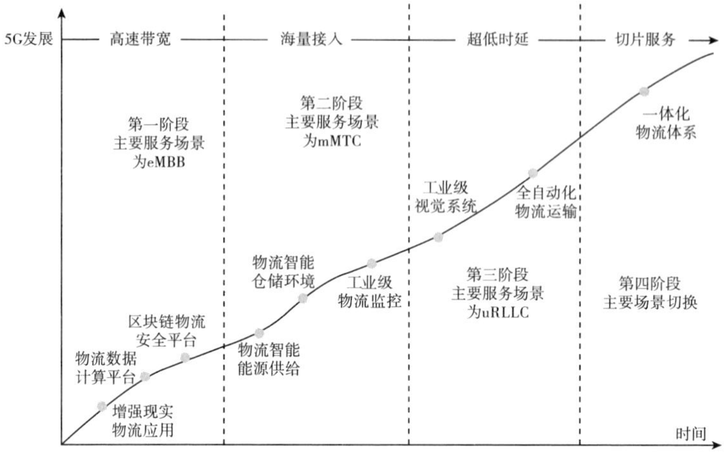

图 8.4　基于 5G 的新一代物流发展阶段与场景演绎进程

资料来源：圆通研究院。

存量压缩到前所未有的比例，整个生产过程所需要占用的资金、资源、仓储成本都将大幅下降。随着物流产业发展成熟，越来越多的企业将摆脱仓储压力。

值得一提的是，在 5G 技术加持下，随着环境交互感应系统、数字标牌系统的应用，以及超高清传输、AR、VR、视频远距离呈现和触觉互联网等技术的实现，冷链行业也将得到跨越式发展。

物流领域中 5G 的商用场景并不是会立即实现的，有些可能需要在 5G 推广后期才能实现，因此基于 5G 的新一代物流发展是循序渐进的，而不是一蹴而就的，图 8.4 显示了基于 5G 的新一代物流发展阶段与场景演绎进程，首先最易于实现的第一阶段应该是 eMBB 场景，因为 5G 相比 4G 最大的特点就是带宽高，所以基于高带宽的 eMBB 场景（应该）最先被应用。在第一阶段，新一代物流应用场景具体包括基于增强现实的物流应用、物流数据计算平台及区块链物流安全平台。随着 5G 各种技术逐步增强，海量接入的场景才能够实现，所以第二阶段应该是 mMTC 场景的实现。在这一阶段，主要的新一代物流应用场景包括物流智能能源供给、物流智能仓储环境、工业级物流监控等。超低时延的特征不仅需要通信技术具有可靠的数据传输能力，同时需要通信技术能够有效应对外界环境，所以5G第三阶段应为实现uRLLC场景。在这一阶段，新一代物流应用场景包括工业级视觉系统、全自动化物流运输。最后，第四阶段将会是5G全面推广的阶段，所有原定的期望需求都将会实现。这一阶段，新一代物流将会全面推进，在切片技术的支撑下，各种业务场景都能够以切片形式融入一体化的物流体系中。

（二）人工智能、自动化与机器人技术

不同于5G作为底层技术，人工智能（Artificial Intelligence，AI）属于交叉技术，其主要目的是模拟人类思维生产出一些智能化的系统，它们像人类一样在社会中发挥着相应的职能作用。近年来，人工智能能够迅猛发展，主要动力来源于信息技术和智能设备，信息技术主要是计算机技术和通信技术，如高等复杂的运算系统、能够处理数据量巨大的云计算平台和各种高效的通信网络系统，智能设备即指嵌入式设备以及其他芯片和边缘计算机节点等。

人工智能（AI）整体架构如图8.5所示。

在这里需要额外提及的是自动化和机器人技术：自动化是遵循着预先设置好的编程规则的软件；而人工智能与之区别的关键在于其是被设计用来模拟人类的思考和行为的。基于人工智能与自动化技术的结合，同时在纳入传感技术、仿生学与控制论等多种技术的情况下，诞生了机器人技术，成为流通领域更高级别的重要赋能手段之一。考虑到人工智能、自动化、机器人技术的互相交叉、相互融合的特性，除非特别提及，后文不对它们进行区分，而以人工智能来统称，即广义的人工智能。

人工智能对现代流通的赋能作用遍布零售、物流（包括供应链）、餐饮等领域，催生了智慧零售、智慧物流、智慧餐饮等新业态。以零售为例，人工智能的应用以机器视觉、自然语言处理、知识图谱、模式识别等技术为主，其通过为零售行业的参与主体、不同业务环节赋能，进而

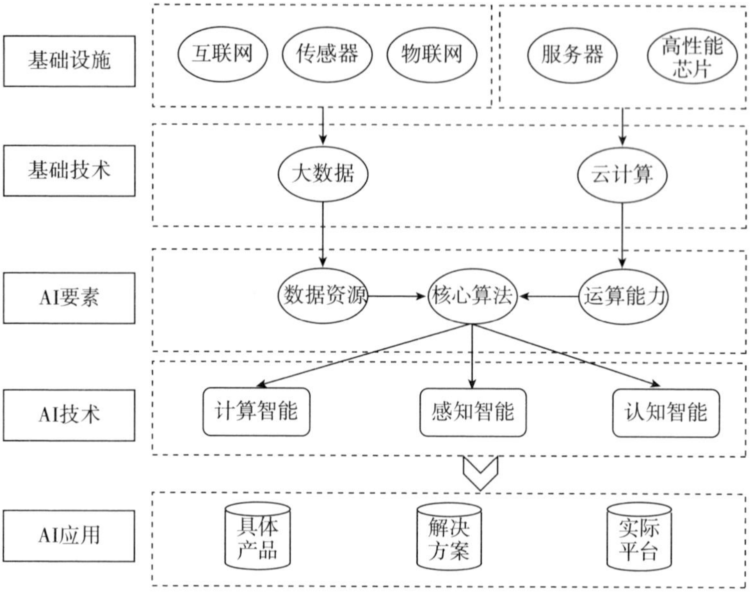

图 8.5　人工智能（AI）整体架构

资料来源：圆通研究院。

实现对零售行业的整体升级和改造。人工智能应用于零售领域，促使“人—货—场”的结构发生变化，其信息流转速度加快，数字化程度持续提高（见图 8.6）。人工智能在零售领域的应用包括精准营销、智能客服、无人零售、智能化运营等，这些应用使得零售产业链的形态发生了巨大的变化。

赋能场景一：精准营销。其又可以分为个性化推荐和智能广告营销。其中个性化推荐主要依靠推荐算法系统向不同用户提供个性化的信息服务，持续进行深度学习的推荐系统可不断提高推荐质量，进而提升营销的转化率；智能广告营销主要依靠推荐算法向不同用户投放个性化的广告，同时在 AI 视频营销中还结合视频结构化、图像检索、数据处理等技术，实现精准的广告营销，进而降低广告主投放成本、提高产品曝光率、提升转化率。

赋能场景二：智能客服。在电商业务快速发展的背景下，对电商客

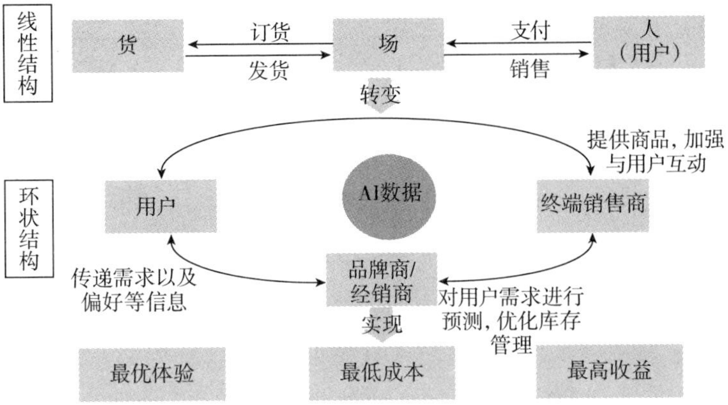

图 8.6　人工智能推动零售产业链结构变化

资料来源：头豹研究院。

服的数量和服务质量要求增加，以 FAQ 为技术基础的传统客服存在人工及培训成本高、响应速度慢等痛点。智能客服的出现可弥补这些缺点，其服务可覆盖购物全过程，并提供 7×24 小时的服务，满足用户的商品查询、物流跟踪等各种需求，提升用户满意度。通过智能客服可节省人力成本达 50% 以上。

近 5 年来，我国有关无人经济的相关政策不完全汇总如表 8.1 所示。

表 8.1　近 5 年来我国有关无人经济的相关政策不完全汇总

时间	发布单位	名称	主要内容
2016 年 11 月	国务院	《关于推动实体零售创新转型的意见》	要坚持创新驱动，充分利用互联网、大数据和人工智能技术，与传统产业相结合，形成产业发展新业态、新模式，支持企业运用大数据进行销售分析和智能化改造
2017 年 6 月	商务部	《中国便利店景气指数报告》	首次提及无人零售行业，并将其定义为对行业发展起到"积极推动"作用
2017 年 10 月	中国百货商业协会	《中国无人店业务经营指导规范》	是无人店领域首个行业管理规范，对无人店业态的网点设置、经营、仓储、物流等环节提出了具体要求，推动无人值守领域企业的规范运营

续表

时间	发布单位	名称	主要内容
2019 年 10 月	民航局	《特定类无人机试运行批准函》《无人机物流配送经营许可》	民航局给杭州送吧物流科技有限公司颁发《特定类无人机试运行批准函》和《无人机物流配送经营许可》，是国内首个无人机物流配送经营许可，也是全球首个获得城市场景无人机物流试运行批准的项目
2020 年 2 月	商务部	稳外贸稳外资促消费网上政策吹风会	在 5G、人工智能、大数据、区块链等新技术推动下，在线教育、在线医疗、在线办公等新业态快速发展，无人零售、无接触配送、标准化生鲜套餐等新模式层出不穷。关注无人零售等新模式，完善政策措施
2020 年 4 月	交通运输部	《公路工程适应自动驾驶附属设施总体技术规范（征求意见稿）》	该征求意见稿是国家层面首次出台的与自动驾驶相关的公路技术规范，对于推动我国自动驾驶发展加速产业化具有重要意义
2020 年 4 月	国家邮政局、工信部	《关于促进快递业与制造业深度融合发展的意见》	加快推动 5G、大数据、云计算、人工智能、区块链和物联网与制造业供应链的深度融合，提升基础设施、装备和作业系统的信息化、自动化和智能化水平
2020 年 7 月	国家发展改革委等 13 部门	《关于支持新业态新模式健康发展激活消费市场带动扩大就业的意见》	发展基于新技术的“无人经济”。充分发挥智能应用的作用，促进生产、流通、服务降本增效。支持建设智能工厂，发展智慧农业，支持适应不同作物和环境的智能农机研发应用；支持建设自动驾驶、自动装卸堆存、无人配送等技术应用基础设施，发展危险作业机器人，试点探索完善智能公共服务新业态涉及的交通、食品等领域安全发展政策标准

资料来源：前瞻研究院。

赋能场景三：无人零售。现阶段无人零售主要业态为无人店、无人货柜、自动贩卖机，以 AI 技术、物联网技术、移动支付技术为主，其中以 AI 技术为主的万人零售业态具有较高的智能化水平，其通过 AI 技术提高支付、营销、运营等不同环节的智能化水平，赋能范围广。受 2020 年年初新冠疫情冲击，实体零售业态遭受重创，无人零售业态门店因避免人与人之间的密切接触，受用户欢迎，其商业价值开始凸显。

专栏 8.2　京东无人零售案例

当前，京东正利用 AI 智能技术、人脸识别技术、RFID 射频等技术，试水京东无人超市、京东无人便利店。

京东无人便利店使用 D－Mart 智能门店解决方案，由京东 AI 与大数据部自主研发，包含智能货架、智能感知摄像头、智能称重结算台、智能广告牌四个部分，可随意组合。走进京东无人便利店，顾客的身份、性别、年龄等信息即被系统知晓，在某个商品前面停留多长时间，喜欢拿左边还是右边货架的商品，最终买了哪些商品，这些全部都会被店内全方位、多角度的摄像头记录下来。但是，仅靠摄像头不足以完成更复杂的数据分析任务，京东还给每个货架都装上了智能传感器和人脸识别摄像头。智能传感器设于货架底部，用户在货架前拿走商品后，会触发智能感应器及人脸识别摄像头，实现人货绑定。此外，智能货架也可独立实现补货提醒、陈列监管、价格管理、促销管理和智能推送等多种功能。选好了商品之后，便可以把它们挨个放在智能结算台上完成付款步骤。该设备安装有集成摄像头，可以利用图像识别技术来结算。

除无人便利店外，京东也拥有全场景、即拿即走、数字化运营的京东 X 无人超市方案。京东将人脸识别作为用户进门的凭证，初次进入时绑定用户身份和支付信息，一次绑定便可“终身使用”。在购物和支付过程中，京东 X 无人超市使用 RFID、人脸识别、图像识别等技术，保证了用户的良好购物体验——货物随意挑选，通过结算通道走出超市即可。和无人便利店相似，进入京东 X 无人超市后，店内的传感器可以感知消费者行走的路线、所观察的商品、哪些商品被拿起过以及看了多少时间。后台对这些数据进行分析后，可以帮助超市运营人员进行精准营销。京东通过对这些数据进行分析，可以知道周围有多少用户，这些用户之前的购买偏好是什么，甚至分析出该用户是否已婚、是不是要生小孩、家里有没有老人、要买什么东西等。知道这些数据后，超市可以实现精准补货，也可以给出预测建议值发送到京东，然后再通过配送员送到店内。更有趣的是，在京东 X 无人超市购物，可以把商品装在口袋、书包、手提袋等任何地方，然后“大摇大摆”地走出闸门。当你走出通道时，人脸识别、智能摄像头、智能价签等技术会帮你从绑定的京东账号付款。

赋能场景四：智能化运营。零售企业多通过开源（精准营销等）和节流（精细化运营等）的手段获取更高的盈利。随着云计算技术和大数据的发展，众多企业已开始建设自身智能化运营体系。AI 技术在店铺选址、销售额预测、库存优化以及供应链网络效率优化等方面的应用前景十分广阔。随着 AI 算法技术持续进步，零售场景下的商品识别、用户识别等数据信息获取与分析的精确度提高，智能化运营体系在零售行业的覆盖率也将提升，其具有较高的潜在价值。

在物流领域，人工智能的赋能同样是多方面的，智能仓库、智能配送、供应链优化、智慧冷链和自动驾驶等应用是人工智能赋能物流领域的典型例子。从具体的场景看：

（1）使用人工智能完成运输管理系统中的车货匹配。物流企业可以利用人工智能技术结合自身资源打造全新的货运匹配平台。基于自身货源建立数字化货运平台，低价获取社会运力。瞄准区域内非整车市场，结合自有货量和货运平台上的社会订单，提高拼货成功率和车辆装载率，使得车源和货源可以在自有资源和社会资源之间高效分配，打造具有成本优势的区域内配送线路。进一步聚焦同城货源，利用人工智能背后强大的业务逻辑和算法，可以帮助自带货量的物流企业打造具有成本优势的同城配送路线。

（2）使用机器学习和深度学习完成无人物流驾驶和配送体系，无人驾驶技术可以解决长途运输困难的问题，提高物流运输的效率。无人配送既可以缩短配送的时间，也可以避免用户与配送员之间的冲突，解决“最后一公里”的物流配送难题。

（3）使用图像识别技术实现物流信息自动化录入，提高了物流员工的工作效率。计算机视觉识别、深度学习等技术可以提升手写运单机器的有效识别率，大幅避免人工输单，同时降低这一阶段产生的误差。

（4）使用语音识别技术和视频识别技术优化智能客服系统。这些人工智能领域的计算机技术可以用来自动识别物流企业场院内外的人、物、设备、车的状态，并且学习优秀的管理经验和指挥调度方案等，进而逐步实现辅助物流工作人员的决策，甚至可以实现自动决策。

（5）仓储的智能分拣依赖于人工智能。目前已经有很多物流企业开始使用自动分拣系统，通过人工智能算法完成物流产品的分拣，完全不需要人力参与，这样可以解放劳动力，为企业节省成本。

（6）人工智能还能为新一代物流行业提供更加智慧的运营管理模式，设置出可以自学习和自适应的运营规则引擎，系统能够通过历史业务数据和目前业务条件制定运营决策。例如，未来人工智能将会协助电商平台在不同时期根据商品一些属性自主设置订单，包括订单的交付日期、运费计算等，同时可以自主识别当前时期是高峰期还是常规期。

（7）人工智能还能够实现物流的内部智能调度，通过对商品数量、体积等基础数据进行分析，对各环节如包装、运输车辆等进行智能调度。如通过测算百万 SKU 商品的体积数据和包装箱尺寸，利用深度学习算法技术，由系统智能地计算并推荐耗材和打包排序，从而合理安排箱型和商品摆放方案。

总之，人工智能技术广泛应用于物流中的运输、仓储、配送以及管理等整个供应链各个环节，形成了所谓的智慧供应链。新一代物流的发展离不开 AI 技术，全智能的科技赋能将会带来更高效、更精准的现代物流体系。

（三）大数据与云计算技术

大数据技术体系庞大且复杂，基础技术包含数据采集、数据预处理、分布式存储、NoSQL 数据库（非关系型数据库）、数据仓库、机器学习、并行计算、可视化等各种技术范畴和不同的技术层面。大数据处理框架可以分为数据采集与预处理、数据存储、数据清洗、数据查询分析和数据可视化等方面。这里需要特别强调的是，大数据带来数据处理范式的改变，其具有体量大、类别多、价值密度低和处理速度快等特征。传统的数据库软件（如关系型数据库）不能有效地对相关内容进行存储、管理和抓取数据集合，故而需要使用大数据平台。从传统数据库到大数据平台的发展不仅是技术需求上的蜕变，更是数据管理模式上的颠覆。大数据与云计算一般都会在一起被提及，相互促进、相互发展。云计算作为一种远程计算工具，可以提供强大的计算能力，高效地支撑大数据存储、管理和分析，已经成为大数据时代不可或缺的工具。

大数据赋能流通领域架构如图 8.7 所示。

图 8.7　大数据赋能流通领域架构

大数据和云计算技术为经济发展带来了全新的生产要素，同时通过其赋能作用，使得现有产业发展得到了飞跃式的提升①，特别是在现代

---

① 统计显示，“十三五”时期，大数据产业快速起步，据测算，大数据产业规模年均复合增长率超过 30%，2020 年超过 1 万亿元，产业发展取得显著成效。工信部规划，到 2025 年，我国大数据产业测算规模要突破 3 万亿元。

流通领域。流通产业可以借助大数据和云平台进行深度一体化的赋能升级（见图8.8）。例如，在零售行业，企业可以做到：①端到端的数据采集和应用。做到能够实时采集大量数据，为内部运营提供数据支撑。②数据共享和融合。供应链各环节的多源异构数据，能够被整合到共享的数据平台中进行综合分析处理，分析结果被推送或按需返回供应链各职能环节，实现决策支持和绩效优化。从本质上看，数据为流通企业的管理者拓宽了原先狭窄的商业版图，使得智能化运营成为可能。

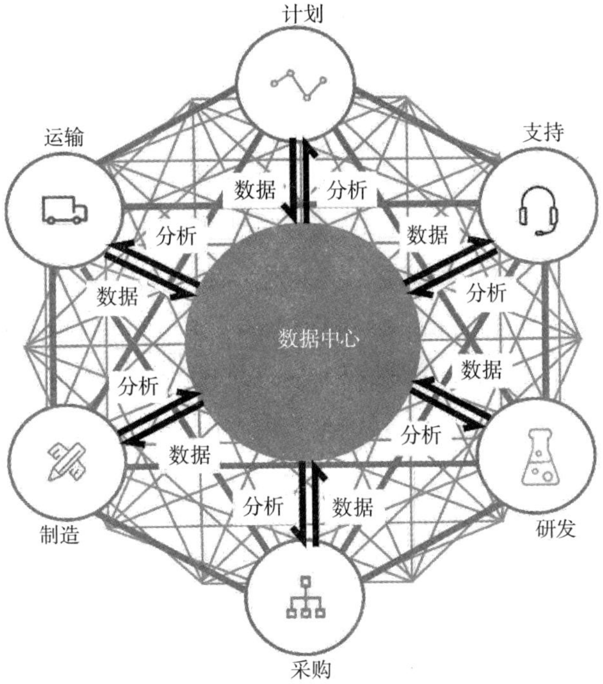

图8.8 大数据与云平台参与流通的全生命周期

资料来源：德勤研究院，阿里研究院。

这里重点以大数据与云计算技术对物流领域的赋能场景为例，包括以下几个方面：

（1）物流配送中心的选址。近几年前沿的研究报告中，大数据和云计算技术为配送选址提供了很多参考方案，并且已经通过多次实践取得了丰厚的成果。

（2）路径监控、物流资源的合理分配等功能的实现。实现车辆调度、优化路线、信息查询等相关计算；物流资源指运输资源和存储资源，只需要从海量的数据中提取当前的需求信息，同时对已配置和将要配置的资源进行优化，即可实现对物流资源的合理利用。

（3）多级配送的实现。一级配送中心直接通过数据仓库和大数据挖掘技术等对订单需求量、装卸能力等进行有效分析，实现对物品品种和数量的可控预测，二级配送点辅助一级配送中心进行送货，可以避免出现货物长期囤积等状况，实现优质的服务水平。

（4）物流决策。竞争环境的分析与决策和物流的供给与需求分析都需要庞大的物流数据分析和高性能物流计算等。在竞争环境的分析中，为了达到利益的最大化，需要与合适的物流或电商等企业合作，预测竞争对手的发展动向。物流的供给与需求匹配方面，如分析特殊时期和相应区域的物流供需信息，可以进行更加合理的配送管理。

（5）消费者偏好分析。物流业务多变，同时随机不可预测，通过大数据分析与云计算，可以有效了解并预判消费者的消费可能，提前做好货品调配，合理规划物流路线方案等，从而使物流运输的效率在物流高峰时期依旧很高。

（6）智能决策。在管理层面，新一代物流行业离不开大数据和云计算实现智能决策，大数据技术可以对客户的习惯与偏好进行归类，从而可以为用户提供专业并且个性化的服务。

大数据技术与云计算技术将为未来的新一代物流行业提供强大的数据支撑和计算服务，新一代物流行业无论是在资源调度、物流配送、决策管理还是在数据分析上都将出现质的飞跃。

（四）区块链技术

自从 Nakamoto 于 2008 年借助加密数字货币提出区块链的概念后，区块链技术作为一种新兴技术已经在金融服务、智能制造、社会公益、医疗健康、供应链管理等多个领域得到了应用。本质上，区块链是一种使用链式存储结构的分布式数据库。在区块链中，数据（如交易信息）被写入一个个区块，各区块内除包含大量业务数据的区块体（body）以外，还专门划分了区块头（head），用于存储时间戳、上一个区块信息（地址、哈希值）以及当前区块的哈希值与梅克尔树等关键值。这种基于哈希值算法的链式结构保证了任何存入的数据都能够被追溯到任意历史状态。此外，区块链在数据的写入方式上运用非对称加密算法，即用户需使用“公钥”（公开用户账号）和“私钥”（保密，与公钥匹配）来对所需传递的信息进行加密和解密，从而确保信息难以被伪造。在数据的传播上，区块链采用了去中心化的点对点网络，需要通过特定的共识机制，如工作量证明（PoW）、权益证明（PoS）和委任权益证明（DPoS）等，来同步所有节点上的区块和数据，这种机制使得数据一经写入区块链即无法被篡改（或需花费极大的资源为代价）（见图 8.9）。区块链依照去中心化的程度不同又可以分为公有链、联盟链和私有链等。其中，公有链拥有最低的准入门槛和最高的去中心化程度，适用于数字货币以及其他公开场景；而联盟链和私有链对应多中心化或中心化的情形，拥有一定的准入门槛，适用于某个行业乃至某个组织内部的区块链应用。

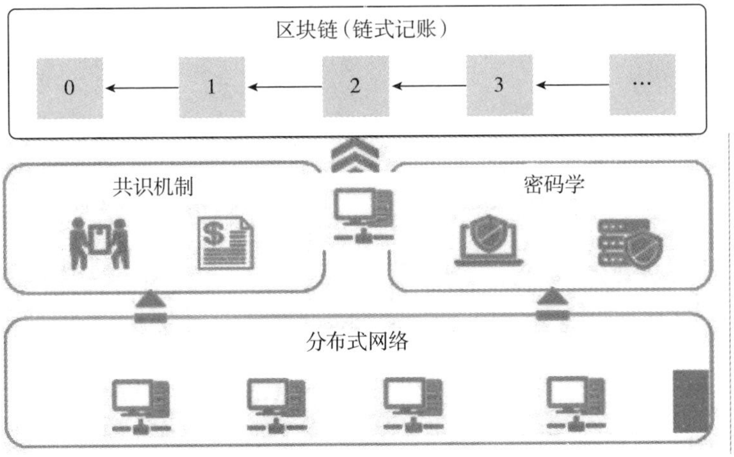

图 8.9　区块链的基础技术原理

由于区块链糅合了计算机科学、密码学等多学科思想，同样属于交叉技术，但由于其相对孤立性，从赋能的角度上看，我们依然可以把它看作底层技术，其对现代流通体系的赋能作用同样是多维度的、泛在的。从流通的各个领域上看，区块链的赋能场景有供应链赋能、零售赋能、物流赋能、支付清算体系赋能等多种形式。

1. 供应链赋能

传统供应链中信息被分散地存储在各自环节中，缺乏交流互通。信息的阻滞使得各参与主体“各自为政”，难以及时、全面地把握系统运转和市场行情，从而影响供应链中彼此之间的协同效率。

现代流通体系对供应链的响应能力提出了更高的要求。在传统流通体系中，供应链还是局限在采购、生产、物流等环节，与消费者及销售渠道脱节严重。传统电商的蓬勃发展也没有改变这一渠道特征，很容易导致孤岛现象、牛鞭效应。信息无法共享导致供应链反应滞后。另外，在财务、物流、结算方面，供应商存在各种层级，与终端合作的灰色地带和认知断点非常多。现代流通体系下的企业供应链必须落实跨渠道整合，突破传统流通渠道和流通业态壁垒，处理好从源头生产到终端消费的断点问题。

区块链是构建“数字化供应链”的重要技术支撑，可以根据分销框架记录丰富的信息，实现品牌商、渠道商、零售商、消费者、监管部门、第三方检测机构之间的信息共享，实现商品在供应链不同节点的流通一致性，打破多环节的信息孤岛。另外，区块链的分布式记录及智能合约能够完整记录各流程信息数据，包括商品原材料过程、生产过程、流通过程、营销过程的全部信息流。其特有的数据签名和加密技术让全链路信息实现了防篡改、标准统一，能有效落实精细到一物一码的全流程正品追溯。

2. 零售赋能

零售业天然具有交易数据分散、交易节点多样、交易网络复杂的突出特点。目前，各种线上线下融合的解决方案和概念层出不穷，但都没有解决数据无法融合、场景无法贯通和交易无法同步三大难题。对于零售行业来说，实现产品设计、生产、分销、运输、交付等信息的获取、存储和价值利用，打破信息孤岛，实现数据的共享和价值的交换，是有效结合各种线下商业行为、突破现有模式与线上结合，形成线上和线下智慧性链接互动的关键所在。区块链在解决跨主体协作、低成本信任建立、长交易链条业务领域拥有天然优势。区块链技术与新零售业务模式有天然的融汇机制，能够有效打通各交易主体信息流，实现数据高效采集整合管理，加快推进新零售落地发展。

对于新零售而言，最大的变革莫过于重视交易端数据的逆向驱动，以消费者引导生产制造。在新零售时代，传统的 B2C 模式将被 C2B 模式取代。通过终端消费者行为收集，敏锐捕捉用户需求，掌握客户消费行为特征，以此来指导营销、预测潜在客户需求从而提前进行战略布局。C2B 模式下，从交易端出发，通过数据支持及消费者画像描述，实现由消费逆向牵引指导生产，推动整个商业从网络单向走向网络协同的全新模式。

借助区块链技术，可实现品牌商、渠道商、零售商、消费者、生产者之间的数据共享。通过在各参与主体间建立联盟链，将商品生产过程、流通过程、营销过程及终端消费者信息整合记录在区块链上，各参与主体共享一套可信安全的账本，及时准确获取产品流向和消费终端情况。传统模式中，传统零售平台中心连接消费者，生产者必须通过品牌或其他机构与客户联系，数据信息难以准确及时送达。围绕区块链这个自由、公开、安全加密的交易平台，生产者能够直接面对客户，缩减与消费者之间的信息距离，让提供个性化定制、针对性服务变成可能。

3. 物流赋能

区块链技术属于一种分布式、多节点的数据库，非常适合应用于点、线、面相结合的物流行业。流通中的货物从出厂就通过特殊编码形成身份信息并存储在链条上，从装载、运输到取件整个流程都清晰可见，可有效实现信息溯源和身份识别，为消费者提供精准、安全的物流服务。整个流通过程中，各个环节都通过多方签名进行全网认证，大幅减少数据核实环节，保证信息共享及安全。各链条主体可共享数据信息，实现精准预测和调配，缩减库存成本。同时，区块链的存储解决方案会自主决定集装箱的运输路线和日程安排，合理调配库存和安排运输，压缩中间环节，实现智能化、自动化升级，提高物流整体效率。具体地，有以下应用场景（见图 8.10）。

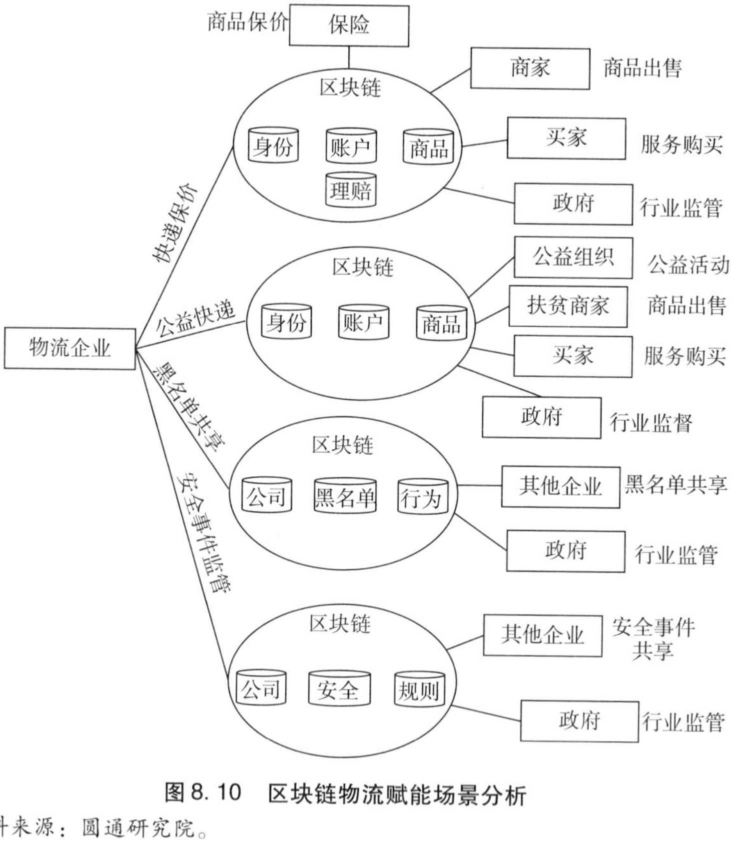

图 8.10　区块链物流赋能场景分析

资料来源：圆通研究院。

（1）快递保价场景。在整个基于区块链的物流保价流程中，当物流客户签收包裹后，系统会自动触发账户的理赔，合约就可以正常结束同时保费自动进行清算，如果保价过程中物流出现问题件或者遗失件的情况，保险公司会进入理赔流程。

（2）公益快递场景。区块链在这里记录的信息主要是公益商品的物流详情，一旦公益商品的包裹被签收，区块链上就会进行记录完善，系统会自动触发，从物流公司的公益账户转移到公益组织的账户上。区块链技术使得公益快递事业更加透明，将增加物流企业的公信力。

（3）黑名单共享平台。区块链技术可以为物流企业提供一个黑名单共享平台，让每个公司都可以将具有不良记录的工作人员记录到区块链上，其他公司也可以共享，这些黑名单数据不可以被修改，能够被永久追溯到。

（4）安全事件监管。区块链由于具有分布式账本的特性，每当物流公司出现安全隐患事件的时候，系统就会将有效信息记录于区块链上，并且被监管机构实时监控且永久不可更改。这样区块链就可以帮助新一代物流行业建立更加完善安全的监管体制。

4. 支付清算体系赋能

区块链在金融系统特别是在支付清算上的应用是天生契合的。本质上，区块链就是一个“账本”，而且是具有加密特性、不可篡改的账本。如果区块链应用场景是在交易支付领域，那么区块链的数据库就是与交易数据库完全同构的。而其所谓的共识机制如 PoW、PoS 等，本身也是含有对交易、支付的确认的意味在里面。更重要的是，这个数据库记录了每一笔交易支付的细节，且公开透明可追踪。从这个角度看，区块链解决了支付清算领域的安全性、可追溯性等痛点，天然形成了赋能作用。

区块链技术在中国支付清算领域的应用相关政策（2016—2019 年）如表 8. 2 所示。

表 8.2　区块链技术在中国支付清算领域的应用相关政策（2016—2019 年）

政策名称	颁布日期	颁布主体	主要内容及影响
《金融科技（FinTech）发展规划（2019—2021 年）》	2019 年 8 月	人民银行	明确了区块链技术在中国金融科技体系中的战略性地位，有利于推动区块链技术与各金融业务应用场系的深度融合，完成含金产品供给、优化金融服务
《2018 年信息化和软件服务业标准化工作要点》	2018 年 3 月	工信部	推动组建全国区块链和分布式记账技术标准化委员会，持续推进区块链领域标准研制工作，支持在区块链参考架构、数据格式规范、智能合约等方向发布系列团体标准，促进了国家行业标准《金融分布式账本技术安全规范》《区块链数据格式规范》《区块链参考架构》《区块链智能合约实施规范》等重要团体标准的发布
《中国金融业信息技术“十三五”发展规划》	2017 年 6 月	人民银行	提出加强区块链基础技术研究，加速区块链技术在金融领域的应用落地，适时开展试点应用，促进了区块链技术在贸易金融、金融监管模式创新等领域的应用
《“十三五”国家信息化规划》	2016 年 12 月	国务院	规划指出，物联网、云计算、大数据、区块链等新技术将驱动网络空间向万物互联演进，数字化、网络化服务将无处不在，并将区块链作为战略性前沿技术提出，引发了中国各界对区块链技术的广泛关注
《软件和信息技术服务业发展规划（2016—2020 年）》	2016 年 12 月	工信部	提出在区块链领域创新达到国际先进水平的发展目标；整合资源，支持重点企业提升区块链、开发运营一体化等方面的关键技术服务能力，加快培育各类新型服务模式和业态，促进信息服务资源的共享和利用，推动中国区块链的产业创新，抢占国际技术高地

资料来源：头豹研究院。

（1）跨境支付场景。跨境支付是区块链技术在支付清算领域的重要应用之一，全球银行每年处理的跨境支付交易量在 100 亿 ~ 150 亿笔，涉及的交易金额在 25 万亿 ~ 30 万亿美元。跨境支付涉及诸多环节，传统的跨境支付结算中包含了大量的信息修改以及信息查询等内容，需要每个环节的工作人员及时沟通，避免信息出现问题，导致跨境清算支付的周期较长，而且在此过程中容易出现信息篡改、交易透明度较低等问题。区块链技术可以解决传统跨境支付系统耗时长、费用高等痛点，驱动了区块链技术在支付清算领域的整体发展。

（2）银行业。大型商业银行在尝试使用区块链进行支付清算的赋能时，多选择将区块链技术与其银行业务绑定，广泛体现在以下场景：机构间清结算、跨境支付、票据交易、贸易融资、资产托管等。具体地，以票据交易为例：传统支付中需要进行纸质票据的交易，而且交易的双方还需要辨明票据的真伪，对票据上的数额进行清算与核对。区块链的应用实现了在交易的过程中对电子票据信息的核对和交易真伪的校验。区块链的使用降低了记账工作量和票据清算成本。而且区块链的保密技术也使得伪造数据需要消耗大量成本。此外，区块链的数据库还可以对票据贴现、再贴现等兑换记录进行追溯，厘清了票据之间的逻辑关系，提高了票据的透明度。

值得一提的是，对于中小型银行而言，它们更倾向于专注技术本身。调查显示，过半数的中小型银行选择通过与外部资源合作和内部搭建技术团队等方式，应用区块链等金融科技技术对其 IT 基础设施进行改造升级。

（五）互联网技术

随着互联网技术的普及，一种新的经济形态在 21 世纪初浮现，即所谓的平台经济，并催生了新一轮的业态变革浪潮。平台经济是互联网技术赋能现代流通发展最为典型也是应用最广的产物之一，其在互联网时代获得了全新的规模、内涵与影响力。平台经济将会延伸至更多领域，并向传统经济加速渗透。互联网平台经济中，平台、消费者、服务商共同构成了网状协作体系。平台是整个生态系统的基础，为消费者和服务商提供信息、交易、物流等基础设施；海量的消费者和服务商是平台经济的主体，通过平台完成信息交换、需求匹配、资金收付、货物交收等经济活动。平台经济的参与者能够互相影响、协同治理、相互合作，进而为创造更大的价值提供可能性。

具体投射到零售领域，即形成了新零售。传统零售依赖供应商到渠道商再到用户的单向产业链，是自上而下的，在效率和获客上存在诸多痛点。新零售则是充分利用互联网平台的黏性，构建生态闭环，商品从供应商到商户再到用户，用户数据返回至供应商，实现消费方式逆向牵引生产方式。总体来说，新零售具有互联网时代之前的零售业态不具有的几个特点：一是销售全渠道化。短期内，线上销售并不会完全取代实体店面，新零售就是要打通线上和线下渠道，传统线下品牌通过电商平台、APP、微信小程序等实现线上销售。阿里巴巴、京东等大型电商平台通过投资收购，布局线下零售。同时，利用自身技术对线下零售进行改造，打造全渠道、全互联网的新零售生态。二是经营数字化，管理智能化。新零售实现消费方式逆向牵引生产方式，以消费者数据为基础，数据化重构供应链，从而实现 C2B 或 C2M 模式。三是去库存，高坪效。传统零售的痛点是效率问题，包括坪效、人效、销售导向和库存等问题，新零售的本质就是提高坪效。如盒马鲜生把中间环节去掉，包括多级分销机制，直接对接生产企业，去掉不合理的成本，没有传统卖场的上架费、返点费等，坪效是传统零售的 3～5 倍。

物流、餐饮领域的平台经济也是类似的。互联网技术赋能带来了“互联网＋物流”、物流信息平台等新场景新业态的出现：

（1）“互联网＋物流”，即网络货运，是现代信息技术与传统货运物流融合发展的新型服务业态（见图 8.11）。通过发挥互联网平台和大数据分析等信息技术优势，实现对社会零散物流资源的高效整合与合理配置，有效解决了传统货运行业小而散、信息不对称、组织化水平低、综合效率不高等问题，对促进物流降本增效、支撑实体经济发展具有重要意义。网络货运的优势不仅体现在轻资产运营和平台化管理上，更重要的是形成了规模效应。网络货运企业利用先进信息技术打破了传统运输的信息孤岛，实现了分散资源和要素的有效对接、优化重组，具有较强的资源整合能力，平台经济规模效应显著。

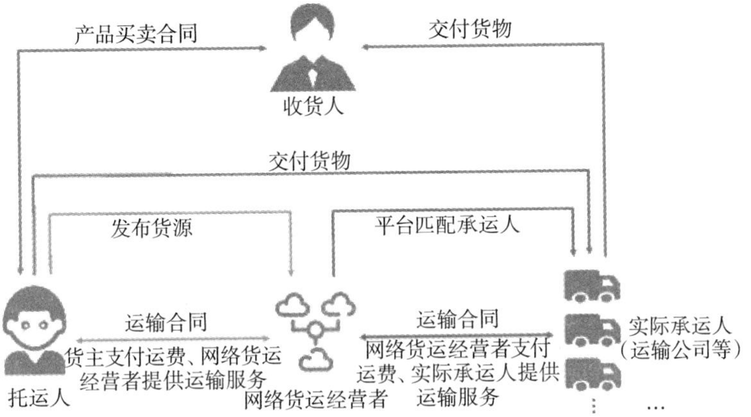

图 8.11 “互联网+物流”带来货运新模式

（2）物流信息平台。这种互联网平台的出现是为了解决物流业的一系列问题，例如，“多、小、散、弱”的局面、各种运输方式间缺乏有效衔接、信息共享不畅、资源的综合利用率不高等问题；另外，为实现物流降本增效和经济高质量发展，势必会对更大范围、更高层次的物流信息共享交换提出新的要求。在这种情形下，通过整合多方物流信息，建立完善的物流信息共享标准体系，形成专业化、高效的物流信息服务体系将是必要且切实可行的。物流信息平台的核心功能应包括信息类功能（信息查询、信息发布、信息撮合）、仓储运输管理及追踪类功能（仓储管理、运力匹配、运输工具/货物追踪、全流程可视化等）和联络功能（联络客户、政府部门、合作伙伴等）。

重点技术对流通各行业的赋能情况汇总如表 8.3 所示。

表 8.3　重点技术对流通各行业的赋能情况汇总

流通业态	移动互联网	物联网、5G	人工智能	无人技术	大数据	云技术	导航技术	区块链技术
零售业	线上零售（网购、社区团购）、直播带货、跨境电商、移动支付	RFID 标签、货架监测、库存管理、自助结账、可视化展现	产品组合优化、智能化运营、个性化推荐、智能客服	无人超市	精准客户画像、市场分析	门店数字化、交易商城、移动研发、服务营销、其他底层技术提供	AR 室内导航	商品溯源、供应链管理、保证交易可靠性与可查性
批发	线上批发（线上价格发现与交易支付）、跨境电商、直播带货	供应链管理、库存管理、可视化展现	智能助理	—	市场分析、流量分析、信息共享	交易商城	AR 室内导航	商品溯源、供应链管理、保证交易可靠性与可查性、融资穿透
物流、供应链	快递、移动支付	运输和仓储环境追踪与监测、实时信息处理、可视化展现、自动驾驶	智能仓库、智能配送、供应链优化、智慧冷链、自动驾驶	无人运输、自动驾驶、无人仓	前置仓选点、物流路线优化、物流定价、库存预测、枢纽选择、供应链协同	物流的云端协同、云物流、物流数据云平台	位置服务、运输状态监控	运输优化、供应链管理、资金流和物流监督、物流征信、融资穿透
餐饮	外卖、自助下单	原材料 RFID 标签、智能餐盘、厨房设备监控、快速结算	餐厅智能化管理系统、餐饮服务机器人、机器人厨师	无人厨房、无人餐厅	精准客户画像、市场分析	云端信息平台（订单分配）、云端存储、容灾备份	外卖定位导航	食物溯源、品牌融资、数字货币消费、餐厅积分、分店管理、智能合约

二、科技赋能现代流通体系建设的重点任务

（一）促进流通业的数字化、智能化转型

实现科技赋能现代流通体系建设，首要任务是充分借助5G、大数据、云计算、移动互联网等现代信息技术和交通等领域新技术的蓬勃发展，推动流通业步入数字化、智能化转型的快速通道。

一是要加快流通业的数字化、平台化转型，完善信息化改造，引导流通企业触网、上云，推动流通要素在线化、数字化，开发多样化应用场景，完善营销、支付、售后服务等功能，提高服务水平，支持流通企业以合作或重组的方式开展数字化转型的协同并进。推动零售业的数字化转型，建设全渠道新零售，同时发挥平台经济优势，打造数字化工具与云服务，对供应链全链路进行数字化改造，提升供应链、物流配送、大数据等方面的能力，整合中小企业，构建合作共赢、高效开放的数字新零售生态。推动农产品流通业的数字化转型，利用移动互联网、物联网等现代信息技术实现农产品生产、加工、仓储运输、配送等环节的信息共享。

二是要实现流通业的智慧化、自动化运营，通过大数据和人工智能等技术进行数据的实时采集、分析、应用等，做到精准营销、精细管理，促进流通降本增效。在物流行业推广智能仓库、全自动流水线和智能机器人分拣技术，推广无人机、无人车和智能机器人在配送“最后一公里”中的应用，打造智能物流网络。

专栏8.3　物美的数智化转型战略

在面对数字化转型浪潮和线上购物新模式的冲击时，物美认为，实体零售依然是现代流通体系的重要实质支撑，实体零售业数字化转型是流通产业崛起的必由之路。2020年12月4日，物美创始人张文中博士在回答关于“实体店还会不会存在”的问题时，说道：“虽然传统实体零售模式已经无法很好地为消费者服务，服务效率、服务水平、反应速度都比较滞后，但实体零售仍将存在。因为实体店可以提供许多线上无法提供的服务……现阶段，实体零售受到巨大冲击，线上电商、社区团购将传统的实体零售模式打散，因此数字化变革至关重要。”物美进行数字化转型的驱动力还体现在以下几个方面：一是数字化转型能使其更好地履行企业社会责任（如在疫情中对防疫物资的供应）；二是数字化转型能够促进企业经营方式的转变，使顾客的需求能够得到真正满足；三是零售企业全面数字化，对于降低成本，包括店铺成本、供应链成本、商品的采购成本等，具有重要的作用；四是实体零售企业全面数字化使得企业的发展前景得到保障，同时带来创新活力，因此会给创业与就业带来大量好处；五是实体店面在全面数字化中得到改造，从而彻底回归商业本质；六是未来实体零售企业经过数字化转型会同时形成分布式电商的发展模式。

具体地，物美是通过“物美+多点”的形式进行数智化变革实践的。其中“多点”是全渠道数智化SaaS零售一站式服务商（见图8.12），物美的数字化底层即是基于多点SaaS赋能以助力于B端、服务于C端，是双轮驱动的零售联合云+用户流量平台。通过这种模式，物美在会员端实现了基于SaaS的全渠道数字化会员营销体系，在商品端实现了基于SaaS的智能运营，在门店端实现了基于SaaS的算法任务驱动的智能门店运营。借助SaaS自动补货、智能陈列、智能排班、智能管理与收银、会员运营、供应链协同平台等优势，物美实现了整个流通环节的降本增效跃升改进。以北京物美为例，2020 年通过多点 SaaS 的运作，其商超和便利店门店库存周转天数降到了 25 天以内，拣缺率降低了 46%，拣货时长则缩短了 45%。

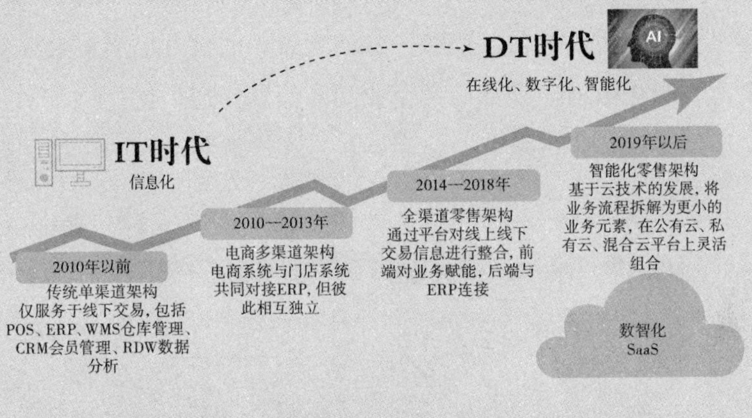

图 8.12　顾客的需求和解决流通业痛点的需求驱动

资料来源：物美集团。

三是要构建流通业的网络化布局，通过优化空间布局，下沉国内流通渠道，拓展国际营销网络，引进国际优质资源，带动国内商品和服务“走出去”，促进国内国际互联互通。要充分利用航空物流、中欧班列、港口等流通渠道，汇集境内境外流通要素，开展跨境电商，推动传统外贸企业“触网上线”，同时鼓励国内电商平台拓展海外市场。

（二）借助新技术培育流通新模式新业态

培育流通新模式新业态，即是在流通业完成充分数字化、智能化转型的基础上，充分发挥现代科技的赋能作用，培育电子商务、智慧物流、智能供应链等流通新模式新业态，提高流通效率，开辟流通新场景，培育新市场。

平台经济带来了新的生产关系，同时也形成了新流通模式和新流通业态发展的基础。首先，信息服务与云平台是科技赋能现代流通体系在科技端的直接体现。要充分借助以阿里巴巴、京东为代表的电商平台，引导零售、批发业态不断推陈出新，推动流通行业变成一个开放、共享的生态，使大型电商平台成为产业链供应链的数字基建。另外，要支持信息服务和云平台从纯粹的信息服务商到支撑数以百万计品牌和零售商的基础设施服务商的转变。注重打造以产业路由器为代表的数字化产业共同体平台。注重物流公共信息平台的建设，通过互联网整合社会物流信息资源，强化政府管理部门和企业间的信息沟通，优化物流系统，提升供应链水平。加强区块链、物联网技术在冷链物流中的应用，打造可溯源、智慧高效的冷链物流。

专栏8.4　产业路由器

产业路由器是利用产业互联网连接供给端和需求端的新型流通基础设施，是现代信息技术赋能供应链系统的直接体现。与消费互联网的B2C模式不同，产业路由器的核心是通过打造B2F（Business to Factory）平台，实现产业供给（F）和碎片化商业需求（B）的有效对接。产业路由器通常采用轻资产化的运作模式，不直接负责toC的商业运营，专注做供需对接，并投入少量的人力等资源做生产、销售和基础设施赋能。产业路由器目前在社区商业、新农村产业、直播等领域均有成功的应用。

以便利店7-11为例，作为产业路由器的经典标杆，7-11集合了2.24万家实体零售店、159家配送中心和178家工厂，通过共享采购、共享配送、共享工厂、共享金融等方式，每8个小时将实体零售店的碎片化订单汇集起来，形成规模采购，交由就近的工厂进行生产，然后每8个小时交给城市共同的物流中心配送到每一个门店，从而做到了零售商品从生产到配送再到货架的最高效流通模式，不仅使销售额得到了大幅提升，同时也极致压缩了成本，获得超高人效。2012年，7-11即做到了通过8959人创造108.5亿日元净利润、人效达到121万日元的壮举，其净利润率为19.1%，周转天数仅11.5天，毛利率高达93.18%。

产业路由器如图 8.13 所示。

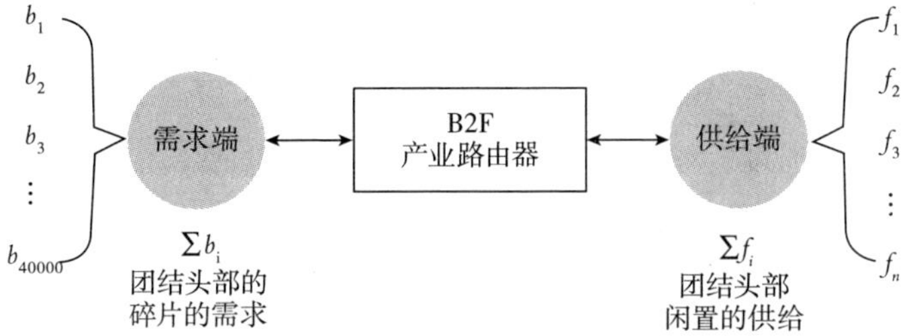

图 8.13　产业路由器

资料来源：颜艳春个人讲座《2021 大幕开启：最值得认真准备的 10 场战争》。

其次，要促进流通业跨界融合发展，鼓励流通企业跨越业态、行业边界，将流通与创意、研发、设计、生产、文化、旅游、体育、休闲、娱乐等相互融合，改进消费体验，引领产业升级。要充分利用流通行业的渠道优势，做服务型电商转型。发挥医药流通企业终端药店和客户紧密联系的优势，以社区辐射为纽带，开展线上线下互动。将商业网点与社区服务相结合，使流通活动集成生活服务、健康服务等功能。鼓励物流企业利用网点和技术优势，跨界开展零售、医疗、金融和其他高附加值业务。

（三）打造科技赋能的现代流通基础设施

基础设施建设是完善现代流通体系的重要抓手，流通领域中，零售和批发基础设施、物流基础设施和金融基础设施等是重要的建设内容，需要抓住新科技革命发展与应用的新机遇，补齐短板，破除制约因素，使流通基础设施成为现代流通体系的坚实基石。

零售基础设施方面，要提升便利店、超市、零售药店以及快递服务点等零售与生活服务网点的数字化水平，大力推广智能决策、智慧供应链、可视化运营等。实施商业网点的现代化改造，使其成为社区生活的支撑点。政府在做商业发展规划时应把握前瞻性的要求，提前考虑好如何将其与现代信息基础设施规划相结合，重点支持米袋子、菜篮子以及其他具有社会公益性配套的商业设施，包括居民网点配套的菜市场、大众餐饮店铺等。

批发市场作为另一项重要的流通基础设施，亟须加快线上线下融合，利用互联网、5G 等现代信息技术的应用做好产销对接。具体地，要加强信息基础设施建设，支持专业市场数据化改造。政府可考虑给予适当补贴，支持批发市场加快信息网络、Wi－Fi 信息点、数据平台、移动智能设施等方面的建设，实现批发市场交易环节的大数据实时收集。支持批发市场加快流通大数据平台建设，实现批发市场之间的信息联通和共享，并探索利用大数据分析工具，为批发市场、电子商务发展及供应链上下游环节提供创新支持。

金融基础设施方面，要强化金融科技对流通业的支撑作用，夯实基础交易、支付结算体系的建设，推动金融基础设施互联互通，提升服务水平。同时，要通过人工智能、云计算、用户画像等技术的底层算法研究和应用，不断加强金融科技力量，在更好地提供直达各类市场经营主体特别是广大中小微企业的金融产品上有更多的创新。

农村的流通基础设施方面，要推动现有市场设施与物流体系融合发展，通过推动菜市场、乡镇集贸中心和传统集市的现代化升级改造，建设信息化的农村物流配送和仓储中心，借此缩小城乡流通基础设施的差距，助力农村现代流通体系的建设。

（四）加强科技赋能的流通环境建设

建设现代流通体系必须下大力气改善流通环境，除要做好制度上对新技术新模式新业态的适应以外，还要强化科技对于治理的赋能，打通堵点，提高能效，具体地，需要做到以下几点：

一是加大数字监管技术的研究及其在流通领域中的应用，积极提升事中监管能力。确立流通数据的归属原则，明确数据主权，同时保护个人隐私，探索数据跨境流动的规则实践，增强规则制定的国际话语权。发挥市场竞争机制的作用，打破区域壁垒，严厉惩戒地方保护主义。进一步加大简政放权力度，利用数字技术逐步建设和推广高效运行的标准化政务中心，实现政务中心在线运行和实时监督。建立数据的评估定价机制，利用区块链等技术建立数据的追溯机制。

二是加强对新技术新应用的保障支持力度，探索讨论流通领域人工智能伦理规范并制定相应标准。加强对科技企业的反垄断力度，防止互联网平台滥用数据、技术等优势，以规范市场，确保竞争公平有序。规范农村电商体系建设，建立农村电商物流、供应链、营销的统一制度。完善特殊流通领域如药品流通、危化品仓储物流的监管体系，依托大数据、互联网、区块链等新兴技术建立可视化与预警、可追溯机制。

三是重视针对创新型科技流通企业的资金和政策支持。设立流通企业“走出去”基金，支持企业出海，特别是对我国目前优势领域如5G、移动互联网的企业，加强风险防范与合规指导，提供必要的保护。鼓励民间资本、物流企业参与新兴技术在流通领域的先行先试，鼓励科技企业下沉至市、县、乡镇，参与基层物流服务网点的建设，并提供一定的财税支持。

（五）提升产业链、供应链的现代化水平

产业链通常是一个链式的、线性的结构，更多表现为上下游企业之间的供需与合作关系。联结它们的业态有采购、物流、加工、销售等。供应链是一个网状结构，它包括了从生产制造到市场消费的全过程，除了上面讲的产业链特征，它还包括了交易的全过程、金融和商品的流通、客户消费行为和为保证这一过程顺畅运转而存在的各种服务（如技术、工艺、设计、营销、教育培训、商务中介等），另外，也包括制度、政策、监管等政府行为。换句话说，产业链是一个庞杂但又相互依存、相互提供能量支持的生态系统。信息技术的发展，使它也成为供应链系统的核心要素之一。所谓供应链，实际上是物流、信息流、资金流和人的行为流的集合运行状态。

产业链与供应链是流通的重要表现形式。在新冠疫情后，全球产业链和供应链区域化、地区化的新形势下，需要结合各种新信息技术、产

业互联网、先进交通体系，依托中国广阔、高成长性的市场，积极推动供应链创新，保证流通的安全性与稳定性。要以供应链与互联网、物联网的深度融合为路径，以信息化、标准化、信用体系建设和人才培养为支撑，创新发展供应链新概念、新技术、新模式，高效整合各类资源和要素，提升产业集成和协同水平，打造大数据支撑、网络化共享、智能化协作的智慧供应链体系。

具体实现路径上，一是要推进协同制造，应用精益供应链管理技术，完善从研发设计、生产制造到售后服务的全链条供应链体系。推动上下游企业协同采购、制造、物流，促进大中小企业分工协作，快速响应客户需求，缩短生产周期，降低经营和交易成本。二是要发展服务型制造、推动由制造供应链向产业服务供应链转型。三是要促进供应链可视化和智能化。最终建成科技赋能的供应链体系，推动流通创新转型，建设供应链综合服务和交易平台。推进流通与生产深度融合，提升供应链服务水平，引导流通企业向供应链服务企业转型，从而推动流通现代化。

建议在若干试点城市建设科技赋能的供应链枢纽。利用城市本身作为大型综合交通枢纽的优良区位、强大的中转功能和充足的空间容量、高效的配套设施，充分结合互联网平台和物联网技术，结合自动化、人工智能技术，服务人流、物流、信息流、资金流等在枢纽特定区域内的大规模集散，实现要素高效流动、重组、整合，吸引相关制造业和服务业向周边聚集并带动广域空间经济增长、升级。目的是以综合交通枢纽建设为基础，以现代物流业发展为先导，以先进制造业和现代服务业聚集为目标，最终实现区域经济转型升级，城市竞争力大幅提升，形成枢纽经济发展模式。

（六）加快完善数字治理适应新技术新场景

在推动跨部门、跨区域、跨层级政务信息开放共享的基础上，打破部门分割、条块分割、区域分割的治理模式，推进分工上各司其职、治理上协同共治、守责上风险共担的治理环境，确保政策可落地。一是要在无人货运监管问题上进行突破，建议支持快递物流企业运用无人车、无人机等先进技术开展末端揽投，在指定地区建设无人车、无人机创新应用试点，对无人配送车驾驶人进行分类管理，同时，对无人配送车的尺寸、载重、速度、动力等技术和检测指标进行标准规范，按照车规级安全性要求，为下一步无人配送车发展奠定基础。出台创新管理政策，以颁发编码或牌照的形式，在一定范围内提供行驶路权和空域，用于先进设备和先进技术加快产业化普及应用。在法律、交通监管、路网运营、安全运输等环节突破对无人配送运输工具的限制。二是要强化流通领域标准体系建设。建议重点加强电子商务、现代物流、大数据开发应用等标准和服务规范的建设，推进政府引导、行业组织主导、领先企业及智库参与的现代流通标准的制修订和推广应用。

提升政府的数字治理能力，建设数字政府。完善数据产权制度，探索数据产权保护和利用新机制，建立数据隐私保护制度。试点推进政府数据开放共享，由政府牵头成立流通领域的公共信息平台。加强政府在流通企业特别是中小微型企业数字化转型过程中的引导作用，并出台一系列前瞻性指导和要求，做好相关顶层设计。统筹国家各部门、科研机构和物流企业，推进全国物流基础设施网络的数字化建设。

（七）建立数字化、信息化的农村物流网络

以乡村振兴重大战略机遇为依托，重点建设县、乡、村三级物流基础设施，补齐农村 5G 网络、物联网、大数据中心、边缘数据中心等技术及通信底层基础设施建设的短板。建议加大财政支持力度，发挥财政资金引导作用，设立农村科技物流发展专项基金，建立投资、建设、运营等常态化机制，引导社会资本、技术进入农村物流领域，重点支持田间预冷设施设备购置、城乡共同配送、标准化器具应用、信息平台建设，鼓励社会资本参与农村物流网点的建设，在各个市县政府搭建智慧物流公共管理服务平台，引进大数据企业，加强对当地物流网点的数字

化管理，依托基层政务信息综合服务平台，提高物流信息化水平、注重培育农村物流专业人才，以及制定农村物流专用标准，促进行业规范发展，适度扩大对农村电商、水电、税收、配送车辆购置等的政策支持力度。

执笔人：冯伟波

本章参考文献

[1]关婷,薛澜,赵静．技术赋能的治理创新:基于中国环境领域的实践案例[J]．中国行政管理,2019(4):8.

[2]刘婷,唐可鑫．区块链赋能新零售:研究热点与理论框架[J]．消费经济,2021,37(6):10.

[3]张焱,苑春荟,吴江．5G 背景下我国物流产业创新生态系统构建与演化研究[J]．科学管理研究,2020,38(1):9.

[4]杨永芳,张艳,李胜．新零售背景下实体零售数字化转型及业态创新路径研究[J]．商业经济研究,2020(17):4.

[5]圆通研究院．5G 网络技术在新一代物流行业中的应用[R]．2019.

[6]铃木敏文．零售的哲学:7 - Eleven 便利店创始人自述[M]．南京:江苏凤凰文艺出版社,2014.

[7]头豹．2021 年中国冷链物流行业研究报告[R]．2021.

[8]头豹．2021 年中国人工智能在零售领域应用行业短报告[R]．2021.

[9]德勤,阿里研究院．科技重塑零售业六大变革趋势[R]．2018.

[10]头豹．2020 年区块链技术在中国支付清算领域的应用概览[R]．2020.

[11]埃森哲．2020 中国企业数字化转型指数研究[R]．2020.

[12]创业邦．2020 中国智慧物流产业研究报告[R]．2020.

[13]中国连锁经营协会．2021 年中国便利店发展报告[R]．2021.

[14]前瞻产业研究院．2020 年中国无人经济市场研究报告[R]．2020.

第九章 加快建设现代流通体系的对策

中国特色社会主义进入新时代。为进一步强化流通体系支撑作用，畅通国内大循环，提升国民经济运行方式，全面提升国家综合国力和国际竞争力，更好地发挥现代流通的基础性、先导性、战略性和决定性作用，加快建设现代化流通强国，需要坚持问题导向，运用产业链供应链“链式”思维，遵循“充分发挥市场在资源配置中的决定性作用，更好发挥政府作用”原则，重点推进建设现代市场体系、构建现代物流体系和实施科技赋能，着力完善现代流通治理体系，提升治理能力，加大改革和监管力度，综合施策，有效推动现代流通体系高质量发展，从而为建设现代化经济体系和构建以国内大循环为主体、国内国际双循环相互促进的新发展格局提供坚实有力支撑。为此，提出以下对策建议。

一、借助产业链供应链思维，厘清政府与市场边界，促使两者形成分工协作

从历史演变来看，流通是产业链供应链的基础，但随着全球产业链供应链的快速发展和蔓延，流通已经承担起延迟生产的价值生成功能和价值形式转换功能。这意味着流通与产业链供应链的各个部分已相互渗透、相互融合。由此，产业链供应链自身兼具的市场属性和公共品属性“双重属性”，自然也就传递给了流通。

处理好政府与市场的关系，是供给侧结构性改革的关键。新时期，深化供给侧结构性改革，推动流通领域运行，还是需要秉持党的十八届三中全会提出的“发挥市场在资源配置中的决定性作用，更好发挥政府作用”的基本原则，即在流通领域，市场能够发挥作用的地方应坚持由市场机制发挥资源配置的决定性作用，政府不应干预；在市场机制

失灵的领域，政府应充分发挥应有作用，弥补市场失灵。

政府需根据现代流通体系建设和国民经济平稳发展需要，积极承担起提供公共产品和服务的职责。在构建新发展格局背景下，政府在现代流通体系中至少有四方面的现实意义：一是有利于更好地助力构建统一大市场，促进我国流通体系实现系统性全面成长；二是有助于维护现代物流体系乃至产业链供应链的整体安全发展；三是有助于推进科技赋能流通体系建设，促进流通体系自立自强；四是有助于推进改革向纵深发展，解决体制机制瓶颈制约，更好发挥“两只手”的协同作用。

不同企业作为产业链供应链上不同业务流程的承担者，应担负起流通体系的市场性属性职责，根据市场需求和自身实力，按照优胜劣汰的市场竞争原则，通过诚信经营，努力开展流通业务、拓展市场空间，提升产业链供应链和现代流通体系健康成长的内生活力；通过不同业务流程的差异性及由之带来的协作可能性，加大数字技术的应用范围，协同推进现代流通体系高质量发展，共同维护产业链供应链安全。

同时，需要明确的是，在建设现代流通体系过程中，市场与政府之间不是从属关系，而是根据发展需要发挥各自的应有作用，形成合力。

二、构建商品要素自由流动的高标准国内统一大市场

发挥市场在资源配置中的决定性作用，深化政府“放管服”改革，建设自由开放、竞争有序的现代市场体系。

第一，推进重点领域市场化改革。推进铁路、民航、邮政等行业竞争性环节市场化改革，推动形成统一开放交通运输市场。推动大型流通企业混合所有制改革，完善现代企业制度，优化市场主体结构。鼓励各类金融机构、中介机构积极参与流通领域要素市场交易，提供融资、担保、保险等综合服务。完善流通领域数据资源确权、交易、应用等规定，加快培育流通大数据交易平台，保障流通大数据安全，健全数据要素市场化配置机制，促进数据资源合规交易、高效利用。

第二，提高重点要素资源市场化配置能力。推进全国性能源、粮食、矿石等资源性产品交易平台建设，稳步扩大上市交易品种范围，形成要素资源的国际贸易竞争优势。发展跨国大型贸易商，增强其资源整合能力，扩大其经营网络覆盖范围，提高其对大宗商品、大规模集中采购进口的掌控能力和对国际价格的影响力。研发推出化工产品、金属材料等大宗商品的航运指数期货等创新产品。推进流通企业商事服务规范化、便利化，推广简易程序，进一步压缩办理时限。建立商事服务质量第三方评价制度。

第三，完善市场准入。落实带有统一性、严肃性、权威性的“全国一张清单”管理模式，避免各部门、各地方自行发布市场准入性质的负面清单。继续放宽准入限制，支持有条件地区开展放宽准入试点。深化“证照分离”改革，加快解决“准入不准营”问题。研究流通领域通用性资格资质清单，统一规范认证程序及管理办法，提升全国互通互认互用效力。

第四，大力推进市场公平竞争审查。增强公平竞争审查制度刚性约束，健全公平竞争审查实施机制，统筹做好增量审查和存量清理。研究完善流通领域公平竞争审查工作指引，提升其科学性规范性，推进流通领域公平竞争审查实施细则有效落实。鼓励建立第三方专业机构参与审查机制，协助定期评估。

第五，加强反垄断执法和立法。反垄断本质上就是反不正当竞争。应依法开展反垄断执法，维护市场公平竞争秩序。制定完善相关法律法规，推动流通企业合规经营。引导平台经济、共享经济等新业态规范健康发展，防止资本无序扩张。强化跨区域行政执法协同配合机制，形成反垄断执法合力。畅通不正当竞争问题反映和举报通道，维护市场主体合法权益。

三、加快构建高效、绿色、智能、安全的现代物流体系

遵循物流运行网络化发展趋势，推进基础设施和服务能力建设，加快构建体现新发展理念、服务新发展格局的高质量现代物流体系。

首先，构建畅通高效的网络化现代物流基础设施。畅通干线物流通道，加快布局建设国家物流枢纽，加速补齐经济后发地区物流基础设施短板，形成一体高效的全国骨干物流设施网络，构建以“通道＋枢纽”为基础的物流网络运行体系，实现国内国际物流网络融合。加强与国家物流枢纽运行衔接，推进构建冷链物流骨干网络。对接国家物流枢纽，完善区域物流服务网络。大力发展共同配送，提高城市配送效率。强化城乡物流基础设施互联互通和信息共享，完善县、乡、村三级物流网络，提升末端配送服务能力。

其次，创新物流服务模式，拓宽物流服务范围。促进高铁与普铁快运设施网络化协调发展，开展多样式、大批量快件运输试点，加强与存储、分拨、配送等设施的衔接，推动铁路快运服务创新。推进高铁快运与电商快递、生产制造等融合发展。推进物流与产业融合创新发展，营造物流与产业互促发展生态。推广物流集约绿色发展新模式。加快发展智慧物流，提升物流自动化、无人化、智能化水平。支持、鼓励和引导各市场主体大力发展绿色低碳物流服务。

再次，培育具有国际竞争力的现代物流企业群体。支持骨干物流企业通过兼并重组、联盟合作等方式加强资源整合。引导龙头企业加快境内外节点设施布局。重点提高大型物流企业对矿石、能源、粮食等大宗商品的国内外采购、运输、仓储等规模化、协同化服务的专业化水平。推进中小微物流企业立足“专精特新”定位及专业服务，构建完善的物流生态体系支撑。全面提升物流企业的全球物流组织管理能力。通过加强全球物流经营战略和策略的科学制定，利用“一带一路”建设契机，推进海外物流园区、仓储中心、配送中心、分拨中心建设，努力打

造高标准、高水平的国际智慧物流与供应链服务平台，推动建成统筹国内外、覆盖全世界的富有影响力、绿色低碳的物流网络，提升国际物流供应链的服务效率、国际认可度和自主可控性，全力服务构建“双循环”新发展格局。加快培育一批具有国际视野的企业家，培养一批具有全球竞争力的一流经营人才。

最后，加强高效应急物流体系建设。完善平战结合应急物资储备系统，重点加强粮食能源、抢险救援、医疗用品等物资储备。优化应急物资储备布局，重点建设完善一批综合应急物资储备库，打造层次分明、类型合理、协同高效的应急物资储备节点网络。确保储备物资常储常新。开拓多元化国际物流通道，有效防范能源、粮食和产业链供应链重点产品断供风险。

四、强化科技赋能现代流通体系

一是大力提升以数字技术为重点的科技应用水平。加快实施流通科技创新战略，加快流通科技进步，加快流通领域科技创新，全面提升流通领域的科技含量，推广应用新型流通设施和设备，提高流通全行业的机械化、自动化水平。

积极发挥科技引领作用，加快企业数字化转型升级。引导企业强化数字化思维，提升员工数字技能和数据管理能力，全面系统推动企业研发设计、生产加工、经营管理、销售服务等业务数字化转型。支持有条件的大型流通企业打造一体化数字平台，全面整合企业内部信息系统，强化全流程数据贯通，加快全价值链业务协同，形成数据驱动的智能决策能力，提升企业整体运行效率和产业链上下游协同效率。鼓励引导传统企业构建自己的数字化操作系统平台，通过对移动支付、云计算、人工智能等新技术，以及小程序、硬件、智能终端的互联互通和整合服务，推进传统商业的数字化发展。

实施中小企业数字化赋能专项行动，支持中小企业从数字化转型需求迫切的环节入手，加快推进线上营销、远程协作、数字化办公、智能生产线等应用，由点及面地向全业务全流程数字化转型延伸拓展。鼓励和支持互联网平台、行业龙头企业等立足自身优势，开放数字化资源和能力，帮助传统企业和中小企业实现数字化转型。推行普惠性“上云用数赋智”服务，推动企业上云、上平台，降低技术和资金壁垒，加快企业数字化转型。

引导城乡实体商业企业积极上线、上云，打造一批线上线下融合发展的示范企业，推进线上线下生产消费融合。加快5G技术在现代物流领域的推广应用，丰富5G物流应用场景，推动物流行业实现基于“物联网+人工智能”的智慧物流模式转型，车、货、仓真正实现互联互通互动。加快数字化终端设备的普及应用，实现物流信息采集标准化、处理电子化、交互自动化。加强信息化管理系统和云计算、人工智能等信息技术应用，促进物流全链条可视化、透明化和可追溯，提升物流基础设施和信息系统等的信息化、自动化和智能化水平。大力推进“交通新基建”建设。加快人工智能、大数据、5G通信等现代技术在交通运输行业的应用，建立数字化、网络化的智慧交通体系，通过提高场站枢纽和网络线路上的智能化、信息化和网络化水平，提升枢纽和场站运行效率，提高企业运营组织协调水平，更充分地利用运输工具载运能力，大大提高运输密度。

二是注重提升流通主体科技创新能力。强化企业创新主体地位，促进各类创新资源向企业集聚，鼓励流通企业加大技术攻关力度和人力资本投入，推进技术、产品、组织模式、管理模式、商业模式等创新。发挥大企业引领支撑作用，支持骨干流通企业牵头组建创新联合体，与科研机构建立流通研究院、流通产业创新中心、联合技术中心等，构建产学研用协作新模式，突破流通关键共性技术，提升创新体系整体效能。加强共性技术平台建设，推动产业链上中下游、大中小微企业融通创新，全面提升流通对产业的支撑作用。打造区域流通业科技创新综合体，带动传统企业实施创新转型。

三是培育科技转型服务生态。建立市场化服务与公共服务双轮驱动，技术、资本、人才、数据等多要素支撑的科技转型服务生态，解决企业“不会转”“不能转”“不敢转”的难题。面向重点领域和企业转型需求，培育推广一批科技赋能解决方案。聚焦转型咨询、标准制定、测试评估等方向，培育一批第三方专业化服务机构，提升科技转型服务市场规模和活力。支持高校、龙头企业、行业协会等加强协同，建设综合测试验证环境，加大产业共性解决方案供给。建设科技转型促进中心，衔接集聚各类资源条件，提供科技转型公共服务。

五、加快现代流通体系法制建设

根据流通现代化发展需要，牢固树立在法律框架下发展事业的意识，制定出台现代化流通发展所需的法律法规。要按照建立科学有序、持续和谐发展的市场流通体系的要求，重点借鉴日韩等国流通业建设、管理和发展的有益经验，制定和颁布与国际接轨的、具有国家法律地位的流通业相关法律法规，将现代流通体系建设和管理纳入法治轨道。探讨建立《中华人民共和国商法》，从行业性质定位、规划布局、政府管理、基础设施建设、市场准入、运营交易行为、流通秩序、规范标准、商品流通保障等方面作出明确具体的法律规定。明确各有关部门及地方政府监管职责，规范引导流通业转型升级，提高服务质量和能力，同时引导企业公平有序竞争，并在竞争中加强协作。立法还应体现和发挥好行业协会的作用，明确其性质、地位、设立条件、与政府关系等，明确其工作方式及权利和合规范围，明确有利于行业协会开展服务的优惠税收制度，明确行业协会的社会公信力。逐步建立行业协会参与行业管理、推动行业发展的工作机制。

六、深化流通体制机制改革

新发展格局的构建及流通领域高质量发展，需要进一步加大体制机制改革，更好地推陈出新。

首先，构建适应数字流通需要的监管与服务。很大程度上，我国流通领域的巨大变化是循序渐进“改”出来的。在数字经济背景下，流通环境、流通结构、流通主体、流通功能均发生了重大变化，原有监管手段和治理切入点都有可能失效。数字经济时代，需以认识和尊重市场规律为前提，并从供应链活动上着力构建适应数字化流通机制创新的监管与治理体系，增强政府数字化治理能力，有效发挥该体系对规范市场、鼓励创新、保护消费者权益的支撑作用，同时探索建立适应平台经济特点的监管机制，推动线上线下监管有效衔接，强化对平台经营者及其行为的监管。

一是加大对数字化自营零售商的监管与服务，促进其消费者权益保护和有序竞争。流通领域是商品交换的集中地，数字化自营零售商掌握着大量的消费者数据，其经营活动又要建立在大数据分析上。考虑数据本身在权利确定和使用规范上的模糊性，不仅会影响流通主体对数据价值的充分开发，也容易出现信息滥用和隐私侵犯行为。此外，零售扩张还暗含着垄断风险，其垄断形式在数字技术的帮助下将更加隐蔽，这都需要进行及时有效的防范和治理。

二是加大对零售企业与优质供应商、制造商匹配的服务与监管。由于信息不对称，需要支持供应链服务商的加速孵化，并推动供应链公共信息服务和供应链公共平台的供给优化。适应互联网品牌开发的零售制造趋势，需要对零售商资源整合、供应商服务、制造商生产监管加以统筹规划和重点支持。在以互联网品牌孵化为目标的商业生态构建中，需要引入诸如审批、监管、“一站式”和“点对点”服务等多种创业支持资源。

其次，加大全链条、数字化流通机制创新。为促进流通企业数字化转型及数字供应链发展，需要在商品流通公共数据服务、数字基础设施建设和平台数据垄断治理等方面发挥政府的积极作用。在推进线上线下融合发展时，需要对线上的支付与信息安全、信用认证、网络推广、商品溯源等提供完善的配套支持，并需要在线下的商圈数字化改造、网络基础设施服务、用地规划、周边智能交通建设等方面有效发挥政府作用，更好地弥补市场配置资源的不足。同时，需要基于供应链管理，针对流通标准体系、法律法规、市场秩序、商事制度、监管规则和监管部门上存在明显割裂甚至不公平的现象，加强不同部门、不同领域、不同地区之间的综合协调，强化流通领域资源整合与优化，建立跨区域流通合作的协商管理机制，进行政府管理职能的优化。同时，需要设立流通体制改革工作台账，完善评估机制，抓好流通体制改革重大决策落实情况的督促检查。

最后，以改革推动内外贸流通一体化发展。当前，推进内外贸流通一体化发展，所面临的主要困难不仅在于内外生产力水平上存在差异，更重要的是在内外制度对接和内外市场联动上缺乏有效安排。因此，应加强宏观调控，着重从内外贸法律法规、监管体制、经营资质、质量标准、检验检疫、认证认可等衔接上加大工作力度，推动形成供需互促、产销并进的良性循环。要加强高标准市场体系建设，打破地方保护和行业壁垒，实行全国统一的市场准入负面清单制度，加强内外贸一体化过程中的知识产权保护。深入推进“质量革命”，推动在同一生产线上，按照相同标准、相同质量要求，生产既能出口又可内销的产品，并扩大适用范围，帮助各行业企业降低成本、实现内外销转型。实施有条件、有实力、有国际竞争力的商品市场“走出去”，探索与境外经贸合作区优势互补、联动发展。加大商品市场组织产销对接活动，按照“同线同标同质”要求，支持出口产品转内销。要大力发展跨境电商和数字服务贸易，扩大规模，提升发展水平，为内外贸一体化发展注入新动能。此外，要大力推动自贸港、自贸试验区先行先试。推动自贸港、自贸试验区开展内外贸一体化探索，再将试点经验向全国复制推广。

七、大力构建市场化、法治化、国际化营商环境

现代流通体系是基于互联网、大数据、人工智能等新技术，以商流、物流、资金流、信息流的新业态新模式为核心，以高标准市场体系为支撑的流通系统，呈现出数字化、智能化、平台化、共享化、体验化、定制化、品牌化、连锁化、去中间化、统一化等趋势和方向。现代流通体系需要有高水平的市场化、法治化、国际化营商环境与之相匹配。

这就需要进一步破除区域分割和地方保护等不合理限制，清理对企业跨区域经营、迁移设置的不合理条件，破除招投标、政府采购等领域对外地企业设置的隐形门槛和壁垒；健全更加开放透明、规范高效的市场主体准入和退出机制，方便市场主体办理名称登记、信息变更、银行开户、注销等相关手续；持续提升投资和建设便利度，推进社会投资项目“用地清单制”改革，推动分阶段整合规划、土地、房产、交通、绿化、人防等测绘测量事项；更好地支持市场主体创新发展，探索适应新业态新模式发展需要的准入准营标准；持续提升跨境贸易便利化水平，推动与部分重要贸易伙伴口岸间相关单证联网核查，开展“组合港”“一港通”等改革；优化外商投资和国际人才服务管理，加强涉外商事法律服务；维护公平竞争秩序，加强和改进反垄断与反不正当竞争执法，健全遏制乱收费、乱摊派的长效机制；依法保护各类市场主体产权和合法权益，建立政府承诺合法性审查制度和政府失信补偿、赔偿与追究制度；优化经常性涉企服务，推行涉企事项“一照通办”，全面实行惠企政策“免申即享”、快速兑现。同时，破除行政性垄断和自然垄断及地方保护，防止资本推动大型企业野蛮生长，避免市场垄断和不正当竞争。构建亲清新型政商关系，健全政府守信践诺机制，建立政府承

诺合法性审查制度和政府失信补偿、赔偿与追究制度，重点治理债务融资、政府采购、招投标、招商引资等领域的政府失信行为，畅通政府失信投诉举报渠道，健全治理“新官不理旧账”的长效机制。建立健全政策评估制度，推进政策评估工作制度化、规范化，使政策更加科学精准、务实管用。

八、构建社会信用、规则标准、现代金融战略支撑体系

一是加大现代流通社会信用体系建设。依托全国信用信息共享平台，依法依规归集整合市场主体各类信用信息，开展公共信用综合评价。建立行业信用评价模型，分享使用评价结果，支持依法开展形式多样的市场化信用评价，以大数据为支撑实现市场主体精准“信用画像”。建立完善流通企业信用信息记录和披露制度，依法发布失信企业“黑名单”。完善第三方信用评价机制。建设重要产品追溯体系，以信用建设推进流通安全。

二是着力推进现代流通标准体系建设。由政府主管部门进行顶层设计，由行业领军企业和专家参与，共同推进解决产品运输、包装、检验等方面标准不统一、不衔接等行业发展难题。对标国际先进规则标准，完善商品命名、编码、计量等规则和规格、品级等标准，提高流通透明度和效率。推动流通领域国家、行业、团体、地方和企业标准相互配套、相互补充。建立健全流通数据资源采集传输、链接等规则，提高数据质量和交易规范性。完善物流体系标准，推动基础通用和产业共性物流技术标准优化升级。加大流通领域规则标准实施应用力度，鼓励中介组织发挥行业推动作用，引导产业技术联盟率先推广，支持骨干核心企业示范引领，激发企业应用标准积极性。推动流通领域加强与生产领域规则标准对接。推动国内外流通规则标准对接，营造高水平经贸规则标准应用软环境。完善流通标准实施的监督和评价制度，加强标准在认证、检测、市场准入、执法监督等行政管理中的应用，为形成全国统一

的流通标准体系提供支撑。

三是强化金融支撑作用。为适应流通对金融支付的特殊需求，应强化支付结算等金融基础设施建设，深化金融供给侧结构性改革，大力发展消费金融，以消费金融创新推动加快消费升级步伐，提供更多直达各流通环节经营主体的金融产品。在规范中大力发展供应链金融，提升金融服务能力。

九、加大政府规划和政策支持力度

满足流通体系高质量发展的需要，政府应研究制定更适合流通体系发展的规划与相关政策。

首先，要做好科学规划。要坚持全国一盘棋，凝聚共识调动各方面积极性，共同推动现代流通体系硬件软件主体框架建设。应做好现代物流体系、综合交通体系等方面的全国布局设计。特别注重布局以社区为基本单位的商业网点及其业态结构，打造集商业、医疗、家政等功能于一体的现代生活社区。国家有关部委应本着解决社会主要矛盾的目标，遵循市场规律，利用统筹规划、顶层管控、区域竞合、市场协调机制制定《城市网点法规》，明确社区服务体系必须占建筑面积的比重，形成各类生产生活要素有序集聚与流动的社区治理结构。做好科技赋能流通体系的整体设计，包括流通节能降耗的目标设定和绿色低碳发展的总体设计。谋划好国内流通与国际流通对接融合，国内外两个市场有机衔接、两种资源高效流通的顶层设计，同时建立健全规划和政策实施的评估机制。

其次，要加大政策支持力度。流通基础设施和商业网点建设周期长、投资回收慢、效益不高。政府要用财税、金融、土地等政策对符合规划的建设项目予以支持，发挥“四两拨千斤”的作用，带动社会资本参与投资建设。特别是对居民日常消费涉及的社区便利店、菜市场、大众餐饮店、洗衣店、家政生活服务等，留出一定面积的网点建设土地，并给予适当财税支持。在改善小城镇和乡村的物流基础设施、推进和改善乡村道路的等级和质量等方面，在流通企业的数字化、绿色化发展过程中，也要根据各地情况，在财政政策和货币政策方面给予适当支持。

十、发挥商会、行业协会的市场监管监督作用

商会和行业协会作为一种社会中介组织，是政府与企业和消费者的桥梁与纽带，对构建国内大循环将起到不可忽视的推动作用。应加大对商会、行业协会等民间组织的培育，促进“以政府为主导、企业为主体”的市场化运作管理模式不断推行，并加强消费者市场监督和行业的监管，以弥补政府传统的行政、计划管理思路与做法的不足。基于这一点，政府可赋予商会、行业协会一定的行政职能，使其能够合理地行使对商贸流通产业的各项职能。

此外，商会、行业协会还可以帮助建立诚信机制，公布诚信名单，严惩扰乱市场、哄抬物价、假冒伪劣、侵犯知识产权、虚假宣传等非法经营行为，对不诚信的流通企业与行为，行业协会可提出整改意见并监督流通企业限期整改，以保护消费者权益。当然，对我国本土流通产业重要的市场信息、市场垄断等问题，行业协会还应及时或定期发布信息，并及时报告政府主管部门，对目前社会关心的互联网头部企业的监管风暴给出科学、准确的评论，消除产业界各类误解和误区。行业协会也可通过制定规范、咨询服务、行业自律等方式，防止企业发生污染环境的行为，提高行业供应链绿色化水平。

十一、重视现代流通理论和实证研究

现代流通能力是国家竞争力和软实力的集中体现，是决定一个国家经济发展的速度、质量和效益的关键所在。美国等发达国家之所以有强

大的话语权，从根本来说就在于以美国为首的发达国家拥有强大的流通能力和确立的流通先导型经济运行模式，流通先导性力量能够带动一个国家产业的产业结构、产品结构以及企业的组织形式随着全球价值链体系中的产业结构、产品结构和企业组织形式的变化而不断调整，并由此构成一个国家持续增长的竞争力。习近平总书记提出的“流通体系在国民经济中发挥着基础性作用，构建新发展格局，必须把建设现代流通体系作为一项重要战略任务来抓”，这是新时期面对国际国内环境做出的重大战略选择。

目前，我国对现代流通仍缺乏足够的认识，大多数研究以解读为主，对于到底什么是现代流通，需要进一步统一认识，对于现代流通的框架体系是什么、如何衡量和评价现代流通体系发展进程，仍需要进一步探索，以强化对现代流通体系的整体研究，更好把握、更高效地推进现代流通体系建设。因此，建议强化现代流通理论研究与实践研究，形成对现代流通体系的统一认识，明确现代流通体系基本框架和指标体系。应提高政府各级各部门统筹规划谋划现代流通能力，并将其作为执政能力的重要组成部分。应逐步建立与现代流通体系相关的学科体系，逐步形成现代流通学科体系清晰发展路径、学术体系和话语体系，加强流通人才培养，以更好地满足现代产业发展需求，更好地服务流通企业发展，为现代流通发展实践提供理论支撑，为现代流通政府治理咨政建言，只有这样才能真正将加快推进现代流通体系建设落到实处。

执笔人：綦鲁明

本章参考文献

[1]夏春玉．流通概论[M]．大连：东北财经大学出版社，2019.

[2]夏春玉，丁涛．孙冶方流通理论的回顾与再认识[J]．财贸经济，2013(1)：74－81，118.

[3]高涤陈．论流通经济过程[J]．经济研究，1984(4)：14－20.

[4]高自旺.新冠疫情下地方政府构建农村突发公共卫生事件应急管理机制的思路与对策[J]. 经济论坛,2021(11):17 -22.

[5]陈文玲. 论社会化大流通[J]. 财贸经济,1998(2):28 -32.

[6]晏维龙. 试论商品流通的内涵及其复杂性[J]. 南京经济学院学报,2003(3):6 -11.

[7]姜长云,姜惠宸. 新冠肺炎疫情防控对国家应急管理体系和能力的检视[J]. 管理世界,2020,36(8):8 -18.

[8]曹杰,杨晓光,汪寿阳. 突发公共事件应急管理研究中的重要科学问题[J]. 公共管理学报,2007(2):84 -93.

[9]任友德. 政府在现代商贸流通业发展中的作用研究[J]. 价格月刊,2016(6):72 -75.

[10]冯平. 政府必须重视商贸流通业的地位和作用[J]. 中共宁波市委党校学报,2001(5):58 -60.

[11]曾纪儒,计智谋. 政府在推进流通现代化中的关键作用[A]//“亚细亚杯”流通现代化研讨会论文集[C]. 2004.

[12]任保平,杨斐. 基于城乡商贸流通的政府与市场的关系[J]. 黑龙江社会科学,2011(3):52 -55.

[13]高铁生. 更好地发挥政府在流通领域中的作用[J]. 中国流通经济,2014(12):4 -7.

[14]周梁. 政府干预对我国本土商贸流通产业竞争力提升的作用路径[J]. 商业经济研究,2016(2):22 -24.

[15]王晓东,谢莉娟. 社会再生产中的流通职能与劳动价值论[J]. 中国社会科学,2020(6):86 -92.

附录1

流通问题文献综述

尽管不同经济发展时期对流通问题认识迥异，但我国学者对流通问题的研究层次丰富、视角多元，推动整个社会对流通的认识不断深入。本部分从流通内涵的界定、流通在国民经济中的功能和作用、流通体系布局、流通体系的运行效率和竞争力评价、流通体制机制改革、新发展格局下流通体系的建设等层次归纳整理了以中国知网核心期刊论文为主的重要研究观点和成果，特别关注高引用率文献，并做简单评述。

一、流通的内涵

随着经济社会的发展、理论与实践的向前推进、流通的内涵不断丰富，各时期的重要学术和理论研究对我国在各时期流通政策的制定起到重要推动作用。

流通是一个多层次的概念，可以从不同视角加以理解。马克思指出，“每个商品的形态变化所形成的循环，同其他商品的循环不可分割地交错在一起，这全部过程就表现为商品流通”。马克思流通理论论述了资本流通，但并没有提出一般性判断标准，关于计划经济是否存在流通，不属于马克思流通理论当时的研究范畴。我国著名经济学家孙冶方在20世纪50年代提出“要把计划工作建立在流通领域基础上”，要用“计划组织的流通来代替市场自发的流通”（孙冶方，1962），孙冶方抓住了计划经济的要害，找到了当时阻碍国家经济健康发展的病根（夏春玉、丁涛，2013）。高涤陈（1984）进一步将流通过程看作完善计划经济的关键，指出“没有流通领域的计划性，生产领域的计划就难以实现，各部门、各地区、各企业之间的各种比例关系就难以保持……流通领域不仅是社会主义经济生活中最活跃的部分、最敏感的部位，也是社会主义计划经济完善程度和发展水平的集中表现或要害之所在”。孙冶方（1981）开创性地提出“流通一般”的概念，指出“由不断进行着的亿万次交换所构成的流通，是社会化大生产的一个客观经济过程。有社会分工，就有交换；有社会化大生产，就会有流通过程。这就是流通一般”。孙冶方在价值论基础上建立了我国流通理论的基本分析框架，有力地推动了我国流通理论的发展，对于我国流通体制改革具有重要意义。

随着改革开放的深入推进和市场经济大发展，国内学者对流通的认识不断升华。陈文玲（1998）率先提出社会化大流通理论，认为社会化大流通是涵盖进入流通的一切用于交换的具有价值和使用价值的物质与非物质载体及交换关系的总和，是流通发展处于商品经济发达时期的高级形态。晏维龙（2003）从四个层次理解流通：第一层次是商品由生产到消费的商流运动，第二层次是商品由生产到消费的商流、物流、货币流和信息流运动，第三层次是包括商品流通和要素流通在内的广义流通，第四层次是反映自然、社会、人动态平衡体系的超广义流通。夏春玉（2006）从学科研究视角将流通分为三个层次，广义的流通包括一切物质的流动，基于经济学或管理学视角的流通是人类生产成果或生产要素的流通，如果在经济学或管理学内部分工条件下理解，则是不包括货币、资金、人和服务的有形商品或产品的流通。陈文玲（2004）对流通本质进行了高度抽象的概括，认为流通的本质是开放，是运动，是不断地在流通中交换物质、能量和信息。吴建国（2007）从有利于流通学科研究对象物的确定的角度将流通定义为商品由生产领域进入消费领域过程中所进行转移过程的总和。

关于流通现代化问题。1993 年《中共中央关于建立社会主义市场经济体制若干问题的决定》中第一次提出“流通现代化”的概念。学界对流通现代化这一问题做了多视角研究。杨圣明等（1995）认为应将流通现代化提升至与四个现代化等同的高度来认识。从内容上看，流通现代化不仅要有一定的技术手段和物质内容，还要体现时代发展的内容。具体应包括流通技术装备的现代化、流通辅助体系的现代化、流通组织体系的现代化、流通管理体制的现代化。从动态视角来看，流通业发展经历了从低级到高级的过程。流通领域的深刻变革是生产、消费、经济、社会、技术发展到一定阶段的必然结果，它反映了社会经济发展的客观要求（晏维龙，2002），这一过程就是流通现代化的过程。丁俊发（2006）将流通现代化分成三个层次：一是从计划经济体制下的流通向市场经济体制下的流通转轨基本完成。二是现代流通是个综合概念，包括信息技术的现代化、流通方式的现代化、流通技术与基础设施的现代化、流通管理的现代化，流通企业形态的现代化与流通人员的现代化。三是与国际对接，按 WTO 规则运作，但保持中国特色。徐从才等（2001，2008）认为现代流通从广义角度看是个大流通体系概念。其基本特征是“三个协同”：出口与进口相协同、区际贸易与国际贸易相协同，比较优势、后发优势与竞争优势相协同。需要解决的主要问题是如何优化流通过程、提高流通效率、降低流通成本。陈文玲（2004）将现代流通阐述为全开放流通、全要素流通和全过程流通。随着经济社会实践发展变化，2022 年，她将这一内涵进一步扩展为现代流通的六个“全”：囊括有形要素禀赋与无形要素禀赋全要素流通，国内国际双循环相互支撑的全开放流通，涵盖生产过程与流通过程的全过程流通，贯通生产、分配、流通、消费的全循环流通，体现绿色低碳循环理念的全生命周期流通，产业链供应链相互嵌入的全链路流通（陈文玲，2021）。祝合良（2020）认为现代流通体系是适应现代经济发展需要的流通实体系统和流通制度系统。主要包括三大体系：一是由现代流通主体、流通客体、流通载体和流通方式构成的流通运行体系。二是由流通基础设施、流通标准、信息监测服务、商品应急储备、市场应急调控等构成的保障体系。三是由流通管理体制、流通政策、流通法律法规、市场营商环境等构成的规制体系。刘瑞（2021）认为推进流通体系现代化是供给侧结构性改革下一阶段重点。

关于现代流通的发展方向和趋势。现代流通能力越发成为一个代表国家核心竞争力的重要指标，把握未来现代流通发展的方向无论对在经济全球化竞争中占据主动，还是优化资源配置效率，均具有重大意义。陈文玲（2010）认为现代流通将向国内外流通一体化、区域流通一体化、城乡流通一体化、制造业与流通一体化、现代流通立体化和混沌化方向发展。宋则等（2006）从行业角度将其概括为经营连锁化、物流配送化、交易电子化、管理网络化、流通效率化和服务人性化。从行业层面理解，可总结为流通的连锁化、网络化和信息化，大流通、大市场、大集团是流通体制改革的主要方向（晁钢令，2003）。王先庆（2020）认为现代流通是一个由多要素和链条构成的新型流通体系，包括现代物流、电子商务、连锁经营、数字商贸、在线支付、个性定制、网络直播、智慧供应链等新业态和新模式。还有学者从“低碳＋绿色流通”（洪涛，2011）、流通标准化（梁晨，2021）等角度展开论述。现代流通将更加体现为由区域经济一体化所决定的自由、便利化流通，以平台为载体的市场集成化流通，以全球供应链体系为支撑的开放性流通和以互联互通为主线的跨国大流通（陈文玲，2021）。

总体来看，经历了三次科技革命、产业革命和经济全球化的深入发展，现代流通的内涵、表现形式、趋势性特征以及内在规律都发生了颠覆性变化，对于现代流通理论的研究，属于跨领域、跨学科、跨国界的原创性研究，不仅在社会主义政治经济学中一直是弱项，在西方经济学中也尚未形成完整的理论体系，现代流通理论既是难点，也是必须攻克的重大基础性研究与重大战略研究（陈文玲，2021）。

二、流通在现代经济系统中的功能和作用

（一）流通业在国民经济中的定位

明确流通业在国民经济中的定位对于提升流通业的地位有现实和长

远的影响。随着社会经济的发展和经济结构的演化，流通业成为国民经济的重要产业部门。流通业的发展状况是一个国家市场经济是否成熟的重要标准，也是一个国家竞争力的重要体现。现代市场条件下的发达首先是市场发达，而市场发达的本质是流通业发达（王先庆，2020）。理论界对流通产业在国民经济中的地位认识不断深入。一个重要变化是摒弃了计划经济体制时期“生产决定流通”“流通不创造价值”等观点，提出了流通的先导性地位（刘国光，2001；赵德海、邵万清，2004；赵娴，2010；任保平，2010）、基础性地位（黄国雄，2003，2005）、战略性地位（冉净斐、文启湘，2005），基础性和先导性地位（宋则，2016），先导性、基础性和决定性地位（陈文玲，2019）等。王晓东、谢莉娟（2020）认为，正是因为流通业承担着延续生产的价值生成过程和媒介交换的价值实现过程的双重功能，兼具了生产性劳动和媒介性劳动的二重性，为发挥流通业基础性和先导性的产业功能提供了理论依据。正如晏维龙（2009）的判断，当今社会经济正在由生产主导型向流通主导型转变，这已成为当前世界经济发展的客观规律。有学者认为，流通业从末端环节向先导环节变化，从传统流通向现代流通转变，主张以流通业为主线重构整个国民经济运行（李海舰，2003）。

（二）流通业对国民经济的功能和作用

对流通业功能和作用认识的不断深化对于科学合理评价流通与生产的关系十分重要（冉净斐、文启湘，2005）。从文献角度看，目前的研究视角多元，手段和方法多样，成果十分丰富。形成的观点和结论有助于更加全面和深化地认识流通业。普遍认为，流通作为国民经济的基础性、先导性乃至于战略性的产业部门，可以通过多种传导机制作用于产业结构、就业、消费，并通过直接和间接的方式影响经济增长。

流通对产业结构升级的作用。许多研究关注对流通业带动三产结构升级的机理的研究。任晶洁（2018）认为商贸流通业发展是我国经济增长的主要推动力。

宋则、常东亮等（2010）认为，流通业在调整优化制造业结构方面的表现机制具体体现在缓解制造业产能过剩、优化制造业区域分工、促使制造业节能降耗、提升制造业国际地位和强化制造业的自主创新能力5个方面。詹浩勇（2014）认为，商贸流通业集聚可以通过供应链间的竞争、合作以及供应网络间的竞争，引发集群供应链网络重构，并创造新的生产性机会，为制造业转型升级提供动力。王敬斋（2017）认为，商贸流通业集聚可以促进产业分工细化、协调产业合作，拓展产业附加值，推动产业结构优化升级。赵莉等（2021）认为，流通业通过引导资源配置和结构调整达到促进产业结构优化和技术创新的作用。兰吉颖等（2019）研究了互联网经济背景下流通过程的创新促进产业集群平稳运行的机制。许多定量研究都支持了流通业对产业结构升级的积极作用。张得银（2015）认为，流通发展对区域产业结构升级的驱动作用显著，但作用程度表现出明显的区域差异性。任晶洁（2018）的结论表明，商贸流通业的发展与我国三次产业之间具有十分紧密的关联，其对经济的影响程度存在区域性差异，对商贸流通业内部产业结构进行完善，有助于促进产业结构优化效应水平的提升。赵莉等（2021）认为，提高流通业发展水平对三次产业结构优化均具有积极作用，特别是第三产业。类似研究还有很多，如鲁朝云（2019），高佳佳、赵公民（2020）等。在此不一一陈述。

流通对制造业的影响。制造业是对现代流通业依赖程度最深的行业之一。何永达等（2012）发现，流通业对我国制造业发展具有非常显著的促进作用。流通结构（包括城乡结构和批零系数）、流通效率（以库存率和资产负债率衡量）、零售企业规模和商品交易市场规模等都会影响制造业产出水平，但影响方向是不同的。其中，城乡结构、库存率和零售企业规模与制造业产出负相关，批零系数、商品交易市场规模与制造业产出正相关（庄尚文等，2008）。此外，流通业还可以通过纵向渠道对制造业形成控制（周勤等，2005）。王俊（2011）的研究从全要素生产率（TFP）角度切入，认为流通业同制造业存在交叉协同发展的关系。流通业发展水平在一定程度上决定了制造业生产效率的高低，其研究发现，流通规模扩大显著促进了制造业 TFP 上升。在流通业发展水平滞后的情况下（中西部地区），其有可能成为制造业发展的“瓶颈”。赵霞（2012）做了更近一步的研究，从行业整体和细分产业两个层面分析了我国流通服务业与制造业产业关联的互动特征并进行了动态比较。研究结果表明，流通服务业对制造业的后向拉动作用强于其支撑作用。物流运输业对资源加工业和资本品制造业表现出较强的后向需求拉动作用，批发零售贸易业则表现出对消费品制造业较强的前向支撑作用。汪旭晖等（2021）从福田雷沃国际重工、郑州煤矿机械集团与美的集团股份有限公司三家制造企业的多案例研究视角，深入剖析了流通业助推制造业转型升级战略及作用机制。研究结果表明，制造业流通化、流通驱动的价值链升级与布局优化可作为有效的制造业转型升级战略，促进消费升级。

流通对就业的贡献。流通业具有强大的就业吸纳能力，被称为“就业吸收器”。发展流通产业，不仅可以改变劳动力转移的方式，还可以提升经济吸纳就业的能力（赵萍，2008）。有学者认为，流通对经济增长的贡献主要是通过增加劳动力就业来实现的（冉净斐，2005）。能够支撑这种结论的定量研究很多。王晓东等（2010）对比分析了流通业在全国与中部地区的就业吸纳作用，结果表明，流通业在全国范围内的就业吸纳作用很明显，在经济增长及城镇化推进未能有效带动就业增长的情况下，发展流通业是促进中部地区就业增长的有效动力。魏曦（2019）的研究则表明，我国流通产业发展与升级的就业效应与不同地区的经济发展梯度有关。其规律表现为，东部地区流通业发展与升级能够更有效地发挥就业效应，中部地区次之，西部地区最差，在中西部地区，流通升级反而对就业形成负面影响。这说明西部地区和东北地区的流通产业结构和就业结构失衡，产业结构过度依赖第一产业和第二产业，导致转型中农村劳动力过剩，流通产业就业结构失衡。冯椿（2020）也认为目前我国商贸流通业的就业促进效应在中部地区最强。左燕等（2018）研究了流通对三次产业的就业促进作用，结论表明，商贸流通业发展显著促进了第一、第二、第三产业就业的增加，但对各产业就业的促进作用呈递增趋势，对第二产业就业的促进作用最大，第三产业其次，第一产业最小。冯椿（2020）认为，商贸流通业的发展会降低第一产业就业人口数量，增加二、三产业就业人口比重。且商贸流通发展与就业增加呈现明显的倒“U 形”关系，短期会增加就业，长期则会降低就业机会。除流通本身的就业吸纳能力外，流通业就业吸纳的关联性较强，对其他产业就业具有较强的带动能力（张冠凤，2018）。

流通对扩大消费的作用。商品流通的发展对扩大内需、刺激消费具有重要作用（唐丽君，2017）。流通发展的结构与速度，直接影响消费水平的提高和消费结构与消费方式的升级，最终也影响消费效果（冉净斐，2005）。尽管能够证明流通业可以有效拉动区域和农村消费市场（李骏阳等，2011），但是许多研究表明，流通对消费的促进作用存在显著的区域差异和城乡差异。张连刚、李兴蓉（2010）认为，西部地区流通业发展滞后直接影响了该地区居民消费增长的速度，定量测度的结果仅为东部地区的一半。在城乡差异方面，与城市相比，农村流通总量对农村消费增长的贡献率一直处于较低的水平（吴学品等，2012）。郝爱民（2010）将农村流通体系不完善视为当前农民消费需求难以有效启动的重要原因之一。蒋玉霞（2016）认为，从动态视角看，流通业增长对城镇和农村消费经济都具有较为显著的正向影响，但影响因素有所不同。人均可支配收入对于消费的影响，城市比农村强烈，农村则对流通业的投资总量更为敏感。同时，由于消费总量的巨大差距，农村流通业增长对整体消费经济的动态贡献远不如城市。有研究证明，通过消费刺激，商贸流通业整体上缓解了城乡居民消费的二元性，缩小了城乡居民消费差距（谢乔昕等，2016；孙文娟，2017）。商贸流通产业发展对居民消费的影响具有结构性差异。对中低收入阶层的促进作用较强，对文教娱乐和医疗保健两种享受发展型消费支出促进作用相对较弱（韩术斌等，2016）。董媛（2016）的研究认为，现代商贸流通业与居民消费结构之间存在长期均衡稳定关系。但对不同类型的居民消费作用有差别。现代商贸流通业对居民生存型消费和享受型消费具有正向促进作用，电子商务的发展会抑制生存型消费而促进享受型消费。互联网等一系列现代信息技术的广泛应用全面推动流通创新向纵深发展，“互联网+流通”适应了消费结构升级和消费方式变革的要求，有效扩大了传统消费市场，并且激活了跨境电商、农村电商、服务型消费等新兴消费市场，成为引领消费、带动消费的重要途径（任兴洲，2017）。

三、流通体系运行的评价研究

（一）流通效率评价

关于流通效率的定义，许文富等（1990）把流通效率分为技术效率和定价效率两种类型。李辉华（2005）认为流通效率是指在一定时间内流通过程中实现的价值与流通费用的差值。宋则等（2006）认为流通效率是指流通产业的整体运行情况，可以通过流通速率、库存比率和社会物流成本占GDP的比例三个指标来体现。寇荣等（2008）认为流通效率是流通过程中所有收益与成本的直接或间接比较，是流通渠道中各环节主体和渠道整体的效率。杨宜苗等（2011）将流通费用率作为衡量流通效率的单一指标。认为流通费用率是指在各个流通环节流通主体执行流通业务所需支付的流通费用与实现的销售额的比例。张磊等（2011）将流通效率定义为在商品流通过程中流通产出与流通成本的比值。

总体来看，现有文献对我国流通效率的评价偏负面。从某种意义上看，这与现实基本相符，正因如此，提高流通效率一直是政策关注的重点。相关研究认为，我国商品流通效率不断下降（李辉华等，2001），流通部门的资金利用率也呈下降趋势（纪良纲等，2004）。影响流通效率的因素，包括流通环节多、速度慢、成本高（丁俊发，2012），流通费用过高、流通资源浪费严重、信息传递缓慢（肖怡，1999），流通业进入壁垒太低而退出壁垒太高，使得大型零售商数量过多，规模不经济和过度竞争现象严重（桑昌禹等，2001）等。

从评价指标体系的构建来看，流通是一个复杂系统，很难用单一指标来衡量流通效率的高低，大量研究中均采用多维指标进行评价。以下仅列举一些代表性研究的指标体系。①林英泽（2016）从直接影响和间接影响两方面选择商贸流通效率的经济要素，通过商贸流通企业工作效率、市场运作效率和物流运行效率评价商贸流通效率。李骏阳等（2009）构建的流通效率测度指标体系，包括周转率指标、规模性指标和效益性指标三大类共 10 项指标。具体包括，周转率指标中 4 个二级指标，即工业企业流动资产周转率、批零企业流动资产周转率、批零企业库存率和批零企业存货周转率。规模性指标包括 2 个二级指标，即零售业集中度和批零业集中度。效益性指标包括 4 个二级指标，即从业人员劳动生产率、批零业总资产报酬率、单位 GDP 所耗物流费用、批零业人均年销售额。②张磊等（2011）选取 7 组指标构建了对农产品流通效率的评价体系。分别是市场整合度、市场集中度、技术效率、消费者满意度、流通差价、农产品交易费用和流通时间。市场整合度是对农产品流通体系的总体评价。市场集中度、技术效率、消费者满意度这三个指标从不同侧面测度了农产品流通的产出，而流通差价、农产品交易费用、流通时间这三个指标测度了农产品流通的成本。③荆林波（2013）具体使用了行业人均年销售总额、行业人均年毛利、总资产周转率、库存周转率等指标进行测度。④毕然等（2021）在数字商业生态视角下构建的流通业效率指标体系包括产出指标和投入指标 2 类。具体包括，产出指标中 4 个二级指标包括流通业产值、社零销售总额、流通业从业人员、流通业固定资产投资额，投入指标中的4个二级指标包括互联网接入端口数、货运量、公路里程和铁路里程。

（二）流通竞争力评价

流通竞争力是国家竞争力的重要组成部分。在经济全球化条件下，一个国家、区域和城市的综合竞争力，越来越取决于现代流通能力（陈文玲，2007）。对流通业竞争力水平进行准确测定，有助于全面了解产业的整体发展状况。学界设计了多层次、多角度的指标体系，本部分仅列举一些代表性研究成果。①宋则等（2003）设计了包括流通总规模、国民经济贡献、流通效率、流通环境、流通效益、组织化程度、流通结构、从业人员素质、信息化程度、流通方式与流通资本11个子系统、50个一级指标和30个二级指标的评价体系，从多角度、多侧面、多层次测定和描述流通竞争力整体水平。2006年，其进一步发展了对流通竞争力的评价指标体系，认为流通竞争力指标既要反映流通现代化的内涵，又要反映整个商品流通领域的效率变化，以及批发、零售和物流各行业、各企业的发展变化状况，且能够进行国际比较，在此原则基础上构建的评价指标体系由流通业贡献率、流通效率、流通业集中度、流通业人员素质指标、连锁经营发展类信息与指数、物流配送发展类信息指标、电子商务发展类信息与指数、流通业态结构、流通企业信息化水平、流通企业竞争力构成（宋则等，2006）。②石忆邵等（2004）从规模指数、增长指数、市场潜力、业态及结构指数、国际化程度、基础设施及服务设施条件和社会经济水平等层面构建了商贸流通业竞争力评价指标体系，利用主成分分析法确定相应的评价模型。③杨亚平等（2005）构建的区域流通产业竞争力评价指标体系涵盖区域产业规模竞争力、产业增长力、结构竞争力和产业效益率四个方面。④李志玲（2005）从流通产业投入运转能力、流通产业回报能力、流通产业竞争度三个方面对流通业竞争力评价方法进行探索。⑤纪宝成（2010）将流通竞争力分为宏观和微观两个层面，微观层面的流通竞争力包括流通企业竞争力和企业的流通竞争力，宏观层面的流通竞争力主要体现为在国际竞争中是否拥有重要商品的定价权、渠道网络的控制权以及能否赢得国家竞争优势。其他研究还有宗颖（2008），张赛飞、欧开培（2006）等。

四、流通体系的布局问题研究

（一）流通体系的区域布局问题研究

任保平等（2011）对全国31个省份商贸流通业发展状况的比较研究结果表明，我国商贸流通业呈现明显的区域差距，东部地区商贸流通业最发达，中部地区次之，西部地区最差。这种发展差距主要由地区分工、地理区位、市场环境以及工业化与城市化水平四个方面因素引起，制约了全国统一大市场的建立和国民经济的协调发展。李斌（2021）发现京津冀城市群区域内部商贸流通业竞争水平差异明显，整体协同发展水平不高。季模模等（2009）认为城市化水平、市场化水平和对外开放度对流通业发展有显著作用，但这种影响存在区域差异性。城市化水平对流通业发展影响最大的是西部地区，市场化水平对流通业发展影响最大的是东部地区，而对外开放度对流通业发展影响最大的是中部地区。赵萍（2007）认为，流通产业集群通过扩散效应对区域经济增长产生巨大的辐射作用，实现区域经济成本和社会成本的双重节约，提高区域的资源整合能力，改变我国区域经济大而不强的局面，有利于改变区域产业同构、缺乏统一标准等问题，促进区域经济从竞争走向合作，实现区域品牌向全国品牌和世界品牌转变，有利于区域中小企业发展壮大。谈俊宏（2021）基于粤港澳大湾区与京津冀城市群的比较，从宏观经济拉动、就业拉动和消费拉动三个层面，研究了城市群流通业的经济贡献力。从宏观经济增长贡献力来看，粤港澳大湾区和京津冀城市群的贡献力都在不断提升，且粤港澳大湾区明显优于京津冀城市群。从流通业的就业贡献力来看，结果与规模经济增长贡献力的情况存在很大的相似性。从消费贡献力来看，粤港澳大湾区的优势不断减弱，而京津冀城市群的优势正得到不断显现。梁春树等（2021）从区域协同理论视角，提出了基础设施数字化、物流资源智慧化、电商平台生态化和行政服务一体化等流通要素整合策略，推动粤港澳大湾区流通一体化发展。

（二）流通体系的城乡布局问题研究

城乡流通不畅是制约我国统一大市场形成的重要原因，也是研究流通问题的一个重要切入点。夏春玉等（2009）提出了一个城乡互动的双向流通系统概念模型，研究了系统中城乡互动机制和可能的建立路径，发现有效降低流通成本是建立城乡互动的双向流通系统最为重要的影响因素。朱智等（2010）把我国城乡商品流通市场一体化的发展思路总结为城乡市场一体化、市场组织一体化、规划布局一体化、市场监管一体化、基础设施一体化、经营业态和渠道一体化、经营方式一体化、政策措施一体化8个方面。张如意（2011）认为，城乡商贸流通包括城市工业消费品和农用物资向农村地区流动和农产品向城市流动两个方面。城乡商品的互补性是城乡双向商贸流通体系建立的必要条件，同时，城乡双向商贸流通体系的形成需要流通主体的培育和流通渠道的建设、流通平台的建设和流通基础设施建设等充分条件。黄国雄（2010）认为，建立和完善城乡一体化的商品流通渠道，应以农产品流通为主体，以农业生产资料流通为先导，推进多元化农村工业品市场的开拓，建立城乡互动双向畅通的城乡一体化商品流通渠道体系。任保平（2011）认为，城乡双向流通的商贸流通体系的战略目标是实现城乡间分割和封闭的单向商贸流通体系向互动融合双向流通体系的转变，并总结了统筹城乡商贸流通一体化的八大原则：城乡交易效率的提升是统筹城乡商贸流通的逻辑，资源禀赋条件是统筹城乡商贸流通的先决条件，专业化市场的发育是统筹城乡商贸流通的基础，多业联动是统筹城乡商贸流通的基本路径，农村流通主体的再造是统筹城乡商贸流通的关键，正确处理政府和市场的关系是统筹城乡商贸流通的出发点，转型与创新是城乡商贸统筹的动力，城乡双向流通是城乡商贸统筹的目标（任保平，2011）。余永胜等（2012）认为建立城乡一体现代商贸流通服务体系是统筹城乡发展的重要内容。要以政策引导为手段，加快城市商贸流通资源向农村流动；以推广农村连锁经营为手段，促进城乡商贸流通一体化发展；以建设农产品信息服务平台为手段，促进城乡商贸服务协调发展。新技术爆发式发展为城乡商贸流通一体化发展提供了思路。黄漫宇等（2019）、纪良纲等（2020）、杨守德等（2020）、王玥等（2021）等关注电子商务、“互联网+”新思维、数字经济背景下促进城乡商贸流通一体化协调发展的路径。杨守德等（2021）以“乡村振兴”和“形成国内强大市场”两大重要举措为出发点，提出内循环下城乡双向商贸流通体系构建策略的优化路径，包括大力发展农村流通企业、培育农村消费文化和完善农村消费市场。

五、流通体制机制改革问题研究

我国商贸流通领域的体制机制改革已经走过了70年历程。在该领域的研究和思考对我国流通业的发展产生了深远影响。这其中既有对当时体制机制的客观认识、也形成了大量经验和教训的总结。刘国光（1999）认为，推动我国流通体制改革需要解决的三个关键问题是：形成经济全球化条件下中国转向市场经济体制后的流通理论，具有前瞻性的适应社会主义市场经济体制的流通框架，加快商业从末端行业向先导性行业转化的过程。吴敬琏（2003）认为，流通企业数量不足和效率低是我国流通业的两大缺陷。为此，流通体制改革应放宽对非国有经济的准入限制，允许民营经济进入外贸等行业，为流通业营造透明的法治环境，要有符合现代市场经济要求的政府监管框架，并加快企业制度建设。宋则等（2013）认为，我国流通业的改革目标是以建立成熟的市场经济体系为核心，在转变政府职能的同时，推动流通产业发展方式的转变和市场秩序的完善，从而提升整体流通效率。依绍华（2013）从政策环境、管理体制、统一市场等方面提出我国“十二五”时期流通体制改革目标：“无缝衔接”的管理体系、良好的宏观政策环境、完善的法律体系和统一高效的市场体系。黄国雄（2012）认为，我国商品流通体制的改革必须抓好三大问题：一是转变流通发展方式，注重质量和效益，注重完善商品和服务的供给体系；二是抓住改革的基本方向，构建长效的商品流通体制；三是把握商品流通发展的8个基本趋向，即人本化、现代化、多元化、一体化、层次化、立体化、连锁化和市场化。同时，流通经济发展必须突出主体，经济形式以民营资本为主体、对外开放以内资为主体、农村市场以农民为主体、商品以商务部门归口管理为主体、价格体系建设以市场价格为主体（黄国雄，2011）。

在经验和成绩方面，胡平（2018）总结改革开放40年我国商贸流通领域取得的成绩为：“主渠道”作用逐渐淡化，商业领域基本打破了垄断，建立了国家粮食储备体系，城乡商品流通网点的经营渠道和体系越来越丰富完善，农村商业网点布局也基本铺就，商品质量意识不断增强，商业企业改革形式多样化。黄海（2018）从提出流通产业作为国民经济基础性和先导性产业的重要定位、制定“三多一少”的流通体制改革指导原则和确定了“连锁经营、物流配送、电子商务”的流通现代化目标三个角度概括了流通现代化改革。丁俊发（2017）认为，经过40年发展，我国的流通业告别了计划经济时代的短缺经济，初步形成了市场决定价格的机制和多元化的流通所有制结构，培育了多功能的商品市场体系。马龙龙（2018）认为，我国的流通改革从根本上改变了计划经济体制下的流通体制，形成了多种流通渠道、多种经济成分和多种经营形式的市场经济条件下的流通格局。

六、新发展格局下现代流通体系的构建问题研究

新发展格局理念提出时间不久，目前关于此问题的研究较少。关于

现代流通体系如何构建并支撑国家新发展格局战略，一些学者提出了不同主张。

滕延妮（2020）、王晓东等（2020）认为，建设现代流通体系是促进我国经济高质量发展的一项重要战略任务。应从完善现代综合运输体系、现代商贸流通体系、社会信用体系、应急物流体系等方面统筹推进现代物流体系的硬件和软件建设，为新发展格局提供有力支撑。依绍华（2020）认为要提升流通体系运行质量以助力新发展格局需从以下几个方面入手：提升流通产业地位，加快政府职能转变，重视流通体系立法建设，实施技术创新驱动战略，提升流通业现代化水平等。王先庆（2020）认为，新发展格局的核心内容是促使国民经济运行中的商流、物流以及资金、信息等的循环畅通和高效、安全、稳定流动，这也是现代流通体系建设的战略使命和目标任务。现代流通体系的主要功能是全面提升流通渠道控制权、市场话语权、贸易主导权和商品定价权，畅通经济循环，提高发展质量。曹允春等（2021）认为，新发展格局下的流通体系建设重点是积极塑造市场化、法治化、国际化的营商环境，构建高效、快捷、便利的综合交通运输体系，加快流通体系数字化转型，以及培育一批具有全球竞争力和影响力的现代流通企业。赵宇新等（2021）从方法论角度出发，认为当前流通经济学研究范畴具有局限性，马克思流通经济方法论是指导推进我国现代流通体系构建的关键。王雪峰等（2021）认为构建现代流通体系首先需要认识“三明确一重点”，即明确流通体系的内涵和外延、现代流通体系的功能和定位、衡量现代流通体系的指标体系，构建现代流通体系的重点任务，在厘清建设思路、方式、主要内容和顺利推进条件的情况下统筹推进。闵伟琼（2021）认为，从新发展格局的视角看，我国现代流通体系建设面临着流通资源整合不足、社会信用体系建设滞后、基础设施布局不均衡和数据孤岛等严重的挑战。为了克服这些挑战，加强现代流通体系建设和促进新发展格局的形成，应从优化营商环境、加强流通主体建设和增加有效制度供给三个方面着力。刘瑞（2021）认为双循环新发展格局首先要消除流通堵点。一是建立满足稳定而健全的国内产业链和供应链的流通体系，防止这两个链条上发生流通脱链现象，不能出现流通断点。二是在供给端和需求端之间建立起更加通畅的流通运输方式及网络。三是建立协调生产—流通利益的平衡新机制。四是建立信息技术进步改造流通带来的新管理方式。五是对流通产业的大投入。六是政府与市场的合作和分工。荆林波（2021）回溯了我国流通治理路径，深入分析了我国流通之治中现代流通体系建设的难点、痛点与堵点。3个难点分别是传统流通的粗犷式发展模式与新发展格局之间严重脱节，流通理论研究与流通现实之间严重脱节，传统的流通人才培养模式与高质量经济发展之间严重脱节。2个痛点是实体商业经营痛点和网上企业经营痛点。堵点是需求不足。祝合良（2020）认为谋划好“十四五”时期现代流通体系建设，应重点在以下几个方面发力：一是大力加强流通主体建设，二是以数字化驱动流通产业转型升级，三是大力加强现代供应链体系建设，四是积极引导商品交易市场优化升级，五是大力加强流通基础设施建设，六是进一步优化市场营商环境，七是以制度创新引领流通业提质增效。赵萍（2021）从流通产业的建设与发展都是从打造良好的营商环境角度入手，发挥市场配置资源的决定性作用，促进优胜劣汰。陈文玲（2021）认为，实现双循环最重要的是形成现代流通体系。对中国经济来说，现代流通从需求侧和供给侧两端发力，是牵一发而动全身的重要着眼点、着力点和突破点。

七、评述

总体来看，目前对流通领域形成了多层次、多角度的研究成果。我国学界目前的研究关注的重点有以下几个特点：第一，研究内容丰富但研究不均衡，理论研究远多于政策研究。第二，对农产品特别是粮食流通体系的关注度较高，这与我国长期强调粮食安全和食品安全的战略有直接关系。第三，对流通产业的作用和影响研究多，但是能够提出有洞见的政策建议的少，多停留在学术探讨层面，可操作性不强，特别是对政策调整和顶层设计的边际贡献低。第四，观点略显陈旧，缺少战略性和前瞻性。一是对新发展格局（双循环格局）下的我国现代流通体系和流通产业的发展战略研究较少。二是在产业业态、模式不断推陈出新的市场环境和国际产业链、供应链脱钩风险加大的形势下，深刻剖析流通领域的堵点和痛点，通过构建现代流通体系更好地支撑双循环发展格局的前瞻性研究还比较少。本书尝试弥补一些目前研究的空白和不足，关注顶层设计和宏观战略，做出一些具有开创价值的前瞻性研究。

执笔人：谢兰兰

本章参考文献

[1]孙冶方.《社会主义经济论》讲稿[J]//《财贸经济》编辑部汇编[Z].1962.

[2]夏春玉，丁涛.孙冶方流通理论的回顾与再认识[J].财贸经济，2013(1):74-81,118.

[3]高涤陈.论流通经济过程[J].经济研究,1984(4):14-20.

[4]孙冶方.流通概论[J].财贸经济,1981(1):6-14.

[5]陈文玲.论社会化大流通[J].财贸经济,1998(2):28-32.

[6]晏维龙.试论商品流通的内涵及其复杂性[J].南京经济学院学报,2003(3):6-11.

[7]夏春玉.流通、流通理论与流通经济学——关于流通经济理论(学)的研究方法与体系框架的构想[J].财贸经济,2006(6):32-37,96.

[8]陈文玲.现代流通发展的理论内涵[N].中国经济时报,2004-05-20.

[9]吴建国.流通学科建设研究走向述评[J].上海商学院学报，2007(2):30-33.

[10]杨圣明,王诚庆．论第五个现代化——流通现代化[J]．中国社会科学院研究生院学报,1995(2):7－14.

[11]晏维龙．流通革命与我国流通产业的结构变动[J]．财贸经济,2002(10):36－41.

[12]丁俊发．构建现代流通体系提高流通效率[J]．铁道货运,2006(10):1－3.

[13]徐从才．加入 WTO 后中国流通产业发展的战略思考[J]．财贸经济,2001(8):57－62.

[14]徐从才,李颋．论流通创新与贸易增长方式转变[J]．商业经济与管理,2008(11):56－61.

[15]陈文玲．打通双循环的关键堵点[N]．北京日报,2021－01－04(11).

[16]祝合良．统筹推进现代流通体系建设[N]．经济日报,2020－12－21(11).

[17]刘瑞．打通消除阻碍国内大循环的流通堵点[J]．人民论坛,2021(2):24－27.

[18]陈文玲．后危机时代流通体制变革的新思考[J]．中国流通经济,2010,24(1):7－10.

[19]晁钢令．新一轮流通改革的发展趋势与主要任务[J]．产业经济研究,2003(3):37－46.

[20]商务部“十一五”专项规划课题组,宋则．流通现代化及流通业竞争力研究(上)[J]．商业时代,2006(4):11－13.

[21]王先庆．新发展格局下现代流通体系建设的战略重心与政策选择——关于现代流通体系理论探索的新框架[J]．中国流通经济,2020,34(11):18－32.

[22]洪涛．流通领域现代化步伐加快[N]．国际商报,2011－12－10(TAI).

[23]梁晨．“一带一路”背景下标准化与现代流通业发展研究[J].

商业经济研究,2021(1):18－21.

[24]刘国光. 先导产业:流通产业的转化目标[J]. 市场营销导刊,2001(Z1):4－5.

[25]赵德海,邵万清. 对流通地位的再认识[J]. 哈尔滨商业大学学报(社会科学版),2004(1):23－26,29.

[26]赵娴. 发展流通产业实现消费促进和结构升级[J]. 中国流通经济,2010,24(11):35－37.

[27]任保平. 发挥商贸流通业在后危机时代扩大总需求中的作用[J]. 贵州社会科学,2010(5):52－55.

[28]黄国雄. 论流通产业是基础产业[J]. 市场营销导刊,2003(2):6－8.

[29]黄国雄. 论流通产业是基础产业[J]. 财贸经济,2005(4):61－65,97.

[30]冉净斐,文启湘. 流通战略产业论[J]. 商业经济与管理,2005(6):10－15,19.

[31]宋则."十三五"时期寻求商贸流通业创新发展新突破[J]. 中国流通经济,2016,30(1):10－16.

[32]陈文玲. 现代化强国首先必须是流通强国[Z]. 全球化智库,2019.

[33]王晓东,谢莉娟. 社会再生产中的流通职能与劳动价值论[J]. 中国社会科学,2020(6):72－93,206.

[34]晏维龙. 马克思主义流通理论的当代视界与发展[M]. 北京:中国人民大学出版社,2009.

[35]李海舰. 中国流通产业创新的政策内容及其对策建议[J]. 中国工业经济,2003(12):39－47.

[36]任晶洁. 商贸流通业的产业结构优化效应分析[J]. 商业经济研究,2018(15):12－14.

［37］宋则，常东亮，丁宁．流通业影响力与制造业结构调整［J］．中国工业经济，2010（8）：5－14.

［38］詹浩勇．商贸流通业集聚对制造业转型升级的作用机理——基于集群供应链网络竞合的视角［J］．中国流通经济，2014，28（9）：59－65.

［39］王敬斋．供应链视角下商贸流通业集聚对产业转型升级的作用研究［J］．商业经济研究，2017（6）：193－195.

［40］赵莉，KHAW KHAI WAH．流通业与三次产业结构的关联及优化效应——基于灰色关联模型的再检验［J］．商业经济研究，2021（10）：10－13.

［41］兰吉颖，张宝建．互联网经济下流通创新推动产业集群发展的运行机制［J］．商业经济研究，2019（14）：173－175.

［42］张得银．流通驱动区域产业结构升级的微观机理——基于省际面板数据的实证检验［J］．山西财经大学学报，2015，37（12）：51－60.

［43］鲁朝云．商贸流通业产业贡献与发达区第三产业结构优化策略——以广东省为例［J］．商业经济研究，2019（15）：173－176.

［44］高佳佳，赵公民．商贸流通业产业结构优化的渠道因素分析［J］．商业经济研究，2020（13）：9－11.

［45］何永达，赵志田，许彩红，等．我国流通业与制造业协同演进机制的实证研究［J］．价格月刊，2012（4）：37－40.

［46］庄尚文，王永培．商品流通结构、效率与制造业增长——基于2000—2006年中国省际面板数据的实证分析［J］．北京工商大学学报（社会科学版），2008（6）：11－18.

［47］周勤，朱有为．中国制造业和商业关系演化：总量分析［J］．中国工业经济，2005（8）：50－55.

［48］王俊．流通业对制造业效率的影响［J］．经济学家，2011（1）.

［49］赵霞．我国流通服务业与制造业互动的产业关联分析与动态

比较[J]. 商业经济与管理,2012(11):5-14.

[50]汪旭晖,陈佳琪. 流通业助推制造业转型升级战略与作用机制:一个多案例研究[J]. 中国软科学,2021(2):22-33.

[51]赵萍. 流通产业有如“就业吸收器”[J]. 中国商贸,2008(8):122.

[52]冉净斐. 流通发展与经济增长的关系:理论与实证[J]. 生产力研究,2005(3):21-22,62.

[53]王晓东,谢莉娟. 论流通产业结构调整与就业增长——基于中部地区流通业对就业吸纳的贡献分析[J]. 财贸经济,2010(2):98-103.

[54]魏曦. 不同经济发展梯度下流通业发展与升级的就业效应研究[J]. 商业经济研究,2019(10):9-12.

[55]冯椿. 我国商贸流通业发展的就业促进效应研究[J]. 商业经济研究,2020(13):12-14.

[56]左燕,李歆. 商贸流通业发展的就业效应分析——基于 PVAR 模型的动态关系[J]. 商业经济研究,2018(11):5-7.

[57]张冠凤. 我国流通产业就业吸纳能力研究——基于投入产出分析[J]. 商业经济研究,2018(11):178-181.

[58]唐丽君. 商贸流通和增进消费相关性实证检验——基于流通和消费现状的分析[J]. 商业经济研究,2017(7):40-42.

[59]李骏阳,包鋆伟,夏禹铖. 流通业对农村居民消费影响的实证研究[J]. 商业经济与管理,2011(11):17-23.

[60]张连刚,李兴蓉. 中国流通业发展与居民消费增长的实证研究[J]. 广东商学院学报,2010,25(4):53-60.

[61]吴学品,李骏阳. 流通业发展对农村消费影响的动态演化[J]. 财贸经济,2012(12):102-107.

[62]郝爱民. 农村流通体系建设对农民消费的影响——基于有序 probit 模型的研究[J]. 北京工商大学学报(社会科学版),2010,25(3):

22－26.

［63］蒋玉霞．流通业增长对消费经济的动态影响——基于状态空间模型［J］．商业经济研究,2016(18)：35－37.

［64］谢乔昕,宋良荣．商贸流通业发展影响城乡居民消费二元性的实证分析［J］．消费经济,2016,32(2)：12－16.

［65］孙文娟．我国商贸流通业对城乡居民消费差距的影响——基于2001—2015年省际面板数据的实证检验［J］．商业经济研究,2017(18)：18－20.

［66］韩术斌,肖歆．商贸流通业对我国城镇居民消费行为影响实证分析［J］．商业经济研究,2016(3)：34－35.

［67］董媛．现代商贸流通业对居民消费结构的影响分析［J］．商业经济研究,2016(10)：28－30.

［68］任兴洲．"互联网＋流通"究竟到了哪一步［J］．山东经济战略研究,2017(6)：48－50.

［69］许文富,萧清仁．农产品运销服务业发展之研究：主要农产品市场结构与运销效率［Z］．台湾大学农业经济研究所,1990.

［70］李辉华．商品流通与货币流通关系的静态和动态分析［J］．中国人民大学学报,2005(3)：41－48.

［71］寇荣,谭向勇．论农产品流通效率的分析框架［J］．中国流通经济,2008(5)：12－15.

［72］杨宜苗,肖庆功．不同流通渠道下农产品流通成本和效率比较研究——基于锦州市葡萄流通的案例分析［J］．农业经济问题,2011,32(2)：79－88.

［73］张磊,王娜,谭向勇．农产品流通效率的概念界定及评价指标设计［J］．华东经济管理,2011,25(4)：18－21.

［74］李辉华,何曙．我国当前买方市场下的商品流通效率分析［J］．山西财经大学学报,2001(1)：44－46,49.

[75]纪良纲,刘振滨．改革开放以来我国商品流通速度波动的实证研究[J]．财贸经济,2004(6):48－52,97.

[76]丁俊发．流通成本高、效率低问题的冷思考[J]．中国流通经济,2012,26(12):18－20.

[77]肖怡．建国以来流通领域变革的成因与深化思路[J]．商业经济文荟,1999(5):19－22,31.

[78]桑昌禹,赵世英,姜明．论大型商业零售业的过度竞争问题及对策[J]．商业研究,2001(1):9－11.

[79]林英泽．"一带一路"战略区商贸流通效率提升路径探讨[J]．经济问题,2016(12):1－6.

[80]李骏阳,余鹏．对我国流通效率的实证分析[J]．商业经济与管理,2009(11):14－20.

[81]荆林波．中国流通业效率实证分析和创新方向[J]．中国流通经济,2013,27(6):13－17.

[82]毕然,于志华,乔文祯．数字商业生态视角下流通业效率测度与发展建议[J]．商业经济研究,2021(4):13－17.

[83]陈文玲．确立流通先导型经济增强国家竞争力[N]．中国商报,2007－06－01(004).

[84]宋则,张弘．中国流通现代化评价指标体系研究[J]．商业时代,2003(11).

[85]石忆邵,朱卫锋．商贸流通业竞争力评价初探——以南通市为例[J]．财经研究,2004(5):114－121.

[86]杨亚平,王先庆．区域流通产业竞争力指标体系设计及测算初探[J]．商讯商业经济文荟,2005(1):2－6.

[87]李志玲．流通产业竞争力评价体系初探[J]．商讯商业经济文荟,2005(2):16－20.

[88]纪宝成．流通竞争力与流通产业可持续发展[J]．中国流通经

济,2010,24(1):4－6.

[89]宗颖．江苏省流通业竞争力评价研究——基于13个地级市层面的分析[J]．南京财经大学学报,2008(2):7－11.

[90]张赛飞,欧开培．流通产业竞争力评价指标体系研究[J]．商讯商业经济文荟,2006(4):10－12.

[91]任保平,王辛欣．商贸流通业地区发展差距评价[J]．社会科学研究,2011(2):45－50.

[92]李斌．京津冀城市群商贸流通业竞争力评价及其空间分异[J]．商业经济研究,2021(1):5－8.

[93]季模模,孙敬水．我国流通业发展的地区差异及影响因素实证研究——基于中国省际面板数据分析[J]．江苏商论,2009(7):14－16.

[94]赵萍．论流通产业集群与区域经济发展[J]．财贸经济,2007(2):111－115.

[95]谈俊宏．我国城市群流通业经济贡献力研究——基于粤港澳大湾区与京津冀城市群的比较[J]．商业经济研究,2021(11):24－27.

[96]梁春树,马明．粤港澳大湾区流通要素整合策略探讨——基于区域协同理论视角[J]．商业经济研究,2021(2):17－20.

[97]夏春玉,张闯,梁守砚．城乡互动的双向流通系统:互动机制与建立路径[J]．财贸经济,2009(10):106－112.

[98]朱智,赵德海．我国城乡商品流通市场一体化研究[J]．财贸经济,2010(3):130－135.

[99]张如意．城乡双向商贸流通体系建设对策思考[J]．经济纵横,2011(3):36－39.

[100]黄国雄．论流通发展方式的转变[J]．北京工商大学学报(社会科学版),2010,25(3):1－6.

[101]任保平．建立城乡双向流通商贸流通体系的必要性及战略分析[J]．商业经济与管理,2011(10):5－11.

[102]任保平．论统筹城乡商贸流通的基本原则[J]．求索,2011(1):8－11.

[103]余永胜,洪烨丹．城乡一体现代商贸流通服务体系探讨——以浙江省为例[J]．中国流通经济,2012,26(10):62－67.

[104]黄漫宇,李纪桦．电子商务对城乡商贸流通一体化的影响效应研究——基于中国省级面板数据的分析[J]．宏观经济研究,2019(2):92－102,142.

[105]纪良纲,王佳淏．"互联网＋"背景下城乡商贸流通一体化模式研究[J]．经济与管理,2020,34(2):77－84.

[106]杨守德,张天义．数字经济背景下城乡商贸流通一体化研究[J]．商业经济,2020(11):154－155,158.

[107]王玥,王蓉晖．农村电商助力城乡商贸流通一体化发展:理论与实证[J]．商业经济研究,2021(2):21－24.

[108]杨守德,张越．内循环下我国城乡商贸双向流通体系建设研究[J]．商业经济,2021(1):153－154.

[109]刘国光．推进流通改革,加快流通业从末端行业向先导性行业转化[J]．商业经济研究,1999(1):9－11.

[110]吴敬琏．中国流通业缺陷与出路[J]．商业时代,2003(1):11－12.

[111]中国社会科学院财经战略研究院流通产业课题组,宋则,依绍华．我国流通体制改革面临的问题与对策研究[J]．价格理论与实践,2013(12):18－21.

[112]依绍华．流通体制改革战略思路与对策研究[J]．财贸经济,2013(5):71－75,46.

[113]黄国雄．把握商品流通发展的基本趋向——三谈流通体制改革的几点意见[J]．中国流通经济,2012,26(7):17－20.

[114]黄国雄．论流通主体——再谈流通体制改革几点意见[J]．中国流通经济,2011,25(9):7－10.

[115]胡平．商业流通领域改革40周年回顾[J]．商业经济研究，2018(21):2.

[116]黄海．回顾流通改革40年[J]．商业经济研究,2018(16):2.

[117]丁俊发．改革开放40年的中国流通业[J]．全球化,2017(8):16－30,133.

[118]马龙龙．中国流通改革40年成功经验[J]．商业经济研究，2018(18):2.

[119]滕延妮．加快推进流通体系建设构建“双循环”新发展格局——专访中国国际经济交流中心副理事长、商务部原副部长魏建国[J].审计观察,2020(10):70－73.

[120]王晓东,谢莉娟．统筹推进现代流通体系建设的政策思考[J].财经智库,2020,5(6):15－27,140.

[121]依绍华．构建高质量流通体系助力“双循环”新发展格局[J].价格理论与实践,2020(9):9－11.

[122]曹允春,连昕．现代流通体系支撑新发展格局构建的理论逻辑与实践路径[J]．学习论坛,2021(1):106－114.

[123]赵宇新,孙先民．中国现代流通体系构建研究的方法论选择——马克思流通经济方法论在当代中国的应用与发展[J]．商业研究，2021(3):47－56.

[124]王雪峰,荆林波．构建“双循环”新格局　建设现代流通体系[J].商业经济与管理,2021(2):5－15.

[125]闵伟琼．新发展格局下现代流通体系建设面临的挑战与对策[J].商业经济研究,2021(9):15－18.

[126]荆林波．中国流通之治:统筹推进现代流通体系建设[J]．财经智库,2021,6(1):38－46,143.

[127]赵萍．从优化营商环境入手推动构建现代流通体系[N]．市场评论,2021－04－14.

附录2

改革开放以来中国流通业发展政策的演变

流通是实体经济循环的血脉，链接着生产和消费两端，在经济发展的各个时期都发挥着不可替代的作用。改革开放是我国流通业从“禁”到“兴”的分水岭，政策框架的调整和变化正是对这一重大变化的最好诠释。改革开放40多年来，国家经济大循环与商贸流通同频共振，共同经历了计划主导向市场主导的转变历程。本部分重点梳理了改革开放以来对我国流通领域发展形成重要影响的主要政策文件（见附表2.1），并总结分析了这些政策的演变过程和阶段性特征。不同时期的政策脉络反映出当时流通领域亟待解决、事关全局的突出问题，由此形成了具有强烈时代特征的流通体制和行政管理模式，这对我们深刻认识流通业在国民经济中的地位意义非凡。由于文件数量较多，篇幅所限，本书重点归纳整理各阶段涉及重要体制改革内容的政策文件，略述的政策文件以脚注方式标出以方便参考和查阅详细内容。

一、从计划性流通向市场性流通的转变过渡阶段（1978—2000年）

1978年，党的十一届三中全会正式确立了中国的改革开放政策。改革开放前20年，我国处于从计划经济向市场经济过渡的阶段。商贸流通领域的改革采取了由点到片及面式的渐进改革路径。从取消农副产品和日用工业品的购销体制开始逐步扩大市场调节范围和推动商品市场体系建设（王强，2018）。

我国对商业流通体制的改革探索是从改革日用工业品和农副产品的统购统销体制开始的。在日用工业品领域，1982年，国务院转批了国家物价局等部门《关于逐渐放开小商品价格实行市场调节的报告》，对三类工业品中的市场化程度较高的160种小商品价格采取企业自行定价并随行就市的市场价格调节方式，探索逐渐放开小商品价格。在农产品领域，在改革开放初期农村商品生产迅速发展和商品交换规模日益扩大的新形势下，1983年2月，国务院批转《国家经济体制改革委员会、商业部关于改革农村商品流通体制若干问题的试行规定》，打破了农产品统购统销的计划经济模式，提出在保证完成国家统一计划任务的前提下改变“统得过多、独家经营、渠道单一”的计划做法，搞活农产品市场，茶叶等[①]部分农副产品流通被逐渐放开。1985年，明确提出全部取消农副产品统派统购，实行合同定购和市场收购[②]，农产品流通体制发生根本性改变，逐渐走向宏观调控下的自由流通。1984年，国务院批转商业部《关于当前城市商业体制改革若干问题的报告》，进一步减少日用工业品计划管理品种，扩大市场调节范围，并对小型国营企业试行“改、转、租、卖”。党的十一届三中全会以后，国家指令性计划分配物资的种类和比重不断压缩，经济手段调节物资供求范围扩大。1988年国务院批准《关于深化物资体制改革的方案》，进一步改革商品管理体制，调整物资供应和销售机构，减少行政干预，大部分日用工业品指令性计划被取消。除27种统配物资继续实行指令性计划管理外，大幅调整清理了各生产主管部门管理的496种物资，扩大自由购销范围。到20世纪90年代初，计划经济时期国合商业（国有和供销社合作商业）对市场的垄断局面已经被打破，供销社逐渐恢复“三性”，由官办向民办转变，私营、个人等经营主体被允许进入流通领域，逐渐取消传统三级批发流通网络封闭式经营模式，形成了“三多一少”（多种经营成分，多种流通渠道、多种经营方式、减少流转环节）的流通体制。据统计，到1990年年底，国家计划管理的商品由1978年的将近400种逐

① 资料来源:《国务院批转商业部关于调整茶叶购销政策和改革流通体制意见的报告的通知》。

② 资料来源:《中共中央、国务院关于进一步活跃农村经济的十项政策》,1985年中央一号文件。

渐减少为9种，并将850种生产资料由国家统一计划调拨变为市场调控。

1992年邓小平南方谈话后，1993年《中共中央关于建立社会主义市场经济体制若干问题的决定》（以下简称《决定》）出台，我国确立了建立社会主义市场经济体制的目标，流通体制也同步进入市场化改革阶段。1994年12月，时任国务院副总理李岚清出席全国商品流通工作会议闭幕会时指出，“无论工农业生产的发展，人民生活的改善，还是社会秩序的稳定都与流通紧密相关，通过这几年的工作实践，我们对流通在国民经济中的重要地位、作用认识更深刻了”[①]，足见中央对流通保障国民经济健康发展的深刻认识。这一阶段我国流通领域改革重点主要聚焦在以下几个方面。

（一）深化重要农产品流通体制改革，畅通农产品流通

粮食、棉花、食糖及化肥等重要物资流通体制是这一阶段的重要改革内容。1991年，国家先后将油料、糖料、生猪、绵羊毛、黄红麻等产品由指令性计划调整为指导性计划[②]，但保留了对粮食、棉花、蚕茧、烟草和四种中草药材[③]的指令性计划管理，改革遵循了计划经济与市场调节相结合、以谨慎的态度放管并行、小幅收缩农产品指令性计划管理范围的基本原则。在关乎国计民生的重要粮食物资流通领域，市场化购销改革则更加谨慎。20世纪90年代开始，我国粮食产量连续增长，粮食供应逐渐丰足，粮食购销体制改革提上日程。1994年《国务院关于深化粮食购销体制改革的通知》提出“掌握批发，放活零售”的粮食流通原则，大力发展粮食主产区和集散地批发市场，加强市场体系建设，并允许民间零星交易。1998年《国务院关于进一步深化粮食

① 搞社会主义市场经济流通更重要——李岚清、姜春云同志出席全国商品流通工作会议并发表重要讲话[J]. 中国物资经济，1995(2)：1，4.

② 资料来源：《国务院关于进一步搞活农产品流通的通知》。

③ 麝香、甘草、杜仲、厚朴。

流通体制改革的决定》出台，意在使粮食流通体制进一步适应市场经济发展，并形成了我国粮食流通领域的“三项政策，一项改革”，即按保护价敞开收购农民余粮、粮食顺价销售制度、加强粮食收购资金和粮食市场管理，推进粮食购销企业改革。2000 年，放开了大型用粮企业的跨区收购权限，允许用粮企业和粮食经营企业直接收购①或购买和销售粮食，有管理的粮食交易市场体系初步成形。棉花流通领域改革遵循了“先行试点、逐步推进”的方式，1993 年先后在江苏、山东、河南三省开展试点②，探索放开棉花市场，到 1995 年放开棉花的经营、市场和价格。在农资领域，1994 年国家对化肥等农资实行中央和地方两级调控和储备③④，但对化肥购销仍然执行以供销合作社农资系统为主、农业“三站”和化肥厂家为辅的“一主两辅”渠道，没有放开其他单位和个人经营。在食糖购销领域，1995 年以“加工贸易”为名变相走私进口食糖对国内市场造成严重冲击，国内食糖市场出现供过于求、糖价下跌、糖厂亏损情况，拖欠农民糖料款事件时有发生，在此背景下，国家对食糖市场经营秩序予以规范，并在 1997 年确立了贸工农一体化的食糖产销体制改革方向⑤，着力组成以大型制糖企业和国有糖酒公司为龙头，连接糖料生产、食糖生产和流通的产供销一条龙、贸工农一体化的集团化经营管理体制。同时，为应对走私进口食糖的冲击，进一步完善央地两级食糖储备制度，并将各种贸易方式进口的食糖全部纳入进口总量管理。这一轮改革下来，最终除少数生产资料和农产品之外，基

① 不同经营主体权限不同，其中经省级工商行政管理部门审核批准的企业可以直接到农村收购粮食，县级审核批准的企业可以到集贸市场和粮食批发市场购销。

② 资料来源：《国务院关于江苏省进行棉花流通体制改革试点的批复》《国务院关于山东省进行棉花流通体制改革试点的批复》《国务院关于河南省进行棉花流通体制改革试点的批复》。

③ 资料来源：《国务院关于改革化肥等农业生产资料流通体制的通知》。

④ 中央调拨化肥由四级批发一级零售改为两级批发一级零售，省级调拨化肥由三级批发一级零售改为一级批发一级零售。

⑤ 资料来源：《国务院办公厅转发国家计委关于进一步调整食糖生产和流通有关政策意见的通知》。

本取消了农产品的计划分配和政府定价。

（二）继续推进商业企业经营机制改革，培育商品市场体系

1992年，《全民所有制商业企业转换经营机制实施办法》对国营商业企业展开“四放开”和国有民营为内容的经营机制改革，赋予企业在经营、价格、用工和分配方面的自主权，进一步理顺了流通经营主体的市场地位，非公企业逐渐成为流通领域市场主体的主要力量。培育商品市场体系是这一时期国家经济体制改革的核心内容之一。《决定》提出改革商品流通体系，发展商品市场，在重要产地、销地或集散地建立大宗农产品、工业消费品和生产资料批发市场。这一时期制定了《批发市场管理办法》（1994年12月）规范批发市场监管秩序；首次出台《全国商品市场规划纲要》（1994年12月），将消费品市场、生产资料市场和农产品市场作为商品流通的主渠道纳入重点建设。在一系列商贸流通政策的推动下，我国商品流通市场规模迅速扩张。至2000年年底，全国共有各类商品交易市场95544个，其中城乡商品交易市场88811个（农副产品、工业消费品批发市场7728个）、生产资料市场6733个。

（三）商贸流通对外开放谨慎起步

我国对外开放的行业部门顺次是根据国民经济发展对外部的需求强度决定的，因此，工业部门得以最先对外资放开市场以换取国家工业化建设所需技术和资金，率先开放的服务业部门也是与工业关联度最高的生产性服务业，商贸流通业开放相对较晚，1991年，国内第一家中外合资大型商业零售企业才在上海（上海第一八佰伴有限公司）成立。1992年，国务院决定在北京、上海、广州、天津、大连和青岛6个城市及5个经济特区各试办1～2家外资商业零售企业[①]，谨慎开展流通业

---

① 资料来源：《国务院关于商业零售领域利用外资问题的批复》。

开放的压力测试。1999 年，《外商投资商业企业试点办法》将零售领域开放地域扩大到所有省会城市、计划单列市和经济特区，经营方式及股权限制也更加宽松，为我国“入世”后批零服务业有序开放做了充分的铺垫。

二、商贸流通体制市场化改革深化阶段（2001—2011 年）

2001 年年底，我国正式加入 WTO，国内各领域体制机制改革深化，市场开放进程加快。这一阶段商贸流通领域改革重点主要有以下几个方面。

（一）适应“入世”变化，进一步解决重要农产品和农资流通中的突出问题

2001 年《国务院关于进一步深化棉花流通体制改革的意见》出台，以市场化导向推进棉花购销和价格的市场化改革，全面放开棉花收购，打破棉花经营中的行业垄断和地区封锁。粮食流通体制改革仍然稳步推进。国务院于 2001 年、2004 年、2006 年连续出台推进粮食流通体制市场化改革的意见①。2001 年提出加快推进主销区粮食购销市场化改革，放开粮食收购，粮食价格由市场供求形成。在此基础上，2004 年决定全面放开粮食收购市场，全面实行对种粮农民的直接补贴政策，继续发挥国有粮食购销企业主渠道作用，增强政府对粮食市场的调控能力。2006 年围绕改革总体目标和基本思路，进一步完善政策措施。2004 年，国务院颁布《粮食流通管理条例》（国务院令第 407 号）以法律形式确立了粮食收购许可制度、各种所有制市场主体从事粮食经营活动的公平竞争制度、质量和卫生管理制度、储备制度、流通统计制度、宏观调控和应急机制、流通监督检查制度、流通行政处罚和行政管理责任制度

① 资料来源:《国务院关于进一步深化粮食流通体制改革的意见》《国务院关于进一步深化粮食流通体制改革的意见》《国务院关于完善粮食流通体制改革政策措施的意见》。

等。2009年，取消对化肥经营企业所有制性质的限制，允许具备条件的各种所有制及组织类型的市场主体进入化肥流通领域[①]。在鲜活农产品流通体系建设方面，《国务院办公厅关于加强鲜活农产品流通体系建设的意见》提出加强鲜活农产品流通基础设施建设，创新流通模式，提高流通组织化程度，完善流通链条和市场布局，减少流通环节，降低流通成本，以保障市场供应和价格稳定。

（二）聚焦降低物流成本，提升商贸流通效率

物流是畅通商贸流通的主要环节，物流管理体制机制、发展水平和基础设施等问题突出，其中物流成本高是影响流通效率的主要短板。规划和政策层面对其关注度不断提高。2001年《关于加快我国现代物流发展的若干意见》提出以市场为导向，以信息技术为支撑，以降低物流成本和提高综合服务质量为中心，培育和发展现代物流市场的思路。2009年《国务院关于印发物流业调整和振兴规划的通知》第一次发布国家物流业发展规划，将促进物流业发展提升到新高度。提出2009—2011年，积极扩大物流市场需求、大力推进物流服务的社会化和专业化、加快物流企业兼并重组、推动重点领域物流发展、加快国际物流和保税物流发展、优化物流业发展的区域布局、加强物流基础设施建设的衔接与协调、提高物流信息化水平、完善物流标准化体系、加强物流新技术的开发和应用10项重点任务。配合规划，在减轻物流企业税收负担、加大土地政策支持力度、促进物流车辆便利通行、加快物流管理体制改革、鼓励整合物流设施资源、推进物流技术创新和应用、加大对物流业的投入、优先发展农产品物流业等方面提出一系列配套政策措施[②]。

① 资料来源:《国务院关于进一步深化化肥流通体制改革的决定》。
② 资料来源:《国务院办公厅关于促进物流业健康发展政策措施的意见》。

（三）推进商贸流通体系建设

2004 年，我国首部商品市场体系建设纲要《全国商品市场体系建设纲要》出台，着眼于建立统一开放竞争有序的现代市场体系的要求和提高商品市场在国民经济中的地位，推进现代商品市场体系的建设与发展，以发展消费品市场、推进生产资料流通方式创新和农产品流通体系建设为重点。同年出台《流通业改革发展纲要》，明确了流通业在国民经济中的先导性地位。提出培育大型流通企业，促进中小流通企业发展，推进以连锁经营、物流配送和电子商务为代表的现代流通组织形式发展等流通业重要改革任务。2005 年，《国务院关于促进流通业发展的若干意见》提出从提高流通企业的竞争能力、提高流通现代化水平、加强流通基础设施建设、建立调控和应急机制、支持商业服务业发展、培育国内统一大市场、完善政策法规七方面全面促进流通业发展。在城乡商品流通体系建设方面，2004 年提出搞活农产品流通、培育农村消费品市场、规范农资市场和引导农民入市的工作重点。着力于加强农产品批发市场建设，引导农超对接，建设全国统一的鲜活农产品运输绿色通道、农村消费品流通网络，支持供销社等农村流通合作组织，鼓励农民从事商品流通①。将增强社区服务功能、完善城市社区便民服务设施作为扩大城市消费的抓手②。在流通主体建设方面，提出大力促进连锁经营③、将供销合作社打造成农村现代流通的主导力量④。

（四）推动流通现代化

为了适应国内改革开放形势的发展，迎接“入世”考验，贸易市

① 资料来源：《国务院办公厅转发商务部等部门关于进一步做好农村商品流通工作意见的通知》。

② 资料来源：《国务院办公厅关于搞活流通扩大消费的意见》。

③ 资料来源：《国务院办公厅转发国务院体改办国家经贸委关于促进连锁经营发展若干意见的通知》。

④ 资料来源：《国务院关于加快供销合作社改革发展的若干意见》。

场局专门设立了改革指导处，把深化流通改革、推进流通现代化作为重要任务。2002 年 1 月，国务委员吴仪在全国推进流通现代化工作现场会中提出将连锁经营、物流配送和电子商务作为流通现代化的重点，这三项改革贯穿了流通改革和现代化的全过程。对接国际经贸规则，批零服务业加大对外开放力度。兑现我国“入世”承诺，2004 年《外商投资商业领域管理办法》实施，批发和零售业正式对外资全面放开，不再做地域、数量、股权比例的限制。推动流通标准化和现代信息技术应用。先后出台了《流通标准“十一五”发展规划》《国内贸易发展“十一五”规划》《商务部关于加快流通领域电子商务发展的意见》等重要文件。值得一提的是，2003 年商务部成立，结束了 50 年内外贸分割的流通体制行政管理模式，统筹国内贸易发展和对外开放，我国流通业加大与国际接轨力度，并逐渐成为市场化率最高的产业（丁俊发，2017）。

三、构建现代流通体系阶段（2012 年至今）

经过 30 多年的发展，我国流通问题已经远超改革开放之初的格局（荆林波，2021），流通体系建设取得了明显进展，软硬设施条件大为改善，初步建立起国内流通网络体系。党的十八大以来，高质量发展成为国民经济发展的关键词，流通业在国民经济整体效率和效益提升中的重要性不断凸显。这一阶段更加强调对现代流通体系的全局性谋划，将畅通现代流通体系上升到战略高度。归纳 2012 年以来我国流通领域的政策文件（见附表 2. 2），这一阶段的政策有以下几个显著特征：

（一）进一步明确了流通业在国民经济中的地位

2012 年 8 月出台的《关于深化流通体制改革加快流通产业发展的意见》（以下简称《意见》）中，明确了流通业在国民经济中的基础性和先导性地位。《意见》提出，加强现代流通体系建设，积极创新流通方式，提高保障市场供应能力，全面提升流通信息化水平，培育流通企业核心竞争力，规范市场秩序，深化流通领域改革开放。目标是，到2020年，基本建立起统一开放、竞争有序、安全高效、城乡一体的现代流通体系，流通产业现代化水平大幅提升。习近平总书记在2020年9月9日中央财经委员会第八次会议再次强调，流通体系在国民经济中发挥着基础性作用，必须将现代流通体系建设作为一项战略性任务来抓。本阶段我国开始从国民经济发展全局出发对流通业进行高层级规划和部署，重视程度空前提高。

（二）将现代流通体系建设作为构建新发展格局的重要支撑

建设现代流通体系对构建新发展格局的重要意义被充分阐释。2020年9月9日，中央财经委员会第八次会议提出，统筹推进现代流通体系硬件和软件建设，发展流通新技术、新业态、新模式，完善流通领域制度规范和标准，培育壮大具有国际竞争力的现代物流企业，为构建以国内大循环为主体、国内国际双循环相互促进的新发展格局提供有力支撑。《中华人民共和国国民经济和社会发展第十四个五年规划和二〇三五年远景目标纲要》对未来一段时间现代流通体系高质量发展问题进行专节阐述，提出从深化流通体制改革，加快构建国内统一大市场，建设现代物流体系，优化国际物流通道，完善现代商贸流通体系，加快建立储备充足、反应迅速、抗冲击能力强的应急物流体系等方面全面强化流通体系在畅通国内大循环中的支撑作用。2022年1月，国务院批复、国家发展改革委对外发布《"十四五"现代流通体系建设规划》，作为今后一段时期推动我国现代流通体系建设的统筹设计和系统指引，围绕市场、商贸、物流、交通等领域提出了50项任务举措。这是我国现代流通领域首份五年规划，对培育完整内需体系、促进形成强大国内市场、加快构建新发展格局具有重要意义。建设现代流通体系意义深远，关系我国未来经济社会发展全局，是我国积极应对国内外错综复杂形势变化的主动选择，是充分发挥我国超大规模市场优势的内在要求，也是推动高水平对外开放、形成国内国际双循环有机结合的必然选择，应建立在历史和社会发展的根本规律、宏观视野、现实格局之上，具有原创性、探索性和特殊性（姜增伟，2021）。

（三）深化流通业体制机制改革，推动创新发展、现代化发展和高质量发展

深化体制机制改革、创新发展、现代化发展和高质量发展是本阶段政策文件中的高频词汇。主要包括：①通过体制机制创新破解流通业发展中的制度性障碍，高标准对接国际规则和标准、健全规范有序的规制体系和高效管理体制。2015 年，《国务院关于推进国内贸易流通现代化建设法治化营商环境的意见》提出健全内贸流通统一开放的发展体系，提升内贸流通创新驱动水平，增强内贸流通稳定运行的保障能力，健全内贸流通规范有序的规制体系和协调高效的管理体制。同年，《国务院办公厅关于同意在上海等 9 个城市开展国内贸易流通体制改革发展综合试点的复函》在 9 个城市开展国内贸易流通体制改革发展综合试点，并设定了 4 项试点任务：探索建立创新驱动的流通发展机制、建设法治化营商环境、建立流通基础设施发展模式、健全统一高效的流通管理体制。2022 年 4 月，《中共中央 国务院关于加快建设全国统一大市场的意见》发布，以立破并举的方式在全国范围内高标准构建市场基础制度规则统一、市场设施高标准联通、要素和资源市场及商品和服务市场高水平统一、市场监管公平统一、不当市场竞争和市场干预行为进一步规范的大市场体系。统一大市场的构建，将从体制机制上破解国内区域性流通壁垒，降低流通成本，给整个流通业进而给整个国民经济带来空前的系统性利好。②推广供应链管理、电子商务、标准化等流通方式运用，推动新一代信息技术在流通业的创新应用。2015 年，《国务院办公厅关于推进线上线下互动加快商贸流通创新发展转型升级的意见》提出 18 条意见推动商贸流通创新发展和转型升级。2016 年《国务院办公厅关于深入实施“互联网 + 流通”行动计划的意见》提出推进流通领域线上线下融合发展的 12 条意见。重点发展交通物流（《国务院办公厅关于转发国家发展改革委营造良好市场环境推动交通物流融合发展实施方案的通知》）、冷链物流（《国务院办公厅关于加快发展冷链物流保障食品安全促进消费升级的意见》）、快递物流（《国务院办公厅关于推进电子商务与快递物流协同发展的意见》）等重要流通环节。

（四）着力破解瓶颈，将施策重点放于流通业的降本增效提质上

在政策、结构调整、新技术运用、管理与组织模式改革等方面全面支持流通业高质量发展，从降低流通社会性交易成本、加强流通基础设施建设、提升企业规模化和集约化水平、推进流通领域线上线下融合发展、改善营商环境等方面综合施策，特别是将破解物流瓶颈作为提升我国现代流通高质量发展的主要抓手。2017 年，《国务院办公厅关于进一步推进物流降本增效促进实体经济发展的意见》提出从加大降税清费力度、加快推进物流仓储信息化标准化智能化等方面推进物流环节降本增效，促进实体经济发展。2020 年，《国务院办公厅转发国家发展改革委交通运输部关于进一步降低物流成本实施意见的通知》针对降低物流制度成本、要素成本、税费成本、信息成本、联运成本、综合成本提出 24 条具体意见。2021 年，商务部等 9 部门印发《商贸物流高质量发展专项行动计划（2021—2025 年）》，提出“十四五”时期我国商贸物流围绕高质量发展的 12 项重点任务，提升商贸物流网络化、协同化、标准化、数字化、智能化、绿色化和全球化水平。

附表 2.1 改革开放以来我国流通领域主要法律法规和政策文件汇总

阶段	文件名称	颁布时间
第一阶段（1978—2000年）	国务院关于疏通城乡商品流通渠道扩大工业品下乡的决定	1982
	国家经济体制改革委员会、商业部关于改革农村商品流通体制若干问题的试行规定	1983
	国务院批转国家体改委、商业部、农牧渔业部关于进一步做好农村商品流通工作的报告的通知	1984
	国务院批转商业部关于调整茶叶购销政策和改革流通体制意见的报告的通知	1984
	关于深化物资体制改革的方案	1988
	国务院关于打破地区间市场封锁进一步搞活商品流通的通知	1990
	国务院关于进一步搞活农产品流通的通知	1991
	国务院批转国家体改委关于改革棉花流通体制意见的通知	1992
	全民所有制商业企业转换经营机制实施方法	1992年11月6日由商业部、国务院经贸办、国家体改委发布
	国务院关于河南省进行棉花流通体制改革试点的批复	1993
	国务院关于山东省进行棉花流通体制改革试点的批复	1993
	国务院关于江苏省进行棉花流通体制改革试点的批复	1993
	国务院批转国家计委、国家经贸委关于改革原油、成品油流通体制意见的通知	1994
	国务院关于深化粮食购销体制改革的通知	1994
	国务院关于改革化肥等农业生产资料流通体制的通知	1994
	批发市场管理办法	1994年12月15日由内贸部颁布
	国务院关于深化粮食棉花化肥购销体制改革的通知	1995
	国务院关于进一步完善化肥流通体制的通知	1996
	国务院办公厅转发国家计委关于进一步调整食糖生产和流通有关政策意见的通知	1997
	国务院关于进一步深化粮食流通体制改革的决定	1998
	国务院关于进一步完善粮食生产和流通有关政策措施的通知	2000

续表

阶段	文件名称	颁布时间
第二阶段（2001—2011年）	国务院关于进一步深化棉花流通体制改革的意见	2001
	国务院关于进一步深化粮食流通体制改革的意见	2001
	关于加快我国现代物流发展的若干意见	2001
	国务院办公厅转发国务院体改办国家经贸委关于促进连锁经营发展若干意见的通知	2002
	国务院关于进一步深化粮食流通体制改革的意见	2004
	粮食流通管理条例	
	国务院办公厅转发商务部等部门关于进一步做好农村商品流通工作意见的通知	2004
	全国商品市场体系建设纲要	商务部2004年5月25日
	流通业改革发展纲要	商务部2004年6月1日
	国务院关于促进流通业发展的若干意见	2005
	国务院关于完善粮食流通体制改革政策措施的意见	2006
	国务院办公厅关于搞活流通扩大消费的意见	2008
	国务院关于印发物流业调整和振兴规划的通知	2009
	国务院关于进一步深化化肥流通体制改革的决定	2009
	国务院关于加快供销合作社改革发展的若干意见	2009
	国务院办公厅转发交通运输部等部门关于推动农村邮政物流发展意见的通知	2009
	关于完善农业生产资料流通体系的意见	2009
	商务部关于加快流通领域电子商务发展的意见	2009
	国务院办公厅关于促进物流业健康发展政策措施的意见	2011
	国务院办公厅关于加强鲜活农产品流通体系建设的意见	2011
	发展改革委关于完善价格政策促进蔬菜生产流通的通知	2011

续表

阶段	文件名称	颁布时间
第三阶段（2012 年至今）	国务院关于深化流通体制改革加快流通产业发展的意见	2012
	国务院关于印发物流业发展中长期规划（2014—2020 年）的通知	2014
	国务院办公厅关于促进内贸流通健康发展的若干意见	2014
	国务院关于推进国内贸易流通现代化建设法治化营商环境的意见	2015
	国务院办公厅关于推进线上线下互动加快商贸流通创新发展转型升级的意见	2015
	国务院办公厅关于同意在上海等 9 个城市开展国内贸易流通体制改革发展综合试点的复函	2015
	国务院办公厅关于深入实施“互联网 + 流通”行动计划的意见	2016
	国务院办公厅关于转发国家发展改革委营造良好市场环境推动交通物流融合发展实施方案的通知	2016
	国家发展改革委关于印发《“互联网 +”高效物流实施意见》的通知	2016
	国务院办公厅关于加快发展冷链物流保障食品安全促进消费升级的意见	2017
	国务院办公厅关于进一步推进物流降本增效促进实体经济发展的意见	2017
	交通运输部关于加快发展冷链物流保障食品安全促进消费升级的实施意见	2017
	国务院办公厅关于推进电子商务与快递物流协同发展的意见	2018
	民航局关于促进航空物流业发展的指导意见	2018
	商务部办公厅　财政部办公厅关于明确肉菜中药材流通追溯体系试点结束后管理体制等工作的通知	2018
	商务部办公厅　中华全国供销合作总社办公厅关于深化战略合作推进农村流通现代化的通知	2018
	关于开展 2018 年流通领域现代供应链体系建设的通知	2018
	国务院办公厅关于加快发展流通促进商业消费的意见	2019

续表

阶段	文件名称	颁布时间
第三阶段（2012 年至今）	关于推动物流高质量发展促进形成强大国内市场的意见	2019
	关于同意扩大无人机物流配送应用试点范围的通知	2019
	国务院办公厅转发国家发展改革委交通运输部关于进一步降低物流成本实施意见的通知	2020
	关于继续实施物流企业大宗商品仓储设施用地城镇土地使用税优惠政策的公告	2020
	关于促进消费扩容提质加快形成强大国内市场的实施意见	2020
	粮食流通管理条例	
	国务院关于“十四五”现代流通体系建设规划的批复	2021
	商务部等 9 部门关于印发《商贸物流高质量发展专项行动计划（2021—2025 年）》的通知	—

资料来源：根据国务院政策文件库及公开资料整理。

附表 2.2　2012 年以来我国在流通领域的主要顶层设计和政策文件

发布时间	政策文件	政策要义
2012 年 8 月 7 日	《国务院关于深化流通体制改革加快流通产业发展的意见》	流通产业定位：国民经济的基础性和先导性产业 主要目标：到 2020 年，基本建立起统一开放、竞争有序、安全高效、城乡一体的现代流通体系，流通产业现代化水平大幅提升 主要任务：加强现代流通体系建设；积极创新流通方式；提高保障市场供应能力；全面提升流通信息化水平；培育流通企业核心竞争力；规范市场秩序；深化流通领域改革开放
2012 年 9 月 1 日	《国务院办公厅关于印发国内贸易发展“十二五”规划的通知》	主要任务：统筹国内贸易协调发展；建立和完善现代商品流通体系；促进内贸领域服务行业大发展；全面提高流通企业竞争力；大力推进流通现代化；保障国内市场稳定运行；营造规范有序的市场环境；深化国内贸易的改革开放 提出 18 项“十二五”时期国内贸易发展的重点工程

续表

发布时间	政策文件	政策要义
2014年10月4日	《国务院关于印发物流业发展中长期规划（2014—2020年）的通知》	围绕降低物流成本、提升物流企业规模化和集约化水平、加强物流基础设施网络建设三大重点，提出2014—2020年我国物流产业发展的重点任务
2014年11月16日	《国务院办公厅关于促进内贸流通健康发展的若干意见》	提出推进现代流通方式发展、加强流通基础设施建设、深化改革创新和改善营商环境
2015年9月29日	《国务院办公厅关于推进线上线下互动加快商贸流通创新发展转型升级的意见》	从鼓励线上线下互动创新、激发实体商业发展活力、健全现代市场体系、完善政策措施四个方面提出18条意见，推动商贸流通创新发展和转型升级
2015年8月6日	《国务院办公厅关于同意在上海等9个城市开展国内贸易流通体制改革发展综合试点的复函》	在9个城市开展国内贸易流通体制改革发展综合试点，完成4项试点任务：探索建立创新驱动的流通发展机制、建设法治化营商环境、建立流通基础设施发展模式、健全统一高效的流通管理体制
2015年8月28日	《国务院关于推进国内贸易流通现代化建设法治化营商环境的意见》	健全内贸流通统一开放的发展体系；提升内贸流通创新驱动水平；增强内贸流通稳定运行的保障能力；健全内贸流通规范有序的规制体系；健全内贸流通协调高效的管理体制
2016年4月21日	《国务院办公厅关于深入实施“互联网+流通”行动计划的意见》	提出推进流通领域线上线下融合发展的12条意见
2016年6月21日	《国务院办公厅关于转发国家发展改革委营造良好市场环境推动交通物流融合发展实施方案的通知》	从打通衔接一体的全链条交通物流体系、构建资源共享的交通物流平台、创建协同联动的交通物流新模式、营造交通物流融合发展的良好市场环境四个方面提出推动交通与物流融合发展路径
2016年11月11日	《商务部等10部门关于印发〈国内贸易流通“十三五”发展规划〉的通知》	主要任务：推进实体商业创新转型；提升流通供给水平；推动消费结构升级；提高流通信息化水平；加强流通标准化建设；促进流通集约化发展；统筹区域城乡协调发展；加强对外开放合作；营造法治化营商环境
2017年4月21日	《国务院办公厅关于加快发展冷链物流保障食品安全促进消费升级的意见》	健全冷链物流标准和服务规范体系；完善冷链物流基础设施网络；鼓励冷链物流企业经营创新；提升冷链物流信息化水平；加快冷链物流技术装备创新和应用；加大行业监管力度；创新管理体制机制；完善政策支持体系

续表

发布时间	政策文件	政策要义
2017 年 8 月 17 日	《国务院办公厅关于进一步推进物流降本增效促进实体经济发展的意见》	深化“放管服”改革，激发物流主体活力；加大降税清费力度，切实减轻企业负担；加强重点领域和薄弱环节建设，提升物流综合服务能力；加快推进物流仓储信息化、标准化、智能化，提高运行效率；深化联动融合，促进产业协同发展；推进体制机制改革，营造优良营商环境
2018 年 1 月 23 日	《国务院办公厅关于推进电子商务与快递物流协同发展的意见》	强化制度创新，优化协同发展政策法规环境；强化规划引领，完善电子商务快递物流基础设施；强化规范运营，优化电子商务配送通行管理；强化服务创新，提升快递末端服务能力；强化标准化、智能化，提高协同运行效率；强化绿色理念，发展绿色生态链
2019 年 8 月 27 日	《国务院办公厅关于加快发展流通促进商业消费的意见》	提出 20 条具体意见推动流通创新发展，优化消费环境，激发国内消费潜力
2020 年 6 月 2 日	《国务院办公厅转发国家发展改革委交通运输部关于进一步降低物流成本实施意见的通知》	针对降低物流制度成本、要素成本、税费成本、信息成本、联运成本、综合成本提出 24 条具体意见
2020 年 9 月 9 日	习近平总书记主持召开中央财经委员会第八次会议	研究畅通国民经济循环和现代流通体系建设问题，提出现代流通体系建设要求
2021 年 3 月 12 日	《中华人民共和国国民经济和社会发展第十四个五年规划和 2035 年远景目标纲要》	强化流通体系在畅通国内大循环中的支撑作用。深化流通体制改革，畅通商品服务流通渠道，提升流通效率，降低全社会交易成本。加快构建国内统一大市场，对标国际先进规则和最佳实践优化市场环境，促进不同地区和行业标准、规则、政策协调统一，有效破除地方保护、行业垄断和市场分割。建设现代物流体系，加快发展冷链物流，统筹物流枢纽设施、骨干线路、区域分拨中心和末端配送节点建设，完善国家物流枢纽、骨干冷链物流基地设施条件，健全县、乡、村三级物流配送体系，发展高铁快运等铁路快捷货运产品，加强国际航空货运能力建设，提升国际海运竞争力。优化国际物流通道，加快形成内外联通、安全高效的物流网络。完善现代商贸流通体系，培育一批具有全球竞争力的现代流通企业，支持便利店、农贸市场等商贸流通设施改造升级，发展无接触交易服务，加强商贸流通标准化建设和绿色发展。加快建立储备充足、反应迅速、抗冲击能力强的应急物流体系

续表

发布时间	政策文件	政策要义
2022年 1月10日	《国务院关于“十四五”现代流通体系建设规划的批复》	主要任务：深化现代流通市场化改革；完善现代商贸流通体系；加快发展现代物流体系；增强交通运输流通承载能力；加强现代金融服务流通功能；推进流通领域信用体系建设
2022年 4月10日	《中共中央 国务院关于加快建设全国统一大市场的意见》	从六个方面明确了立破并举加快建设全国统一大市场的重点任务。从立的角度，要抓好“五统一”。一是强化市场基础制度规则统一。二是推进市场设施高标准联通。三是打造统一的要素和资源市场。四是推进商品和服务市场高水平统一。五是推进市场监管公平统一。从破的角度，要进一步规范不当市场竞争和市场干预行为

资料来源：根据国务院政策文件库及相关部委公开资料整理，参见中国政府网（www. gov. cn）。

执笔人：谢兰兰

本章参考文献

[1]宋则．从全面禁商到全面兴商——新中国壮阔70年商贸流通业曲折发展的核心脉络探寻[J]．广西财经学院学报,2020,33(3):1-5,15.

[2]中国商贸流通业改革开放40周年发展报告[R]．中国商业联合会中国商业经济学会,2018.

[3]丁俊发．改革开放40年的中国流通业[J]．商业经济研究,2018(24):2.

[4]荆林波．防止我国流通研究的内卷化倾向[J]．时代经贸,2021,18(1):16-17.

[5]姜增伟．新发展格局下流通学界的历史使命与责任[J]．市场评论,2021(10):21.

附录3

多点以数智化为基础重构零售业态的做法

多点 Dmall 自 2015 年成立以来，始终坚持全面数字化与彻底回归商业本质，以数智化为底层结构重构实体零售，为流通企业创业、转型、进化提供全面的技术支持。打造的一站式全渠道数字零售解决方案——“多点零售联合云”，不但技术成熟、领先，而且抓住了行业的普遍痛点，对实体零售全面数字化发展、带动流通产业提质增效起到重要作用。截至目前，多点已为超过 120 家连锁零售商、850 家品牌商提供基于云端的数字化解决方案，业务覆盖中国内地、中国香港、新加坡、柬埔寨等国家和地区的 15000 家门店。

一、实体零售数字化，是现代流通产业发展的必由之路

（一）数字经济已成为产业转型升级的重要驱动力

我国高度重视数字经济，“十四五”规划明确提出“打造数字经济新优势”，将数字经济发展和数字化转型的目标与作用提高到国民经济的高度。日前，中共中央政治局就推动我国数字经济健康发展进行第三十四次集体学习，中共中央总书记习近平在主持学习时强调，“要站在统筹中华民族伟大复兴战略全局和世界百年未有之大变局的高度，统筹国内国际两个大局、发展安全两件大事，充分发挥海量数据和丰富应用场景优势，促进数字技术与实体经济深度融合，赋能传统产业转型升级，催生新产业新业态新模式，不断做强做优做大我国数字经济”。

统计数据显示，2020 年我国数字经济规模已经达到 39. 2 万亿元，稳居世界第二位。在此背景下，数字化为传统产业转型指明方向。传统产业数字化转型不是“另起炉灶”，而是利用数字技术推进质量变革、

效率变革、动力变革，实现企业全流程、全链条的改造，以及产业层面的数字化、网络化、智能化发展。

（二）实体零售数字化，是流通产业转型和促进创新的重要突破口

2020 年我国社会消费品零售总额为 39 万亿元，线下零售占比超过 70%，消费已成为经济增长的第一驱动力。实体零售作为我国消费品市场主渠道，在为社会做出巨大贡献的同时，也面临较重的店铺成本、人工成本，以及行业集中度较低、“连而不锁”、信息孤岛等问题。随着市场竞争加剧、消费者购买行为转变，以及新技术的快速应用，中国流通企业的发展面临着一个历史性的整合机遇，实体零售企业数字化转型，是适应市场需求的必然选择。

零售数字化的目标就是帮助企业更好地优化经营、提高效率、创造价值。2020 年 12 月 4 日，时任国务院副总理到物美门店视察。在讨论实体商业如何数字化的问题时，多点董事长张文中回答：“实体店一定会存在，但一定是经过了彻底的数字化，经过了完全的改造，实体店有不可替代的功能，能提供很多线上无法满足的服务。”推进实体零售数字化，有利于复用社会资源、降低成本，实现包容性发展，也有利于保障就业，共享数字化带来的成果和收益，还有利于创造公平竞争、创新创业的良好环境，助力中小企业发展。彻底数字化转型、智能化升级是中国流通业崛起的必由之路。

（三）多点助力实体零售全面数字化的总体思路

很多传统企业认为，零售数字化就是打通网络渠道，建立线上商城，这种片面的认知没有抓住数字化的本质。多点通过实践深刻体会到，实体零售要想实现真正的线上线下一体化，必须进行全面的数字化。所谓全面数字化，就是用数字化的理论、技术、方法对产业进行全面的解构重构，建立一套基于云端的、以数字化为基础的新系统来支持

企业的整体运作，简化、优化、一体化是数字化的方法论。

多点助力实体零售数字化的总体思路：一是为零售企业提供完整的线上线下一体化解决方案，助力新业态新模式发展。二是依托多点零售联合云，帮助企业打破会员、门店、商品、供应链之间的数据壁垒，助力商业模式转型。三是赋能产业上下游，通过数字化促进供应商、物流商、制造商和零售商的无缝衔接、标准互认和及时协作，助力构建数字化下的新型零供关系。

二、以消费者为中心，助力实体零售线上线下一体化发展

（一）“多点+”助力实体零售线上线下一体化

多点董事长张文中认为，传统零售向线上线下一体化转型过程中，最科学的办法是实现资源复用，多点创立的初衷，也是希望为实体零售提供一个共享的平台，实现包容发展。多点 APP 与本地零售的线下门店结合起来，消费者可以通过线上选购本地零售企业的商品，选择到店自提或配送到家，使得实体零售企业也具备了电商能力。截至目前，多点 Dmall 已与 120 多家实体零售企业达成合作，助力实体零售企业为 2.37 亿用户提供数字化服务。

（二）线上线下一体化扩展了实体零售服务场景

以物美为例，多点 APP 下单、30 分钟配送到家已经成为服务标配，并持续保持了 99% 以上的履约质量。单一卖场也扩展成为“三个场”：一是“现场”，即遍布全国的 2000 多家门店，给消费者提供“即时购”的服务；二是“近场”，即通过多点 APP，应用“店仓一体”、电子围栏和拣货流程优化等技术手段，提升门店拣货效率，做到 3 公里商圈内 30 分钟送达，为消费者提供便利服务；三是“远场”，通过在多点 APP 开设全球精选栏目，为消费者提供更丰富的商品，消费者下单后，次日送达，更好地满足计划性采购的需求。

重点案例 3.1　多点帮助麦德龙中国加速数字化，提升 C 端服务能力

面对数字化浪潮和快速增长的消费者需求，麦德龙中国急需实现全渠道运营，以提升 C 端市场服务能力，重塑核心竞争力。

2020 年，麦德龙中国开始上线 Dmall OS，全面开展数字化改造。在数字化会员层面，采集会员全渠道的行为数据，通过梳理会员数据指标体系，形成用户画像并持续迭代，通过设立会员成长值度量用户行为的价值，通过等级和对应的权益来促进会员的忠诚度，实时监测线上线下消费数据变化，精准服务会员。在线上业务方面，多点帮助麦德龙中国对门店进行了线上线下一体化改造，打造定制 APP 和专属小程序。系统算法帮助麦德龙中国进行智能选品，在保留麦德龙自有品牌优势的同时，根据 C 端用户购买偏好调整商品结构。在履约方面，设立数字化交付中心，相对传统 toC 商超门店，在订单实施与交付模式方面进行创新。最为突出的是拣货模式的优化，通过数字化技术，结合业务需求，进行错峰配送，实现 B2B 与 B2C 的全渠道配送。

在多点的帮助下，麦德龙中国全渠道业务取得快速突破：在数字化会员方面，实现分散的会员服务和使用场景的统一，用户在 APP 上就可以完成积分兑换、会员权益查询、会员价商品购买等所有服务。上海 8 家麦德龙门店开展“PLUS + Dmall”模式一个月后，多点 APP 已经有 60% 的用户成为麦德龙的付费会员。到 2020 年年底，麦德龙已经拥有 80 万付费会员，会员销售量增加了 5%，购买频次提高了 40%。在线上业务方面，截至 2021 年 2 月底，单月订单量较 2020 年 6 月大涨近 64 倍，电子会员数增长 54 倍，自助购销售占比接近 50%。在履约方面，实现围栏商圈信息智能化，减少门店商圈手工维护成本，效率提升 90%。改变线下拣货人员依靠“工作群”的方式进行线上订单的处理，采用了分拣合流的拣货方式，上海普陀店全天无货率降至 0.46%，实现妥投及时率 100%、拣货及时率 100%。

多点还深度参与了麦德龙首家新概念商场的改造。麦德龙上海普陀商场改造后的来客峰值增长了92%，开业当月数字化会员占比超过30%，到店到家全渠道订单量相较升级前提升了40%。

（三）数字化赋能的实体零售企业在疫情中显现出更强的生命力

2020年面对突发的新冠疫情，物美、多点快速推进“社区抗疫提货站”末端新型配送模式，消费者通过多点APP下单后，物美通过自有物流渠道并加强配送环节防疫管理，及时将订单配送至全国6200多个、北京市3900多个提货站，消费者按订单到提货站自提，有效缓解了封闭小区、边远小区购物难的问题，避免人流集中交叉感染的风险。疫情刚发生时，消费者“抢购”和“囤货”现象较多，多点帮助物美运用大数据手段，科学制订上货补货计划，确保门店货架不空，迅速平息恐慌情绪，给首都百姓吃下“定心丸”。疫情期间，物美北京地区日销售蔬菜超200万公斤，肉品超40万公斤。中百集团在武汉封城期间，与多点合作推广“无接触购物模式”，创新“线上下单+线下自提”“对接社区、集中配送”等服务方式，在特殊时期发挥了巨大的作用。

三、科技赋能实体零售全链条改造，实现降本增效

（一）打通零售全链条，帮助企业实现全面数字化

多点零售联合云是DT时代一套先进的商业SaaS系统，以云原生、单元化、多租户、异地容灾为核心架构，通过底层技术变革，重塑人、货、场之间的关系和连接，打通整个业务闭环。系统为云化部署，可以实现“无感切换”，能为零售商提供即插即用的SaaS服务。多点强调业务与技术结合，把行业最佳实践融入系统中，系统的每一次迭代就代表行业的一个进步，这套体系在不停地打造和锤炼之后，会比单个零售企

业更懂零售（见附图3.1）。

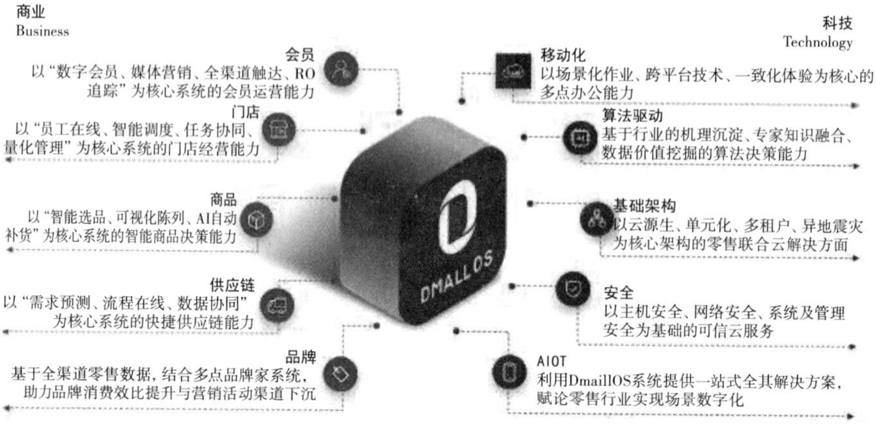

附图3.1　多点零售联合云的核心优势

多点零售联合云涵盖十五大系统、800多个子系统，从会员、门店、商品、供应链、品牌等方面实现数字化，可以完全替代之前所有在ERP运行的业务。服务能力从大店到小店，在规模、环节、业态上实现了对零售行业的全覆盖。多点零售联合云具有非常大的社会价值。中国零售规模与美国基本接近，但单体企业规模偏小。沃尔玛在美国本土市场的销售额就有3500亿美元，而中国最大的零售企业的销售额也只有1000亿元。因此，多点将在物美等企业实施并验证了的系统产品和解决方案提供给行业，可以极大地减少中国零售数字化的试错成本。

重点案例3.2　多点智能陈列系统将线下经验沉淀为线上化管理能力

实体零售陈列管理存在以下痛点：一是资源有限，靠人工很难实现动态规划和跟踪，难以实现品牌商和零售商共赢。二是陈列工作量大、效果无法衡量。三是门店执行不到位会导致规划与执行脱节，难以统计促销陈列的执行完成率和达标率。四是商品销售变化快，供应链响应不及时。

多点零售联合云的智能陈列系统通过“总部制图—门店执行—执行检核—数据分析”的一体化闭环解决方案，将线下陈列业务在线化、数字化、智能化，提升有限货架空间的效率、降低人力成本、提升经营业绩。智能陈列系统给物美带来多方面的价值提升：

一是人效产出明显提升。制图人员使用系统提供的制图工具，快速提高制图质量和效率。门店人员通过手机APP接收可视化的货架陈列任务，按照简明流程执行。执行后拍照上传云端，由总部定期抽检或者AI算法自动检核。所有环节的工作效率都大幅提升。

二是管理成本大幅降低。清晰高效的陈列工作流程降低了组织内部管理的成本，实现全流程可跟踪、可考核。各环节工作现状、进展和问题都能得到及时地协同和解决。

三是提高空间利用效率和经营效果。通过系统对门店、品类、单品全方位的坪效分析，量化陈列转化实际效果。算法匹配每个店铺的消费者特点、货架资源、商品销售表现等，实现千店千面选品和货架资源个性化分配，使门店有限空间资源得到最大化利用。

四是业务可拓展性显著增强。陈列系统承上启下地打通了招商、选品、自动补货等供应链核心环节，为供应链全链路联通的智能化变革奠定了坚实的基础。

（二）数字化助力企业降本增效、赋能组织变革

2020年8月，物美集团将SAP的ERP系统切换为多点零售联合云，这是中国零售业数字化的一个里程碑事件。物美通过切换系统实现：一是支付数字化，结账效率提高3～4倍，使用APP结账的比例现已超过80%。二是用户数字化，物美会员电子化已达70%，使得用户数据的深度挖掘和分析成为可能。例如，通过数据分析形成的卖场热力图，可以更好地了解哪个区域的货架和商品更受顾客喜爱，指导卖场优化动

线。三是营销数字化，实现促销信息的精准触达、智能化推荐，带来线上销售同比增长 90%，加购转化率提升 18%。四是运营数字化，通过多点的手机工作台，自动产生待办任务，通过任务系统分派到责任人。五是商品数字化，2020 年线上销售同比增长 90%，线上售卖商品已达到 20% 左右。六是供应链管理数字化，通过系统和数据的支持，推动整条供应链高效运转，缺货率和库存周转天数分别下降 5% 和 40%。

数字化为人赋能，让企业焕发活力。数字化倒逼零售企业实现管理扁平化，门店由原来的四层经营层级（员工、课长、经理、店长）转变为三层经营层级（员工、经理、店长）。推动组织变革、提高人效，以单店每天 6000 客流量的门店为例，上线智能收银系统后，原来收银员 300 笔单/天的工作量，现在由两个“智能购”机器所取代，单店节约人力超过 50%。借助数字技术还能以更快的速度培育人才，便利店 7 - 11 培养一个优秀店长至少需要 2 年，多点通过智能系统，可以将一个没有接触过便利店的员工培养成店长的时间缩短一半。

（三）应用物联网技术，助力智慧商店建设

多点自主设计研发了适用于零售场景的 30 多种智能硬件产品，已在 90 多家零售企业的 4000 多家门店铺设智能设备 460 多万台；智能防损技术覆盖 1333 个自助结算银台，累计处理 416 万订单，发现 15.1 万条盗损线索，处理 3040 件偷盗事件。从效率、成本、体验三方面帮助商超实现线下场景智能化。

在门店数字化改造中，多点发现很多零售门店原有的设备还比较新，于是采用“利旧”方式将原有普通设备改造成为智能设备，帮助门店节约将近 50% 的成本。目前，比较成熟的应用包括 AI 视觉生鲜秤、智能存包柜、智能锁购物车等。其中，购物车智能锁实现了资产的数字化管理，在保证原有应用效果情况下，减少了物美卖场约 30% 的购物车。

受低碳型理念和降低成本的双重影响，多点还开发了智慧节能系

统，对门店冷藏冷冻、制热、照明、空调等设备进行智能调控与数据监测，实现了节能10%～30%。北京物美便利店235家门店上线系统，预计上线3年后能带来几百万元的电费节约。

四、数字化助力零供协同，提升上下游产业协作效率

（一）数字化助力供应链稳定高效

在疫情的大考之下，零售企业面临商品供应、价格稳定、物流配送等诸多问题，每个环节都需要稳定高效的供应链协同。企业即便拥有完善的仓配网络，也需要借助数字化工具，才能保证供应链持续运转不中断。以雀巢为例，疫情期间，物美、多点与雀巢合作对供应链进行了大量的数字化改进，实现订单自动化处理、数据实时管理和订单流程简化。各级管理人员可以随时观测物美各门店和仓库的产品、产品效期和订单处理等细节，实现管理数据透明化与高效化。得益于数字化，雀巢的销售额在疫情期间依旧保持了正增长。

（二）数字化助力供应链敏捷协同

“牛鞭效应”是供应链管理中普遍存在的现象。解决牛鞭效应的最好方式是实现上下游实时在线化，降低库存积压、提升供应链运作效率。多点通过系统实现精准需求预测、流程在线、数据协同，改善业务流程与沟通，推进订货、验收、退货、促销、变价、结算、付款等各环节的实时在线，提高了供应链的透明度、敏捷性和自动化程度（见附图3.2）。

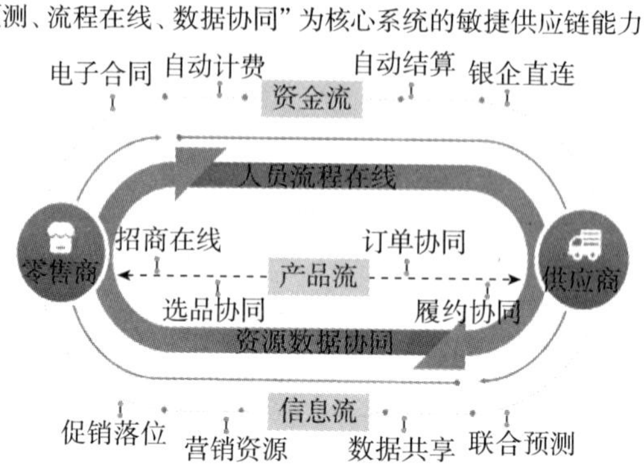

附图3.2　多点推动供应链数字化：流程在线，高效协同

重点案例3.3　自动补货驱动供应链提质增效

多点通过智能选品系统，帮助零售商提升门店新品引入效率、有效管理货架排面、降低库存周转周期；智能陈列系统上承品类管理和招商工作，下启自动补货和智能价签，可以打破信息孤岛，助力零供互利共赢；多点自主研发的基于AI销量预测的自动补货系统，通过“智能预测—智能补货—订单可视—零供协同”一体化，帮助零售商准确预测市场需求，实现订单驱动。

具体做法：一是大数据预测。系统支持近3周的店品销量预测，满足日常补货场景。二是实现智能补货。自动补货系统会结合当前商品库存、未来到货情况、商品陈列、损耗、安全库存、备货周期等，自动计算补货量。系统支持专家干预，综合算法预测与专家经验的优势，得到更高质量的补货决策。最后，系统会进行多维度订单汇总，保证同类订单高效聚合，提升物流作业效率。三是依托业务数据化实现订单可视、可追溯。每日计算缺货率、高库存等核心业绩指标，报警高库存、售罄等急需人工关注的重点商品，帮助快速决策。

基于以上分析，多点配套提供零供协同工具，面向供应商展示全链路库存情况、提供全链路库存计划和管控，帮助零供充分实现信息共享、流程在线，提升订货效率、降低订货成本，实现数据共享的零供高效协同。

截至目前，多点 Dmall 自动补货系统已成功在物美全门店推广使用：一是周转率显著加快。试点门店缺货率由最高时 7% 降至 2% 以内，库存周转天数由最高时 35 天降低到普遍 21 天以内。二是补货人效大幅提升。30 人覆盖管理近千家门店，节约门店人力成本约 5000 万元/年。三是组织管理更加规范。清晰高效的补货流程降低了内部组织管理成本，总部的商品策略能得到有效保障，而门店可以把精力放在销售和服务上，分工明确、高效协作。四是助力实现全链条数字化。自动补货系统和选品、陈列、物流等其他系统打通形成智能业务闭环，为供应链数字化转型奠定了基础。

（三）数字化助力产业上下游合作共赢

多点零售联合云支持供应链各方在线完成全流程的协同作业，产生的数据可以决策要素正在被不断地积聚和利用。大数据的数字化工具赋能，为零供在全渠道运营、仓网协同、反向定制等多方面提供合作机遇。

重点案例 3.4　多点—物美—宝洁实现端到端供应链效率提升

三方从高效订单、高效物流、档期协同与复盘、优化到家供应链等多方面展开深入合作，基于大数据的数字化工具赋能，实现了供应链全方位、一体化合作。提升订单满足率、门店有货率、网上有货率，优化库存周转，实现了端到端供应链效率的提升（见附图 3.3）。

一是推动端到端物流效率提升。实现卸货 + 分拣效率加倍提升；物美大仓到门店的配送时间从之前的48~72小时加速到12~24小时；端到端物流效率从4天提升到36~48小时；优化送货汇总单结构，2倍提升异常订单的收货效率，为双方执行团队节省人工156小时/年。

二是开展基于大数据的数字化工具赋能。通过采销平台+EDI数字化订单+订单回告（ASN）实现订单零供协同和交互。供应商可通过采销平台读取订单、确认订单，然后按确认订单送货；每个订单日节省物美1小时人工，全面提升货架有效率至99.5%；建立档期联合预估管理流程+档期预估数字化KNIME模型+档期跟踪及复盘工具模型，全方位提升档期到货率99%以上，库存降至平均38天（2019年），档期达成率在90%以上。

三是实现到家供应链优化。网页缺货率平台流程搭建+线上安全参数优化——通过双方多部门合作，搭建了专业的网页缺货率平台、跟踪网页售罄率与全天无货率趋势、颗粒细化到店到品，扩大线上销售。

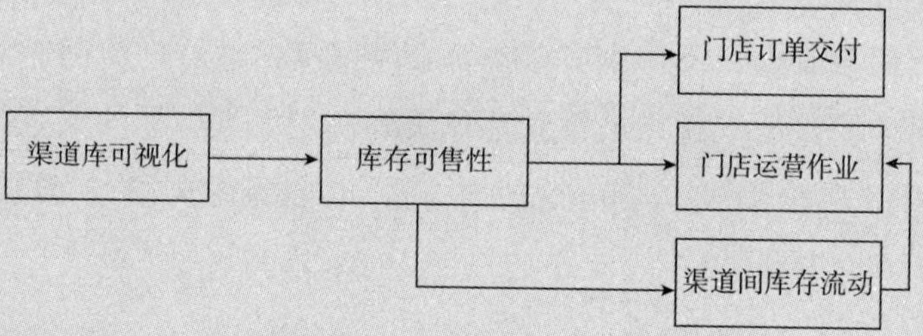

附图3.3 流程

通过物美、多点、宝洁三方探索，根据产品箱规、露出及历史销售等因素，探索合理的线上安全库存及补货参数、全品类网页缺货率从4%降至1%。

随着与多点合作的零售商的不断增加，多点同样也得到品牌商的认可。目前，与多点战略合作的品牌商已达850家，包括思念、恒安、中粮、雀巢、宝洁、联合利华等国内外知名品牌商。与多点Dmall合作以来，思念在多点的GMV实现三位数增长，伊利平均每次大促全渠道订单同比增长200%，雀巢业务2020年在多点Dmall线上实现了300%的增长。多点、物美与元气森林合作，创新线下渠道的新品孵化，就是通过多点的品牌家系统的数据洞察，遴选出用户画像与元气森林新产品目标客群最为贴近的3家物美门店，不同门店设置不同的售价，经过采集并分析不同门店的流量、销售、复购以及用户信息，可以快速预判该新品未来在大卖场中的“销售力”，大大降低了新品拓展线下渠道的试错成本。

五、着眼国内国外两个市场，推动网络化和国际化发展

（一）以数字化推动渠道网络化发展

从2018年开始，多点就已走出物美，先后与武汉中百、广东嘉荣等零售企业开展合作。截至2021年6月，与多点开展合作的零售商客户已超过120家，在全国涉及的门店网点达15000家。标杆零售商客户包括物美、麦德龙、重百、中百、奥特乐等国内外头部零售商，以及寿康永乐、山东三信、广东嘉荣、贵州宾隆等区域零售商，覆盖连锁商超、便利店、百货、折扣店、专营专卖等多个业态。除了支撑传统企业的转型创新，多点也在支持新消费品牌的创业。例如，多点为创业企业锅圈食汇提供数字化解决方案，助力该企业开展线上线下一体化，以及会员、商品、供应链、门店、上游生产等方面的数字化。

（二）以数字化助力行业标准化发展

标准化是数字化的基础。多点通过数字化和标准化的融合和互相促进，将沉淀的运营经验外溢为行业标准，成为数字零售标准引领者。并通过数字化技术、业务和经营标准流程的深度融合，逐步建立“一切业务数字化”到“一切数据标准化”的能力，驱动流通方式创新，提高经营效率。

截至目前，多点已牵头完成《连锁经营零售企业全渠道经营关键

指标》（T/CCFAGS 021—2021）团体标准，弥补了行业空白。正在起草《智慧物流服务指南》国家标准，《便利店运营规范》行业标准，《零售数字化术语》《商品源数据商品属性信息规范》等团体标准。2021年9月，多点成功入选商务部、市场监督管理总局两部门推动的“国家级服务业标准化试点”，通过试点推进数字零售国家标准建设，用数字化提升零售业标准化水平，促进行业提高效率、形成数字化转型的可复制可推广经验。

（三）探索模式输出、发展国际化

中国零售业已进入线下线上全面融合的全渠道时代，积累的经验模式远远领先其他国家。在新冠疫情暴发的2020年，多点在国际市场上迈出第一步，将全渠道模式和数字化技术输出到中国香港、柬埔寨和新加坡的零售企业。签约广东7－11，成为其唯一的数字化系统服务商。2021年8月，多点与德国麦德龙集团达成国际战略合作意向，探索为麦德龙东欧地区的小型零售商提供数字化解决方案，并逐步对整个欧洲麦德龙进行全面数字化迭代，这是多点在原有的东南亚市场重心之外，全球化发展的又一个里程碑。

重点案例3.5　广东7－11 1500家门店

全部上线多点Dmall零售联合云

作为广东省地区7－11经营权的唯一被许可方，广东7－11经过29年深耕，在广州、佛山、深圳、东莞、中山、珠海等12个城市开设便利店总数近1500家，占7－11中国门店超过60%。

秉持共同打造便利店业态数字化转型标杆的目标，广东7－11 1500家门店及3个配送中心已全部上线多点Dmall零售联合云，形成了从用户、门店、供应链、加盟商、仓储物流到总部管理的全流程、全要素数字化。

多点 Dmall 零售联合云的上线提升了广东 7－11 全店销售业绩。2021 年 3—8 月外卖单量同比大涨超过 300%。7 月会员总数同比增长 20%，平均每个会员消费次数提升了 0.5 次，用户黏性和复购率显著提高。仓库的分拣效率平均提升 30%，员工平均工作时长减少 2 小时。

后　记

本书是基于中国国际经济交流中心重大基金课题“建设现代流通体系研究”（2021 年）形成的研究成果。课题研究历时 1 年。研究深入分析了建设现代流通体系对我国加快构建以国内大循环为主体、国内国际双循环相互促进的新发展格局的重大战略意义，系统论述了现代流通体系的理论内涵和架构，全面梳理了当前我国现代流通体系建设面临的深层次矛盾和问题，并聚焦加快构建现代市场体系、再造现代物流体系和科技赋能现代流通建设三大重点，提出建设现代流通体系的路径与政策建议。最终形成了 1 个总报告、9 个专章和 3 个附录的研究成果。

在课题研究过程中，课题组以座谈、实地调研等方式深入一线，先后组织了蔬菜流通、饭店流通、大型商超、铁路物流等重点领域座谈会，同时课题组成员走访了物美集团、京东集团等重点流通企业，并赴大连、海南、义乌等地进行实地调研；课题组多次邀请业内专家、行业协会和相关政府部门进行深入座谈交流，提升了研究深度。课题组的研究为服务国家决策发挥了积极作用。在研究过程中，课题组还承担了国家发展改革委委托课题“新发展格局下现代流通体系建设研究”，为起草《“十四五”现代流通体系建设规划》提供依据；课题组组长、中国国际经济交流中心陈文玲总经济师参与研究讨论《“十四五”现代流通体系建设规划》，并作为评审专家组组长组织《“十四五”现代流通体系建设规划》评审。

课题研究得到了许多企业、行业组织、政府部门和地方政府的大力支持和配合，这不仅使课题组获得了大量宝贵的一手资料，也为我们客观审视我国流通业提供了多维视角。正是这些力量共同推动着我国流通业的高质量发展，对此我们心存敬意，并对我国流通业的前景满怀希望。这些深入一线的调研和研讨交流对课题组成员开阔思路、丰富研究内容、提高研究质量具有重要作用，在此不能一一罗列，但我们深表谢意。

课题在研究过程中得到许多专家学者的悉心指导。特别感谢课题组负责人——中国国际经济交流中心姜增伟副理事长，他曾多次对课题组研究给予悉心指导，对整体研究框架提出思路，亲自带领课题组开展调查研究。感谢中国国际经济交流中心张晓强常务副理事长，中国国际经济交流中心副理事长、学术委员会王一鸣主任对课题提出重要的修改意见。课题在写作过程中，许多专家学者提出了大量宝贵意见和建议，他们分别是黄海、丁俊发、任兴洲、柴海涛、王晓东、赵萍、马龙龙、洪涛、宋则等，对这些专家学者给予课题组的指导和前瞻性的思想贡献一并表示感谢。